# 別人も背中あはひの春ぬるむ

玄月

edit gallery

モデル：森村泰昌　松岡正剛

撮影　川本聖哉

千夜千冊エディション

# 心とトラウマ

松岡正剛

角川文庫
22061

千夜千冊
EDITION

# 松岡正剛
# 心とトラウマ

# 前口上

心って猫みたい。意識って崖《がけ》みたい。では精神は何みたい？
不安は走り水の幻影で、憂鬱は三尸《さんし》九虫のいたずら。
だったら、どうして何かの体験がトラウマになってしまうのか。
すでに哲学は「私の正体」を棚上げにした。
精神医学がはたしてきた役割と、脳の機能を追って、
「自分の中の別人」の謎をたぐりよせてみた。

# 目次



## 第一章　心についた傷

## 第二章　自分の中の別人たち



## 第三章　脳が心を見ている

## 第四章 心理学と「私」の間

# 第一章 心についた傷

斎藤茂太『女のはないき・男のためいき』
北杜夫・斎藤由香『パパは楽しい躁うつ病』
夏樹静子『椅子がこわい』
塩倉裕『引きこもり』
岡田尊司『うつと気分障害』
ホーウィッツ&ウェイクフィールド『それは「うつ」ではない』
森茂起『トラウマの発見』

「鬱《うつ》」と「億劫《おっくう》」は、
とてもよく似ているビョーキですよ。

# 女のはないき・男のためいき

斎藤茂太

第三文明社　二〇〇三

茂太さんは今年（二〇〇三）で八七歳になる。それにしては『女のはないき・男のためいき』とは粋なタイトルだ。お父さんの斎藤茂吉はそこまで粋ではなかった。この本はしかし、粋な話ではない。鬱《うつ》は治るという話だ。けれどもやっぱり粋なのである。さっきざっと読んだばかりなので、何を書くかは決めていないが、読みながら感じたばかりの感想をそのまま綴《つづ》ることにする。

最初は、茂太さん自身が奥さんの強大な支配権力のもとにいることが、自分の心身をものすごく楽にしているということを告白している。これは負け惜しみか、さもなくば夫人への配慮か点数かせぎなのでもあろうが、どうも本音らしい。奥さんはいまでも茂太さんの「ミカンの食べ方がおかしい」といったたぐいの文句をしょっちゅうつけているようで、そこは茂太さんが「心の要求水準」をぐっと落とすことによってクリアするらしい。この「心の要求水準」のぐっとの持ち方が、鬱と関係するのだという。

斎藤家では奥さんが検察官で、茂太さんは裁判官である。あれこれ文句をつけ、罪状を並べたて、その一方で子供たちの言いぶんもよく聞くのは夫人の役割で、主人はイエスかノーか、それだけを判断する。これが家族がいちばんうまくいく方法だという。その役割が逆転すると、子供にファザコンやマザコンがおこる。

いまでも茂太さんは一週間に一度は病院に行って、精神を病んでいるさまざまな患者さんに接触する。ただし、やっているのは患者とニコニコ握手をするだけで、診断や治療はしていない。これで天下の医者が務まるのかと訝《いぶか》ってはいけない。ここまでキャリアが十分になってくると、握手をしているだけでだいたいのことは見えてくるようで、そこが茂太さんの滋味なのだ。

世の中のことも心配する。たとえばこれからの時代、日本はマザコンがどんどんふえるらしい。この処置がたいへんだという。マザコン自体はたいした病気でもないくらいのものなのだが、そこから派生する傾きがいろいろな「心の病気」になっていく。茂太さんによると、マザコンの最大の問題は母親が暇すぎるというところにある。昔は子供の数がやたらに多かったし、炭もおこさなくてはならなかった。料理も出来合いのものが街にいくらでもあるわけではなかったから、大根ひとつゆっくり煮て、目が離せない。掃除も洗濯も時間がかかった。

ところが、いまはスーパーやコンビニで何でも揃う。洗濯機も賢い。そのぶん、子供の一挙手一投足を母親がまるで珍奇な虫を観察するように見つづけている。子供なんてそもそもが矛盾だらけなんだから、これを合理的に解釈したり納得したりしようとするなんてまったく無理なのに、それをしようとするから、母親がノイローゼになっていく。それで子供を甘やかすので、子供のほうはその期待と心配のアンバランスを察知して、マザコンになる。そのうち子供もおかしくなる。実は母親が病気なのである。こういうことが、茂太さんには患者と握手しながら見えてくるらしい。

それではいったい何が鬱病かというと、鬱の症状で目立つのは億劫という現象であるという。テキパキ動く者は鬱にはかからない。何かを決めたり行動したりしなければいけないのに、なんだかだとグズグズしているのは、鬱の初期状況か、すでに進行しているかのどちらかだから、早く対処したほうがいい。これが茂太さんの見立てなのである。

茂太さんは、本屋で本を買おうとしていろいろ迷ってしまうのが鬱病の典型的な症状だともおっしゃる。これには驚いた。すごい目か、もしくはひどい目だ。茂太さんは、本が決められない人はどんなことも決められない人だと言いたいのだろうが、これは、どうか。本で迷うのと日々の行動で迷うのは、ちょっと違うように思う。それはそれとして、鬱病の核心は決断力の放棄ということにあるらしい。だから、こういう決断を放棄した人を激励したらダメなのだ。これは気をつけたい。かれらは激励に応《こた》えることができないから、鬱なのである。

けれども鬱は治る。そのための一番の処方箋は「少欲知足」の状態をつくることであるようだ。欲を小さくして、足るを知ることにある。鬱の人たちはともかく自分が「睡眠が足りない、食事もちゃんとしていない、集中力がない」などということをクヨクヨしている。自分で自分を責めてばかりいる。これは完璧《かんぺき》な睡眠、完璧な食事、完璧な集中といったものを理念的な欲望としてもちすぎているということで、まずはこれを壊さなきゃいけない。

完璧を望まないようにするには、簡単に完璧なんてできないことをする。たとえば学習なんていつまでたっても完璧にはならないから、これはけっこう鬱に効く。ただし学習意欲もない鬱もいるので、こういう人は花でも育てるといい。花を完璧に育てるのはたいへんなのだから効果がある。ちょっとずつ育てるということが、そのうち鬱を放逐してくれる。そういうことをして億劫を解消する。

鬱以外で若い人に多いのが分裂病（統合失調症）である。茂太さんが言うには、昔の精神科病院では入院患者の七割がこの病気で、鉄格子の中で患者同士が興奮しよく取っくみあいをしていたが、今は病院の環境が変わり、少子化で患者が減ってきたので、そんなことはほとんどなくなってきた。これが軽度であれば「引きこもり」になる。「引きこもり」は自信喪失がきっかけであるから、どの自信をつければ改善するかは人によってまったく異なってくる。

分裂病の中心症状は「関係妄想」である。芥川龍之介の『歯車』に出てくる主人公のように、どこへ行ってもレインコートが自分を見張っていると思うようになる。これが進むと被害妄想や追跡妄想になって、自分の危機感を自分で処理できない。

もうひとつ、そういう特徴や傾向が自分にあるんだということに気がつかない、さらには絶対に認めたがらないという特徴がある。こういう人たちはもともと関係意識がおかしいのだから、関係づけを基本的にやりなおす必要がある。すなわち、関係の自由を知るべきなのだ。

それでもどうしても自分の病気を認めたくない、治したくないというのなら、その人はこっそり天才をめざして、表現者になるしかない。茂太さんの家系は精神病を治す家系の一族なのに、実はだいたいはどこか「心の病い」にかかっているところがあるので、みんながみんな短歌を詠んだり（父の斎藤茂吉）、小説を書いたり（弟の北杜夫）してきた。言葉や絵が好きなら、この手も残っている。ただし、売れるとはかぎらない。

こうして茂太さんの見るところ、男は判決の自信が、女は解決の自信があれば鬱にはかからないという。男はハンケツ、女はカイケツだ。

男は自分で決めたことがあれば、それが自分で進められなくて誰かがやってくれることでも、それで自信がついていく。女は自分で決めても、自分で解決できたという実感がなくては、なかなか満足しない。だから女の仕事や悩みはその当人の方法でしかピリオドが打てない。相談にのったところで、多少のヒントは出せたとしても、それ以上にはならない。そのうち自分で何かの手を打って、それが周囲から見てとても妥当には見えないことであっても、それが必要だったということなのだ。

では、なぜ「男は男なりの鬱」に、「女は女なりの鬱」にかかるかというと、男は「ためいき」(溜息)をつきすぎて自分で自分の処置に困るようになり、女は「はないき」(鼻息)をつきすぎて自分で自分の処置に困っただけなのだ。これはもういっぺん、自分にふさわしい何らかのちゃんとした「ためいき」や、ちゃんとした「はないき」にしなくては、離心する。男はタメイキ、女はハナイキだ。

ついでながら、女の鼻息でちょっと困るのはいわゆるヒステリー症状が出てくるときで、これは自分のストレスを自分の病的発散で解消しようとするので、まわりが困る。とくに頭痛を訴える女性は、実はそれで自分のヒステリーを解消しようとしているので要注意である。内科的には頭痛の原因にあたるものなんてないことのほうが多いらしい。けれどもこれは内向的なほうだから、本人がいちばん辛いだけなのだ。

もっとも最近は男の溜息にもこれが多くて、すぐに胃が痛い、腰が痛いといって、なんとか自分のヒステリーに折り合いをつけようとしている。これではかえって胃も腰も痛くなる。こういう症状は内向的で女性的な男性に多い。男のばあい、これはやっぱり自分の判決を発揮する機会をふやすことによって治すしかない。

男の溜息、女の鼻息。警戒すべきはここなのだ。たまの溜息や鼻息はいい。クセになってくるのが要注意なのだ。けれどもまたそこが男と女の本分なのでもある。溜息も鼻息もない男や女はつまらない。そうではありませんか、と茂太さんは言う。

歴史は男と女とその「あいだ」がつくってきたものである。男と女がそれぞれおかしくなければ、歴史なんてつくれなかったし、文学もファッションも雑誌もなかった。まさに男の溜息と女の鼻息が社会と人生の綾をつくったのである。けれども、その綾がおもしろくなれないほどに本人が傷ついてしまったときは、どうするのか。男は溜息をつくところをずらし、女は鼻息を荒くする相手を変えること、そのことにこそとりかかるべきなのである。

第八〇三夜　二〇〇三年六月二五日

**参照千夜**

二五九夜：斎藤茂吉『赤光』　九三一夜：芥川龍之介『侏儒の言葉』　一七二一夜：北杜夫・斎藤由香『パパは楽しい躁うつ病』

躁うつ病でも、家の中では笑いが絶えないキタ・モリオの場合。

北杜夫・斎藤由香

# パパは楽しい躁うつ病

朝日新聞出版　二〇〇九　新潮文庫　二〇一四

北杜夫《きたもりお》の父君は歌人の斎藤茂吉である。明治十五年生まれ、伊藤左千夫の門下で、アララギ派の中心になった。

茂吉は青山脳病院の院長でもあった。明治四十年落成の病院はたいそう堂々たるもので、茂吉の養父の斎藤紀一が広大な敷地に赤煉瓦《あかれんが》のローマ式の病棟を巨大な翼を広げるように建てた。ところが大正十三年に失火で全焼し、玉川線開通後の山下駅近くの松原に敷地を得て移転した。このときから四五歳の茂吉が院長になった。

すでに茂吉は伊藤左千夫や島木赤彦らの「アララギ」に属して、新人歌人として大いに評価を得ていたが、病院運営などにはさっぱり自信がない。戦時中は山形に疎開をした。そこで病院を東京都に委譲することにしたため、青山脳病院は昭和二七年には東京都立梅ヶ丘病院になった。茂吉は精神科医としては失格だろう。短歌は震えるほど冴《さ》えていたが、食いしん坊で癇癪《かんしゃく》持ちだった。

北杜夫の兄がモタさんこと、斎藤茂太である。本名はシゲタだが、その風貌からモタさんで通った。明大、昭和医学専門学校、慶応の医学研究科をへて精神医学のセンセーになった。青山脳病院は小さな斎藤病院になっていた。巧まざるエッセイストで、かなりの飛行機フェチだった。息子の斎藤章二も飛行機フェチで、航空自衛隊ブルーインパルスの機体塗装は公募によって章二の案が採用されている。

北杜夫の本名は斎藤宗吉である。キタ・モリオはペンネームだ。昭和二年に青山脳病院に茂吉の二男として生まれた。いっぱしの昆虫フェチの少年だった（一番好きなのがコガネムシらしい）。

二・二六事件などがおこった昭和維新の時期は、長野の松本高校で青春にめざめた。トーマス・マンの『魔の山』（新潮文庫）や『トニオ・クレエゲル』（岩波文庫）に感銘してブンガクに開眼し、これはなんとしてでも作家になりたいと思った。しかし怖い父の茂吉から医者になることを厳命されると、東北大学で外科医をめざすことになった。精神科は儲《もう》からないから外科だったらしい。

けれども手術の現場を見て気を失いかけてしまった。血がムリだったのだ。これで首尾よく外科医を断念できたので、慶応でインターンをへたのち精神科医になった。茂吉は宗吉が医者以外の者になるのを許さなかったのだ。

以上のごとく、斎藤家はいずれも精神科のセンセーなのである。治療力や才能があったかどうかはわからないが、少なくとも資格はあった。茂太に『精神科医三代』(中公新書）がある。

精神科のセンセーが三代にわたれば、どうなるか。当時はドイツ流のカイゼル髭をたくわえた立派な医療一族を形成するか、それとも変てこりんなドグラ・マグラの一家になるかであろう。斎藤家はいささかドグラ・マグラ化した。家族の日々はうまくいくはずもなく、北はその顚末《てんまつ》を『楡家《にれけ》の人びと』(新潮文庫）に書いた。大いに話題になった。主人公は祖父の斎藤紀一だ。

マンの『ブッデンブローク家の人々』(岩波文庫）を下敷きにした物語になっていて、明治大正・戦前昭和の家族社会が淡々と、かつ静かな異様をもって描かれている。三島由紀夫は「戦後に書かれたもつとも重要な小説のひとつである。この小説の出現によつて、日本文学は真に市民的な作品をはじめて持つた」と述べ、「これほど巨大で、しかも不健全な観念性を見事に脱却した小説を、今までわれわれは夢想することも出来なかつた」と褒めた。

その北杜夫が壮年期に突如として「躁うつ病」になり、斎藤家は前代未聞の様相を呈することになったのである。精神科医がそんなことになってどうするかと思うけれど、そうなった。いま躁うつ病（躁鬱病）は「双極性障害」という病名に変更されているが、ここではとくに断らないかぎり、躁うつ病のままにする。キタ・モリオを双極性障害の作家などと呼びたくはない。躁うつに悩まされたのだ。

本書は、最晩年の北杜夫（二〇一一年に八四歳で死去）と娘さんの斎藤由香の対談である。なんともいえない屈託のない対談になっていて、娘のツッコミ、父のボケも絶妙でたいへんおもしろい。あっというまに読める。

変てこりんで、ときに不埒《ふらち》な父ではあったけれど、そんなパパが大好きだった娘さんが、さかんに「攻め」を連発する。けれどもパパは曖昧《あいまい》でナマクラの返答ばかり。とくに自分のビョーキについては、娘さんがせっかくの舵取りをしてあれこれ聞いているのに、話はいつも脱線気味になる。だから、なんとも歯がゆいのだが、こんなにいろいろ考えさせられる実の父娘の「精神」の突拍子をめぐる対談はめずらしい。なんだか身近なものに感じられる。

それに、いま編集工学研究所と松岡正剛事務所は松原六丁目の信号からすぐの赤堤通り沿いにあるのだけれど、この対談にはのべつ「松原の家」が出てくるので、その点においてもぼくにはとても親近感があったのである。ちなみに松原六丁目には肢体不自由者のための光明学園があって、ぼくはほぼ毎日その角を曲がって仕事場に行く。

それにしても北杜夫の躁うつ病は、躁病期があまりにも破天荒で、その妄想たるや、娘さんが話のつど訂正したり暴いたりしていなければ、とうてい信じがたいものがあるほどだ。発覚したのは次のような朝だった。

由香ちゃんが小学校一年生だった夏、いつも行っている軽井沢から帰ってきた九月一日、食卓の上の新聞に「喜美子のバカ、喜美子が先に寝やがるから、俺様は蚊に食われたじゃないか！」と書いてあったのである。

娘がギョッとして、「パパはバカなんて言葉をあまり使ったことがないのにどうしちゃったんだろう」と言うと、ママ（喜美子さん）も「うーん、おかしいわね」と言う。その直後から、急に朝五時に起きるようになったり、「映画をつくりたい」と言い出したりした。チャップリンのような大喜劇映画らしい。

パパが映画を作ってみたくなってもかまわないけれど、それが大事《おおごと》になると迷惑だ。案の定、資金がかなりいるので「今日から株をやる」と言い出した。パパは証券会社に電話をしまくって、次々に株の売り買いをしはじめた。それまでまったく経験も知識もなかったのに。

そのうち別人のようになったパパが、「俺様は好きなように暮らすから家を出ていってくれ」と言い出した。これで夫婦別居。娘は家の近くの小学校に通っていたのに、おばあちゃまの家に住ませられ、電車通学になる。

お金がなくなってきた。ママが「あなた、いいかげんにしてください」と言うと、「俺様が稼いだ金を好き勝手に使って何が悪い、実家に帰れ」と怒鳴る。ママは泣きはしなかったけれど、悲しんだ。

ママがおばあちゃまに相談すると、「私も茂吉とうまくいかなかったときに、お父様から看護婦になったつもりでいなさいって言われたのよ。喜美子も宗吉（キタ・モリオ）には看護婦だと思ってつきあいなさい」と諭《さと》したようだ。あの茂吉ですらやっぱりどこかがドグラ・マグラだったのだ。

それでもパパは、ことあるごとに「喜美子のバカ！　遠藤周作さんの家を見ろ、阿川弘之さんの家を見ろ、うちよりもっとひどいんだぞ！」と言うばかりなのである。のちのち由香さんが阿川佐和子に会ってこの話をすると、佐和子さんは「うちの父も、うちなんてましなほうだ、北の家を見ろ、遠藤の家を見ろ、うちよりもっとひどいと言っていたのよ」とバラしてくれた。遠藤周作の息子さんの遠藤龍之介さんにも同じことを聞いてみると、「うちも、そう言っていた」という。ママはなんとか阿川家や遠藤家のことを心の支えにするしかなくなっていた。

異様きわまりない発端だったらしいのだが、母と娘の証言をあらかた総合すると、北杜夫が極度の躁病になる数ヵ月前には、うつの症状が出ていた。

ただし躁病は夏から秋にかけて頂点に達するのに、冬になるとなぜかシーンと収まってくる。本人も「虫の冬眠」だといばっている。躁病期はとんでもなく高揚するのに、冬場になると地虫《じむし》のようにおとなしい。だから、いったいぜんたいパパのビョーキが重病かどうかもよくわからない。

けれども、お金のほうは確実にタイヘンである。出版社から借りたり、銀行に融通してもらったりはしょっちゅうで、もちろん株で儲かるとはかぎらず、ついには預金も底をつく。佐藤愛子にも一〇〇〇万円借りた。ところが、そのお金が入ったときに韓国旅行をしたというので、愛子さんが怒った。香港でハンドバッグを買ってご機嫌をとりなそうとしたら、そのバッグの金具が壊れて、また愛子さんを怒らせた。

いろいろ話を総合すると、自宅は抵当に入り、自己破産と準禁治産宣告に追いこまれたときは、負債は一億円をこえていた。

それなのに家の中は笑いが渦巻いていたようなのだ。周囲も、これは偉大な作家キタ・モリオの壮大なフィクションかトリックのように思ったほどだ。本人も、のちに

『悪魔のくる家』などという戯曲仕立てにしたがっていた。

しかし、本人はある意味では「そのまま」なのである。何が「そのまま」かというと、双極性障害そのままなのだ。『マンボウ恐妻記』（新潮文庫）では、こんな自己観察をしている。ちなみにこの本は最初は『マンボウ愛妻記』（講談社）というタイトルだったが、文庫になったときは恐妻記に変わっていた。

「躁状態」とは。①株にのめりこみ、親戚・友人・出版社から合計一〇〇〇万円以上の借金をする。②衝動的に高額な買い物を繰り返してしまう。③奇抜なアイディアでついつい起業したくなる。④ふだん穏やかなのに、家族に「バカ野郎」「ノロマ」などの暴言を吐く。⑤原稿を普段の五倍程の速度で書ける。

「鬱状態」とは。①外の世界に興味がなく、絶望感にとらわれる。②一日中着替えられず、布団ですごす。③原稿を書くのが遅く、完成度が低い。④死ぬほど辛《つら》い気持ちになる。⑤過去を振り返って後悔ばかりする。

本人が言っているのだからそうなんだろうが、これで躁うつ病のプロトタイプが示されているのかどうかは、あまり信用できない。なぜなら、この人は患者なのである。精神科医のベンキョーはしたが、自分で自分を治せない。だから説明に説得力があるとは思えない。実際に娘さんと会話をすると、いろいろしどろもどろなのだ。

由香　私が小さいときからパパはずっと躁うつ病が続いたんだけど、歳をとったらうつ病ばかりで、「もう躁病は来ないのかな」と思ってたら、一九九九年に突然、大躁病になったのよね。
北　……。
由香　二人で競馬見ていたら、サイレンススズカが安楽死させられて、パパが「パパももう原稿も書けないし、生きていてもしょうがないから安楽死させてくれ」と言ったので、私が「サイレンススズカは名馬だけれど、パパは駄馬だからダメ！」って言ったら、元気になった。
北　……。
由香　それまでずっとうつ病でつまらないなと思ってたから嬉しかったけれど。パパは自分でナマ原稿を売って株や競馬をやってました。
北　いや、くだらないやつだけ。
由香　いくらになったの？
北　うん？
由香　うん？　じゃなくて。
北　うん。
由香　担当の編集者の人から四〇万って聞きました。

北　いや、あの、あのときの書庫の改造で、書庫の本をほとんど売らなきゃいけなかった。
由香　棚が減るからってね。
北　そうしたら「少しナマ原稿を売りませんか」って古本屋が言って、かなり売ったのね。
由香　そうとういいのを売ったんじゃない？
北　いや、くだらないやつだけ。
由香　くだらないので四〇万はならないから、大作のナマ原稿を売ってるでしょ？
北　えっ？
由香　だから雑文のナマ原稿では四〇万はつかないわ。
北　いや、なんか、万年筆で書いたものは二倍とか言ってたな。
由香　ママが「競馬のためにナマ原稿を売るなんて、なさけない」と言ってました。

こうしてついに、あるとき「マンボウマブゼ共和国」の建国宣言をしてしまったのである。そのころ話題になったムツゴロウ王国に憧れてのことだった。
日本国から独立し、国歌を夕食中に歌いだし、お札を発行し、タバコも専売公社に頼んで急造した。文華勲章を制定して、加賀まりこ、星新一、倉橋由美子、遠藤周作、尾崎秀樹《ほつき》、奥野健男らが受賞の栄誉に与かった。

めちゃくちゃである。めちゃくちゃなのだが、だからといってこれが躁うつ病の典型的な症例などとは、やはり判定しがたい。キタ・モリオ病かもしれない。そもそも本人がなぜこうなったのかが、自分で説明できない。ママも娘も伯父さん（モタさん）も、わからない。

むろん、自分で説明がつくならビョーキではないのかもしれない。このビョーキは「心の病い」なのだ。心はいつも何かにうんと近寄りたいか、何かからうんと離れたいという傾向をもつ。この超接近と超離脱が、双極性障害では突起する。その突起のときの心のフォローができないから、ビョーキなのだ。

だったら、どんなときにその症状が突起するのか、由香さんはそこをあれこれつっこむのだが、けれども納得のいく説明が引き出せない。こんな調子だ。

由香　でも、原稿はうつ病のときの方がいいもの書いてたでしょう？
北　いや、そんなことない。
由香　やっぱり躁病の方がいいの？
北　躁病の方が原稿の出来はいい。
由香　ほんとかなあ。担当の編集者の方は「躁病のときは書きなぐっているから、あんまりいいものは書けていない」っておっしゃってました。

北　いやいや、うつ病のときはほとんど書けない。どんよりして。

由香　うつ病から躁病に行く途中の軽躁病のときがいいのかもね。躁病のピークになると……。

北　やっぱりでたらめになる。

はぐらかしているのか、それとも実情を話しているのか、どうも判断がつきにくい。本人は双極的に躁鬱をくりかえしているので、その両方を制御しながら喋《しゃべ》る視点がないのだろう。ニンゲン、もともと起きているときには夢の顚末《てんまつ》が語れず、寝ているときは起きているときの意識はトレースしない。

あるいは、そもそも北杜夫という作家は「どくとるマンボウ」を名のりつづけたように、もう一人のアバターが大好きで、そのため娘に対してさえ、こんな話し方しかできないのかもしれないとも言えた。

しかし、ふだんの北杜夫は明確に「現実」と「夢」についての哲学をもっていた。「生」と「死」についての方針ももっていた。『どくとるマンボウ青春記』（中公文庫・新潮文庫）には次のようにある。

「いま、この齢になって私が若い人に言えることは、自殺をするならとにかく三十歳まで生きてみる、ということだ。そこまで生きてからの思想上の死ならまだしも許せる。青年の観念的な死への傾斜は人生の始まりではあるが、一面から見ればその大部分がマヤカシであり、さもなければ病気である。病気は治さなければならない。死というものを常々考えもしない人はまずヌキにして、〝死への親近感〟から始まった人々が、ついに〝生への意志〟に到達するのが、あくまでも人間的な生き方というものである」。

たいへん、まっとうだ。けれども、こういうふだんの北杜夫がビョーキが発症しているときは、何かがとても変なキタ・モリオなのである。

由香　そんなに死にたくなるものなの？

北　うん。罪悪感といって、自分の存在が家族や会社の迷惑になると思い込んでしまうことがあるのね。

由香　うつ病の患者さんはそういう気持ちになるのに、パパはそういう罪悪感とかは？

北　全然ないの。

由香　それはなぜ？

北　わからない。

由香　うつ病のときはどういう気持ちになるの？

北　もうなんにも、言葉を発する気持ちがないぐらいつらい。

由香　自分はだめだって思うの？

北　まあ、その頃は「虫の冬眠」と称して時間が来れば治ると信じていた。ひたすらじいーっとしていると自然に治っちゃう。

もっといろいろ紹介したいけれど、これが北杜夫とキタ・モリオをめぐる「心の病い」のスケッチだ。

やはり作家であって精神科医でもあった友人のなだいなだは、「北杜夫は作家としてはたいしたものではないが、躁うつ病を世に広めた功績がすばらしい」と言ったものだった。たしか日本に躁うつ病という用語が出まわったのは、北杜夫によるものだった。この作家は自分のビョーキを隠さなかったばかりか、愉しんだのだ。

本書は、そういう父親の「心の病い」を娘があからさまに聞き出しているということでも、貴重だ。父からの名答はほとんど得られなかったのだが、親子がそのように躁うつ病を語りあうということに、やっぱり共感させられる。

蛇足。今日の精神医学界では、北杜夫によるキタ・モリオの躁うつ病は「大うつ」の中の「双極性I型障害」であろうと見られている。うつだけの症状になるのが単極性で、躁とうつが繰り返すのが双極性なのだが、I型というのは激しい躁と重い「うつ」になる。キタ・モリオの場合は、そこに「季節性うつ病」が重なって発症したらしい。これはめずらしいことではなく、古代ローマでも「冬はメランコリー（憂鬱）、夏はマニー（狂躁）」と言われていた。

Ⅱ型の双極性障害は軽躁とうつが繰り返す症状である。躁が爆発しないのだ。だから「大うつ」が目立つ。最近はⅡ型がふえているという。開高健がⅡ型だったと聞く。

第一七二一夜　二〇一九年十月七日

**参照千夜**

二五九夜：斎藤茂吉『赤光』　三一六夜：トーマス・マン『魔の山』　四〇〇夜：夢野久作『ドグラ・マグラ』　一〇二二夜：三島由紀夫『絹と明察』　二三四夜：星新一『ボッコちゃん』　一〇四〇夜：倉橋由美子『聖少女』　二八〇夜：向井敏『開高健　青春の闇』

その二年も三年も続いた腰痛は、
夏樹さん、あなたの「心」がつくった痛みです。

夏樹静子

# 椅子がこわい

文藝春秋　一九九七　文春文庫　二〇〇〇

ときどき腰痛に悩まされている者として、店頭で本書を手にとった。いずれ気楽に読もうと思って放っておいたのだが、あるとき読んでみて驚いた。どんな心理学書を読むより、うんと効き目がある。だまされたつもりでこの本を読むことをみんなに勧めたいと思った。

著者は想像を絶する腰痛に苦しんだ。ベッドで目覚めた直後からの激痛だった。柔らかい椅子にはとうてい座れない痛みである。そこで立っていようとするのだが、何かに凭《もた》れないといられないのはけっこうな不安なのである。そして何よりも眠りを破られるほどの痛みがありすぎる。レストランにも劇場にも行けないし、電車にも飛行機にも乗れないから、旅行はできない。取材を必要とする作家には致命傷だ。

もちろん病院に行った。それもあらゆる治療にかかった。ベストセラー作家だから印税もそうとうだろうし、旦那さんは出光石油の出光芳秀だ。整形外科、鍼灸医《しんきゅうい》、産婦人科、温泉療法をはじめ、さらに手かざし療法から祈禱《きとう》まで、よくぞここまで試みたと思えるほどに、著者はありとあらゆる手を打った。ところが、何をやってもなかなか治らない。

かくして著者は発病後二年ほどして、ほとんど仕事ができなくなり、自分の病いが不治のものと思うようになったばかりか、このままではこの得体の知れぬ病気で死ぬか、自殺するか、余病を併発して死ぬだろうと感じはじめた。ようするに「死」にとりつかれてしまったのだ。

しかし、ここまではそうとうに痛みに満ちた話だとはしても、ありそうな話である。とかく不治の病いの話は少なくない。そこまで著者が追いつめられたとしても、読者としてはその痛みがわからないために、もうひとつ実感が伝わらない。多少はおおげさに表現されているのかという気も、しないではない。

けれども、本書にかぎってはそのように読んできた気分がしだいに削られていく。まるでわれわれの心と体にドリルが突き刺さっていくかのような絶望感めいたものが食いこんでくるのである。が、それも著者の作家的才能がつくった文章力だと思えば、そのように納得できなくもないのだが、それがいよいよ終盤にさしかかって、ついに著者自身がいまだに信じられないという意外な結末を迎えるのだ。

著者は水泳療法をつづけていたらしい。が、まったく治らない。水泳を勧めた医者は訝《いぶか》った。「これは骨や筋肉の問題じゃない。原因はメンタルなところにあるんじゃないんですか」と言いはじめる。心因性だというのである。

そこで、その医者が推薦する精神神経科を訪れた。その医師はたいして著者の内面にふみこまずに適当な精神安定剤をくれただけだった。

著者は作家である。少なくとも人間心理については多少の心得《こころえ》がある。それゆえ、これは心の問題なんかではないという自信をもっていた。まして自分の心のことだ。医者にとやかく言われる筋合いはない。しかし水泳を勧めた医者は、河合隼雄さんのような方には診てもらえませんかねえと言う。念のため知人のツテで河合さんに連絡すると、九州大学の先生（藤原勝紀）を薦め、「ただし、どんな世界がひらけてくるか、これはわかりませんよ。だから本当に引退を賭《か》けるつもりで闘いなさい」と言われた。しぶしぶ二時間三回のカウンセリングを受けた。けれども帰りのタクシーではやくも腰が激痛に唸っていた。

ついで森村誠一が腰痛を治してもらったという東大和《ひがしやまと》のカイロプラクティック（堀江高

志）に三ヵ月通うようにしてみた。残念ながら、これまたまったく効果がない。硬膜外ブロックも試みたが、これもダメだった。
心療内科の平木英人先生に相談をした。平木医師は著者の説明をあれこれ聞いて、原因は心身症にあると言った。著者はまたかと失望したものの、治りたい一心で自律訓練法をためすことにした。平木医師との治療交信も始まった。そのあいだも漢方薬をのみ、枇杷《びわ》の葉の温灸をし、イオン・パンピングを受け、音響療法にさえかかっていた。

　こうして著者は熱海で絶食療法をうけ、平木医師に最後通告をされたのである。「あなたの大部分を占めている夏樹静子の存在に病気の大もとの原因があると思います」。

　著者は答える、「元気になれるなら夏樹を捨ててもいいくらいです」。ところが、平木医師は即座に言ってのけたのである、「元気になれるなら、といった取引はありえない。無条件で夏樹をどうするか、ご自分なりの結論が出たら私に話してください」。

　そんな話をされてもやはり激痛は去らない日々が続くのだが、著者は自分では結論が出せないでいる。平木医師はさらに著者に迫った。「では私の結論を言います。夏樹静子を捨てなさい。葬式を出しなさい」。理由はこうである。あなたの腰痛は〝夏樹静子〟という存在にまつわる潜在意識が勝手につくりだした〝幻の病気〟にほかならない！

　この宣告こそ、作家であって知識人でもある著者にはまったく容認できないものだった。著者はそんな推測がいちばんバカバカしいものだと何度もくりかえして書いてきた。そういう判定をこそ三年間にわたって拒否しつづけてきたのだった。しかし平木医師はまったく頑として譲らない。結局、根負けしたように絶食をつづけ、ついに夏樹静子との決別を決意した。

その直後である。激痛が去ったのである。嘘のように消えたのである。そしてそれからは二度と腰痛がおこらなくなったのだ。

このことはいまなお著者自身が信じられないことであるという。それはそうだろう、あれほどの物理的な痛みが自分がつくりだしたただの心の問題であったということなど、とうてい信じられはしまい。著者は心身症にすぎなかったのだった。本書はそのことを劇的に、説得力をもって告げている。しかし、どういうふうに「夏樹静子」を捨てたのか、心身症と腰痛の関係がどういうものなのかは、本書を読んでもわからない。それでも本書は何か決定的なことを告げていた。

第一四六夜　二〇〇〇年十月十日

**参照千夜**

一四一夜：河合隼雄『中空構造日本の深層』

休みたい、行きたくない、会いたくない。
誰もがどこかでヒッキー君である。

塩倉裕

# 引きこもり

ビレッジセンター出版局　二〇〇〇

いつのころからか、〝ヒッキーくん〟という言葉をよく耳にするようになった。アッシーとかメッシーとかが流行したのでそのたぐいかと思っていたら、そうではなかった。「引きこもり」をする者たちのことをいうらしい。

一説には、引きこもりの青年青女は百万人を超えているといわれる。成人の引きこもりが一万人を超えたと報道されたのは一九九四年のこと、もう八年前のことだった。どうやって調査したのかは知らないが、引きこもりは特段の現象ではなくなっているらしい。一九九九年の不登校の生徒の数が十三万人というから、程度の差はあるのだろうが、いずれにしても引きこもりの数は拡大している。

もともとは英語の「社会的撤退」(social withdrawal)の訳語である。アメリカ精神医学会の診断基準マニュアルのDSM－Ⅲでは、不安障害、表現性障害、適応障害、パーソナリティ障害、統合失調症によるものと規定された。「引きこもり」という訳語は悪くない。最近では英語表記でも日本語そのままのHIKIKOMORIになっていることがある。

この引きこもり現象に対して、〝正常な社会〟の側の反応は異常なほどに過敏だった。引きこもりの青年による犯罪が大きく報道されたこともある。一九九九年暮れに京都伏見の小学校校庭で二年生が刃物で切りつけられて死に、あけて翌年一月には新潟柏崎で九年にわたって軟禁されていた女性が保護されるという事件がおこった。犯罪に及んだのは引きこもり型の青年だったとテレビではくりかえし解説した。

引きこもりは社会悪のように映されたのである。ゲーム依存やインターネット障害とも関係づけられた。表現力の低下やコミュニケーション力の劣化も心配された。

なぜこんなふうになったのか。著者は引きこもりが一般人の不安を刺激しているからではないかと推理する。その不安は五つある。

（1）犯罪を恐れる警察的・治安的な発想からの不安
（2）禁欲的勤勉をよしとする労働倫理が崩れることへの不安
（3）超高齢化社会を目前にした社会保障面の不安
（4）コミュニケーションにかかわる漠然とした不安

## （5）世代交替が機能不全に陥るのではないかという不安

著者は朝日新聞の学芸部記者である。新聞連載のインタビューをまとめた前著の『引きこもる若者たち』（朝日文庫）で、「コミュニケーションが〝空気のように当たり前に存在した時代〟は終わったのかもしれない。いま私の中にあるのは、コミュニケーションが〝課題〟として人々の前に姿を現し始めた、そんな時代への予感である」と書いた。本書はそこを踏まえてまとめた。

たしかにそんなふうになってきた。もはやコミュニケーションは作り出さなければならないものになりつつある。かつては「ふだん」にコミュニケーションがあったのだが（そう、定義されていた）、いまは「ちゃんと」がコミュニケーションで、ディスコミが社会の中で当たり前になったのである。一九九九年、イギリスの社会的排除防止局が作成した報告書に記載された〝Not in Education, Employment or Training〟という一文が略されて「ニート」（NEET）と呼ばれたことも、この風潮に輪をかけた。

けれども、引きこもりの定義はなかなか決まらない。ただ「家にいる」というだけで引きこもりとは判定できないし、家にいたって豊かな精神生活を送っている連中はいくらでもいる。

いま「引きこもり」といわれるのは、その状態に多少の苦痛を感じていながら、それでいてその状態から抜け出せないでいる現象のことをいう。どこからが引きこもりかの線引きなどないが、だいたい一年以上自宅や自室に引きこもっていて、必要最小限の外出しかしないばあいをさしている。子供や若者に多い。自分には社会に対応する能力が欠けているとか、生きている価値もないんだと思う若者の数も少なくない。最近は三十代にもふえている（追記：二〇一九年、四十歳以上の中高年層の引きこもりが推計で六〇万人以上と発表され、若年層以上に深刻化していることが露呈した）。

これを精神医学の面から見ると、分裂病（統合失調症）型の引きこもりと非分裂病型の引きこもりがあるようで、いちがいに精神障害であるとみなすわけにはいかないことが多い。では、どうして引きこもりはふえるのか。著者はそこに特有の悪循環があるのではないかと指摘する。引きこもりから抜け出しにくくさせている社会構造があるというのだ。

短期の引きこもりの感情のようなものは、おそらく多くの者にある。学校や会社に行きたくないと思う気持ちや、会合やパーティや冠婚葬祭に顔を出したくないこともしばしばある（ぼくもそのクチだ）。本書には「ぬくもり」ほしさから引きこもりが始まった男性の例も紹介されている。

しかし、そうした気分がしだいに長期化してしまうのは、引きこもりからうまく抜け出す機会がなくなっていく事情が社会にも醸成されているからでもある。たとえば「学校を休んだ以上、表にいたのではまずい」「いい大人が昼間にぶらぶらしているのは近所に変に思われる」といった気持ちが引きこもりを長引かせた例が少なくない。ちょっと引きこもってしまったが、なんとか社会に復帰しようと思っているにもかかわらず、履歴書に空欄ができるため、それを先方に問われるのが気まずくて引きこもりが続いた例もある。

家族が「そんなことで生きていけると思っているのか」といったことを言いすぎて逆効果を生んだり、その反対に、家族が不安をもちすぎて〝外出刺激〟を与えようとして、車の免許をとったらどうかとか、アルバイトならできるのではないかと言うあまり、かえって本人の自信を喪失させ、それがまた家族の焦りを強化し、それが本人にまた投影されるという悪循環もあるようだ。

学級崩壊が問題になったとき、多くの識者やメディアは「なぜ今の子供たちは静かに授業を聞けないのだろうか」ということを問うた。しかし、その逆に「なぜいままで子供たちはつまらない授業でも静かに座りつづけたのだろうか」という疑問をもってもよかったのである。

著者も「明治の近代化以降、基本的にみんな学校というものに満足していたからなのではないか」という教育学者の見方を紹介している。そこには「親より上に行ける」とか「社会での適用力が高まる」という気分が律していた。

しかし一九七〇年代になって、高校進学率が九〇パーセントに達し、大学進学率が頭打ちになってきた。学校に行くことはまったくフラットな現象になったのだ。そこへもってきて少子化と高齢化が一緒に進み、企業社会にデフレまがいの慢性不景気感がおとずれると、学校を出たからといって何かが約束されるということがなくなってきた。こうして「登校拒否」がふえ、「学級崩壊」がおこり、そのような学校時代をおくった青年が長じて引きこもりを続けるようになった。

このような社会状況の劇的な変化や価値観の実質的な変質を考えに入れてみると、どうも引きこもりが個人の意志薄弱だけにもとづいているとはいえなくなってくる。登校拒否が問題になったとき、不登校児童の相談を受け付ける東京シューレを設立した奥地圭子さんの『登校拒否は病気じゃない』（教育史料出版会）が出たとき、ぼくもなんとなくそういう予想をもった。

著者が『引きこもる若者たち』を世に問うたのはそういうときだった。一九九七年である。それから三年、本書はその後の引きこもり現象の背後に蟠《わだかま》る問題を摘出する作業にとりくんだ。引きこもりの原因とともに援助の方法はどのようなものであるべきかをさぐった。

本書は二部構成で、前半は男女五人の引きこもり体験者のロング・インタビューが紹介されている。それを読んでいると、ぼくが想定した引きこもりの〝定式〟をことごとく覆《くつがえ》す事情がちりばめられていた。後半は著者の考え方が、とくに引きこもりをつくる社会の構造や事情を抉《えぐ》って述べられている。そのうえで「引きこもりを援助する」とはどういうことかを、ジャーナリストらしい組紐《くみひも》で結び目をつくっていく。

いろいろ考えさせられた。他人事《ひとごと》ではないということもあった。白状すれば、ぼくのどこかにもあきらかに「引きこもり」の潜在傾向がいくつも認められたからである。そしてぼくが引きこもりをしなかったのは、ぼくの意志の力ではなく、すべてが他者の力のおかげであったのである。その他者は、どこかの官庁や企業に行って出会った者たちではなかった。ほとんどがぼくの仕事を一緒に進めてくれる仲間たちだった。

[後記] 本書を千夜千冊してから十七年がたった。「引きこもり」「不登校」「ニート」「子育て未完了」「いじめ」「8050問題」「引きこもり老人」など、この手の現象はますます広がっている。引きこもりの自立支援施設もふえた。

その一方、引きこもりの〝病因〟はあいかわらずはっきりしていない。日本に多い現象だという声も、海外の研究者を含めてかなり上がっているが、これまた究明されててはいない。気分不安障害、うつ病の範疇になることも多いのだが、そのわりには薬剤効果がほとんど発見されていない。

ごく最近では「セルフネグレクト」という観点から議論されるようにもなった。なお、「引きこもり」は英語では“social withdrawal”とか“autism”というのだが、文中にも述べておいたように、最新辞書では、“hikikomori”となっていた。

第五七六夜　二〇〇二年七月九日

**参照千夜**

八〇三夜：斎藤茂太『女のはないき・男のためいき』　一七二四夜：岡田尊司『うつと気分障害』　一三二五夜：岩井寛『森田療法』

脳の中の神経伝達物質のトランスポーターとレセプターに問題がある。

岡田尊司

# うつと気分障害

幻冬舎新書　二〇一〇

ヘミングウェイはアイダホの自宅で猟銃で頭を撃ち抜いて自殺した。一九六一年のこと、六一歳だった。感傷を排するハードボイルドな叙述力、活動的で陽気な性格、大物の釣りや猛獣狩りをたのしめる豪放な趣味など、悠々自適の日々に事欠かない生活をしていたはずの作家が突然に自殺したというニュースは世界をかけめぐったが、やがてその原因がうつ病であったことがわかった。

死の間際まで交流のあったホッチナーの『パパ・ヘミングウェイ』（ハヤカワ文庫NF）によると、四十代後半から気分が不安定になっていたヘミングウェイは、遺作に近い『危険な夏』や『移動祝祭日』などの原稿の執筆に極端に苦しむようになり、「FBIに付け狙われている」とか「自分はどこかで監視されている」という妄想を譫言《うわごと》のように口にしはじめたらしい。六十歳のときにメイヨー・クリニックに入院したのだが、退院後も妄想と憂鬱は収まらず、夫人のメアリーが再入院を強行しようとした途中に、飛行機のプロペラに飛び込もうとした。かなり自殺したがっていたのである。

のちに精神病性うつ病あるいは妄想性うつ病だと診断された。今日ではうつ病患者の約四分の一には妄想の症状が見られると報告されている。罪業妄想、貧困妄想、心気妄想、被害妄想などの妄想が拭《ぬぐ》えない症状だ。薬物や薬剤との関係も指摘されている。ヘミングウェイの場合は高血圧の薬レセルピンを服用していたことも、妄想や自殺衝動の発症トリガーになったのではないかとされた。

作家や学者とうつ病の関係はいろいろ調べられてきた。病名が確定できていないことも多いだろうが、スウィフト、ゲーテ、サド、トルストイ、ポオ、ラブクラフト、ヴァージニア・ウルフ、マックス・ウェーバー、ジャック・ケルアック、シルヴィア・プラス、フィリップ・K・ディックなどは、なんらかの精神障害や気分障害に苛《さいな》まれた。

日本では『歯車』に壮烈なイメージを綴ってみせた芥川をはじめ、有島武郎や新渡戸稲造のうつ病、北杜夫や開高健の躁《そう》うつ病などが知られている。

参考としてあげるだけだが、『うつ病』（ちくま新書）や『自我崩壊』（講談社）などの著書がある岩波明の『文豪はみんな、うつ』（幻冬舎新書）では、夏目漱石（精神病性うつ病）、有島武郎（うつ病）、芥川龍之介（うつ病）、宮沢賢治（躁うつ病）、中原中也（統合失調症＝分裂病）、太宰治（うつ病）、谷崎潤一郎（不安神経症・パニック障害）、川端康成（睡眠薬依存症）などという〝診断〟がされている。

うつ病が進行すると「死にたくなる」と思うことが頻発するようだ。そういうデータは多い。WHOの統計によれば、自殺既遂者の九〇パーセントが精神疾患をもち、六〇パーセントが抑うつ状態だという。日本の場合も自殺者の八〇パーセントが心因性の疾患をもっているという。

江藤淳や中島らもは重度のうつ病で自殺したと報道された。ぼくがその才能に惚れぼれしていたミュージシャン（音楽プロデューサー）の加藤和彦は、二〇〇九年十月一六日、軽井沢で首吊り自殺した。驚いて何人かの知り合いと話してみたところ、親しい知人に「最近は鬱《うつ》なんだ」と言っていたようだ。安井かずみと「パパ・ヘミングウェイ」というソロアルバムにとりくんでいたことが、いまとなっては懐かしい。しかし、どうして「パパ・ヘミングウェイ」だったのか、周囲の誰もわからなかった。

うつ病には名状しがたい「悲しみ」がともなうことが多い。フロイトはそれを『悲哀とメランコリー』で「何を喪失したのかがわからない悲しみ」と説明し、クルト・シュナイダーは「生気的悲哀」（vitale Traurigkeit）と名付けた。シュナイダーはその理由として

「思考流出」「思考が打ち消される」「妄想的知覚」を考えた。

ザ・フォーク・クルセダーズの「悲しくてやりきれない」はいまは精神科医として数々の執筆や発言をしている北山修の詞に加藤和彦が曲をつけたものだった。内海健に『うつ病の心理』(誠信書房)という本があるのだが、そのサブタイトルは「失われた悲しみの場に」となっている。

本書は数ある岡田尊司《たかし》の本の一冊である。岩波明や内海健らとは少し考え方が異なって、なにもかもをうつ病では括《くく》らないという立場をとっている。そのことは多くの著書のタイトルにもあらわれている。

『人格障害の時代』(平凡社新書)を皮切りに、『パーソナリティ障害』『統合失調症』(PHP新書)、『うつと気分障害』『アスペルガー症候群』『境界性パーソナリティ障害』『ストレスと適応障害』『社交不安障害』『過敏で傷つきやすい人たち』『きょうだいコンプレックス』(幻冬舎新書)、『回避性愛着障害』『愛着障害』『死に至る病』(光文社新書)、『生きるのが面倒くさい人』(朝日新書)、『カサンドラ症候群』(角川新書)、『対人距離がわからない』(ちくま新書)などと連打された。

売れっ子なのだ。こんなに新書で精神疾患に関する本を書いている精神医学者はいないのではないかと思うが、いくつか読んでみたかぎりでは、乱造している印象はない。

おそらく執筆構想力があるのだろう。

岡田は実は小笠原あむ・小笠原慧などの筆名で、推理小説、SF、ホラーなども書いている作家でもある。『DZ』(角川書店)は横溝正史ミステリ大賞をとった。岡田クリニックの院長さんでもある。

日本ではしばしば「うつ」は「心の風邪」などとも呼ばれてきた。みんながかかる心のビョーキだという見方だが、これではうつ病は「心の万病の元」ということになる。これはあたらない。うつ病は風邪とはまったく似ていないし、うつ病が万病の元になるわけでもない。

最近の精神医学では、といってもアメリカ精神医学会の診断基準マニュアルのDSM-Ⅳ以降の規定にもとづくものだが、うつ病は「気分障害」(mood disorder)という名で診療されている(ときに感情障害ともいう)。本書のタイトルもこの規定にもとづいた。

気分障害は鬱状態が継続する「単極性障害」と、躁と鬱がくりかえされる「双極性障害」とに大別され、それぞれに大うつと小うつがある。双極性障害がいわゆる躁うつ病である。ぼくは「心の病気」の病名や症候名をつらつら並べたり、患者に病名を示したりするのは、ずっとどうかと思ってきた。そんなことをするからかえって気分が重くなるのだろうと思ってきた。しかし加藤和彦の自殺があまりに衝撃的で、それからはこの手の「精神病一覧」も少しは眺めるようになったのである。とりあえず、おおまかな案内をしておく。

単極性障害の大うつには、大うつ病としてメランコリー型うつ病、精神病性うつ病、非定型うつ病、季節性うつ病などがある。小うつではディスチミア(気分変調症)と適応障害がよく知られている。あとで説明する。

「メランコリー型うつ病」は昔から憂鬱体質として指摘されてきた疾患で、律義で几帳面、責任感が強い性格の持ち主がかかりやすいとされてきた。がまん強いのだ。そのためストレスがかなりたまっている。そしてある時期から早朝覚醒(北杜夫がそうだった)、食欲不振、体重減少、一日の中での気分変調などがおこる。重くなってくるとアンヘドニア(無快感症)になる。ここに幻覚症状、妄想、昏迷感が加わると「精神病性うつ病」と認定される。かつて自分がした行動が気になり、罪業感覚が出入りし、誰かに悪さをされていると思うような被害妄想が出てくる。

大うつ病では、抗うつ薬が効きにくいということもあって最近注目されているのが「非定型うつ病」(Atypical depression)である。患者もかなりふえているようだ。過眠や過食の傾向があり、体重増加がすすんでいく。そのうち対人感覚が面倒で重くなり、自分は誰かに拒絶されているとか責められているのではないかと思う。学校や会社に行くのが辛くなり、生活上の課題処理も億劫《おっくう》になっていく。斎藤茂太さんが「億劫」をこそ警戒しなさいといった、その億劫だ。そうした兆候が秋や冬に濃くなるのが「季節性うつ病」である。

小うつ病では、「ＡＥＲＡ」がアラサーやアラフォーの女性に多いという特集を組んで話題になった「ディスチミア」(Dysthymia) がある。

　軽症ながら一年、二年にわたって長期化する。なんともいえない抑うつ気分が続く気分変調症である。ぼくの周辺にも数年おきにたいてい何人かのディスチミアがいた。けれどもそこに不安障害などが加わると「二重うつ病」(Double depression) となり、かなり複雑な症状を呈する。十代の子供にもおこる。

職場や家庭に混乱をもたらすことが多い「適応障害」(Adjustment disorder) は、主にストレスが原因である。家族や上司に反発したり、怠惰になったり、ルールを無視したり、喧嘩腰になる。ストレス因子が取り除かれれば治癒するとされているものの、容易には因子は見つからない。

こんな具合で、単極性障害であってもまことに微妙な兆候や症状をもつので、以上のように症状名を並べてもなんら理解が深まるわけではないが、これがＤＳＭによるカルテなのである。もう少し、案内を続ける。

双極性障害（Bipolar disorder）は感情障害である。以前は躁うつ病と呼ばれていた。精神科医たちは「バイポーラー」と言う。躁と鬱が双極的にあらわれるので双極性と名付けられた。

Ⅰ型とⅡ型があって、Ⅰ型は躁状態がひどい。北杜夫のキタ・モリオ病がⅠ型だった。Ⅱ型も躁と鬱がくりかえされるのではあるが、躁状態がⅠ型ほどではなく、軽躁期には病気とは見えないことが多い。また鬱期は単極性のうつ病とされてしまうことも少なくないが、そのための抗うつ剤を投じると悪化する。開高健がⅡ型だった。

Ⅰ型のバイポーラーは極端に躁になる。軽はずみになり、怒りっぽく、脱線が目立つ。浪費や借金が平気になって、高価な買い物に手を出す。もともとは慎み深い性格だったのに、奔放な異性関係に溺《おぼ》れたり、不倫に勢いがついたりする。ついには自分は救世主であるとか、誰かの声がするとか、テレビが特別な暗号を送っているとかと思う。ところが鬱期に入るとたんにおとなしくなり、そのかわり自分が嫌になっていく。

双極性障害は妄想や幻聴による錯乱があるので統合失調症と誤診されることがあるのだが、統合失調症とちがうのは躁や鬱が薄まっていくと、症状はあらわれなくなってくるのである。

Ⅱ型のバイポーラーは軽躁と鬱がくりかえされる。鬱期はメランコリー型になることが多い。本書によると、早口でせっかちでアタマの回転がよく、飽くことのない野心があって、たえず目標を高く掲げるタイプに多く、だから周囲は異常を感じることが少なく、むしろリーダーシップを求めてしまう。起業家にはふさわしいのだろう。けれどもII型の患者は、自分の衝動をコントロールするのがめっぽう甘い。そのため無謀な賭《か》けに出やすくなる。周囲が心配し反対しても弁舌がたつので周囲を説得してしまう。そういう力がありすぎる。ところが何かのきっかけで矛盾する事態に直面すると、急に不安になって鬱期に入ってしまうのである。挫《ざ》折《せつ》には弱いわけである。

うつ病も双極性障害も単一の病名にするには問題がある。実際にもさまざまな合併症がともなうことが多い。アルコール依存・薬物依存・カフェイン依存・ニコチン依存をはじめ、II型の場合はパーソナリティ障害、パニック障害、月経前緊張症、注意欠陥・多動性障害（ADHD）などがまじりやすいという。

なかでもパーソナリティ障害をかかえもっている症例はII型の三〇パーセントをこえると言われる。

ぼくはこの病名には抵抗があって、パーソナリティそのものがもともとペルソナ（仮面性）を内包しているのだから、誰だってコミュニケーションに不安をかかえるパーソナリティ障害者だろう、それでいいじゃないか、何か文句があるかと思っていたのだが、境界性パーソナリティ障害（BPD）の自傷行為のことをあれこれ見聞するうちに、なるほどそうとう心を苦しめる障害もあるのかと知るようになった。少女たちのリストカットがその例である。

境界性パーソナリティ障害（Borderline Personality Disorder）は、自分のボーダーラインをまたいでしまうという症状をもつ。対人関係に破綻《はたん》がおこりはじめ、何であれ「だめ」と「いい」がスプリット（分裂）してしまう。二極思考が進むのだ。持続する空虚感に苛《さいな》まれ、衝動性にもとづく行為などが目立ってくる。

もともとは飲酒や浪費やギャンブルに走ったり、性的放縦や薬物嗜好《しこう》になったりする傾向と区別がつかないものだったのだが、これが自傷行為や自殺衝動に結びつくと、ボーダーラインの向こうに行きすぎる。

こうした自己破壊的な行為は自分を壊したくてそうなるのではない。打ち続く不安の波を軽減したくてコーピング（coping＝対処する）する。少女たちがリストカットをするのも、それで楽になれると思うからである。痛ましいといえばまさに痛ましいが、本人にとってはそれがソリューションなのである。まことにアンビバレンツで、「ちぐ」と「はぐ」とが交差するような微妙なことだ。

では、なぜこのように精神疾患が複雑多様におこるのか。「心の傷」とは何をあらわすものなのか。

われわれの気分や行動をコントロールしているのは、われわれ自身がもっている中枢神経系の活動によっている。一言でいえば「脳」である。そこはコントロールセンターで、一四〇億個のニューロン（神経細胞）が互いに軸索や突起を根っこのように伸ばしあって複雑なネットワークをつくっている。ニューロンには興奮性と可塑性がある。基本状態ではマイナス七〇ミリボルトの電位に保たれているが、興奮するとプラス五〇ミリボルトほどに電位を急上昇させ、また戻る。このアクション・ポテンシャル（活動電位）がニューロン・ネットワークの中を電気信号（インパルス）として伝わっていく。

軸索や突起を走ってきた電気信号が次のニューロンに伝わると、いったんシナプス間隙でとまり、ニューロンを興奮させて新たな化学信号の選択をする。電気記号から化学信号へ。これが脳におこって、「心の変化」をもたらしていく。興奮はニューロンの表面にある受容体に神経伝達物質（ドーパミン、ノルアドレナリン、セロトニンなど）が結合するとき、細胞表面の小さな孔（イオンチャネル）が開いて、そこからナトリウム・イオンなどのプラスの電荷をもつイオンが細胞内に流れこむことで引きおこされる。

抑制もおこる。GABA（ギャバ）などの神経伝達物質が受容体に結合すると、別のイオンチャネルが開いて、マイナスの電荷の塩素イオンが流れこんで、ニューロンの放電を抑える。

こうして、いつ、どんな神経伝達物質(ニューロトランスミッター)がどのくらい放出されるかということが、われわれの気分や行動のトリガーになっていく。伝達物質はケミカル・メッセージなのである。「心のケミストリー」の因子なのである。そのメッセージに気分のケミストリーが増幅したり縮退したりする。伝達物質の量がふえればメッセージの影響力が強くなる。

受容体の数がふえるのもメッセージの力を強くする。受容体が多ければ伝達物質がくっつきやすくなり(発効しやすくなり)、信号が伝わりやすくなる。これがニューロンの可塑性というものだ。

たとえば何かの理由で伝達物質の放出がへったとき、活動性を維持するために受容体の数がふえるということがおこったり(アップ・レギュレーション)、逆に強すぎる刺激が長時間与えられてニューロンが興奮しっぱなしになって感受性を失っていくようなときは(脱感作《だつかんさ》)、受容体の数をへらす処置をしたりする(ダウン・レギュレーション)。その按配《あんばい》がまことに微妙なのである。

伝達物質(ケミカル・メッセージ)の量の大小は、中枢神経系の日常状態をいろいろ変化させる。できれば適量が放出されたり抑制されたりするのが好ましいのだが、ときには脱感作やダウン・レギュレーションで反応が低下する。

そこでニューロンと樹状突起とシナプスの連合帯は、まことに巧妙なしくみを発動させた。放出した伝達物質をすみやかに分解してしまうか、取りこんでしまうようにしたのである。トランスポーターやオートレセプターの工夫だった。実は精神疾患の多くはこのしくみの具合や不具合と密接な関係がある。

たとえば、アセチルコリンという伝達物質にはコリンエステラーゼという分解酵素があって、余分なアセチルコリンを分解してしまう。ドーパミンやノルアドレナリンやセロトニンに対しては、ニューロンの細胞膜の表面にトランスポーターというタンパク質を用意させておいて、放出伝達物質の過剰や過少に応じてこれを取りこみ、リサイクルできるようにした。

オートレセプター(自己受容体)のはたらきも巧妙にできている。オートレセプターはニューロンの樹状突起についているもので、自分が放出した伝達物質を自分で感知する受容体である。たとえばセロトニンを放出するシナプスのニューロンの表面には、この放出セロトニンのオートレセプターである1A受容体があり、ここにセロトニンがつくと放出にブレーキがかかるようになっている。

さらにシナプスの向こう側(後シナプス)には2Aというオートレセプターが配置されていて、こちらでも調整ができる。ニューロンとシナプスと樹状突起のどこかでトランスポーターやオートレセプターが柔かい鍵《かぎ》や鍵穴のようになって、伝達物質の量をコントロールしているのである。

うつ病では、このトランスポーターやオートレセプターのはたらきに問題が生じているらしい。そこで抗うつ剤はこのはたらきを擁護したり鎮圧させたりすることを工夫した。最も有名な抗うつ剤のひとつであるSSRI（選択的セロトニン再取り込み阻害薬）は、こうして開発された。

脳内の神経伝達物質の増量や減少ではなく、受容体の具合によってうつ病が引きおこされているという見方は、以前から「モノアミン受容体仮説」とよばれてきた。

モノアミンというのは、アミノ基を一個だけ含む神経伝達物質の総称で（だからモノ・アミンとグルーピングされた）、アドレナリン、ノルアドレナリン、セロトニン、ヒスタミン、ドーパミン、アセチルコリンなどのことをいう。このうちのアドレナリン、ノルアドレナリン、ドーパミンはカテコール基をもつのでカテコールアミンとよばれる。

伝達物質にはモノアミン類のほかに、アミノ酸類（グルタミン酸、γアミノ酪酸、グリシン、アスパラギン酸など）、ペプチド類（エンドルフィン、サブスタンスP、バソプレシン、ソマトスタチン、オキシトシン、ニューロテンシンなど）がある。

一九五六～五七年、結核に効くイプロニアジドや分裂病に効くといわれるイミプラミンが、抗うつ作用をもつと提案された。発見当初は作用機序はあきらかではなかったのだが、その後イプロニアジドにはモノアミン酸化酵素を阻害する作用が、イミプラミンにはノルアドレナリンやセロトニンの再取り込みを阻害する作用があることが発見された。これらによって大うつ系のうつ病がモノアミン類、ノルアドレナリン、セロトニンなどの低下によっておこるという仮説が、そこそこ立証されたのだった。

これで薬品各社が抗うつ剤の開発をめざし、なかでも選択的にセロトニンの放出にかかわるSSRIが脚光を浴びることになった。セロトニン・トランスポーターにはたらくからだ。

さて、このように脳の中でおこっている現象をあれこれ説明されたところで、セロトニンの量やニューロンのトランスポーターのはたらき具合が「心の傷」の原因だと言われたところで、それで「ああ、なるほど」と納得する者はほとんどいないだろう。

仮にモノアミン類の化学分子の増減になんらかの原因がひそんでいたとしても（それは確かなのだが）、そのような現象を引き起こしたもっと別の心理的要因がかかわっているように想定したくなる。

あらためて総合的に見てみれば、心が傷つくのは、傷つきやすくなる現象が先行していたからである。この先行するものとして最も候補に上がりそうなのは、おそらくストレス（stress）である。一九一四年にウォルター・キャノンが何かの不足が精神的な状態を追いつめる作用として提案し、一九三〇年代にハンス・セリエの研究が生理学的なプレッシャーという意味を与えた。

ストレスという用語は、苦痛や苦悩を意味する“distress”から命名されたのだが、ストレスをおこす要因としてストレッサーを想定したことによって、さまざまなストレッサーの候補群が出てきた。物理的ストレッサー（寒冷、騒音、放射線）、化学的ストレッサー（酸素、薬物）、生物的ストレッサー（炎症、感染）、そして心理的ストレッサー（怒り、不安）などである。

ストレスは、ふだんはホメオスタシス（生理的な恒常性）を保っている生体に微妙な生理的なアンバランスをもたらしている。それゆえ、それが警戒信号になって、人体はバランスをとりもどそうとする。

そのつどおこるストレスによるアンバランスは、心拍数、呼吸数、血管拡張、筋収縮、血糖量増加などにあらわれるのが一般的である。脳下垂体から副腎皮質ホルモンにいたる反応経路にも影響を及ぼし、ステロイドホルモンを放出させるのである。ステロイドホルモンには副腎皮質ホルモン（アルドステロン、糖質コルチコイド、アンドロゲン＝男性ホルモン）、性ホルモン（エストロゲン、黄体ホルモン）などがある。

しかしもっと強いストレスが加わると、急性ストレス障害（ASD＝Acute Stress Disorder）がおこる。これは「トラウマ」となって急性の高血圧、消化器官の炎症をおこし、のちのちまで感情鈍磨やフラッシュバックや解離症状をもたらす。

ステロイドホルモンが長期間にわたって分泌されていくと、負の作用がおこり、前頭前野や海馬《かいば》のはたらきが低下したり、萎縮したりする。ストレッサーの刺激が視床下部から脳下垂体に伝わり、副腎皮質刺激ホルモン（HPA系）が放出されるのである。そうなると、ニューロンの新生にかかわる神経栄養因子（BDNF）の遺伝子のはたらきが抑えられ、それがまた前頭前野や海馬のニューロンにダメージを与えることがわかってきた。

こうした一連の動きのなかで、セロトニンなどのモノアミン類の神経伝達物質が影響を受けるのである。ストレスこそはうつ病の遠因なのである。うつ病はストレスに対する過剰反応から生じることが多いのだ。

本書には、もっといろいろの話が丁寧に紹介されている。当然、うつ病の治療法や抗うつ剤の紹介もされているのだが、ぼくの今夜の案内はこのくらいにしておきたい。

書いていて、あらためて感じたことがある。いろいろあるが、ひとつは、ぼくも気分障害を複合的にもっているだろうということだ。どの症状にあてはまるかということではない。さまざまな「ちぐ」（鎮具）と「はぐ」（破具）が混じっているはずなのだ。「あべ」

（彼辺）と「こべ」（此辺）とも混じっている。いまのところは、それでいいと思っている。このことについては『擬（もどき）』（春秋社）に書いたとおりだ。

ひとつは、ストレスは取り除けないということ、うまく付き合うしかないということだ。だいたいぼくは五十年以上にわたって自分にストレスをかけてきた。それは将棋打ちが長期にわたって盤面展開のストレスに向き合ってきたことと同じで、職人気質の者なら誰だってしてきたことである。

ぼくの場合は編集ストレスに向き合ってきた。ぼくにとっての編集は矛盾や葛藤をいかす仕事だ。たんなる本づくりではない。編集作業の中にトランスポーターやオートレセプターが出入りしている。いわば農作業のようなのだ。農作業も畑の中のトランスポーターやオートレセプターとずっと向き合う仕事であろう。これに付き合ってきたことで、なんとかここまでやってこられたのだと思う。

ひとつは、今夜はまったくふれなかったが「統合失調症」のことだ。かつては精神分裂病とよばれてきた精神疾患だ。芥川やムンクや中原中也を襲った。

この疾患が示しているものは、先にもふれたように「悲しみ」である。中也は愛児の文也を小児結核で喪《うしな》った悲しみから、「屋根の上に白蛇がいる。文也を食い殺したやつだ」と叫ぶようになった。

その後、千葉寺療養所に入院するけれど、中也がいなければわれわれは小林秀雄も大岡昇平ももてなかったのである。こういうことをどう考えたらいいか、たいへん迷う。せめて「悲しみ」の研究がうんと深まるのがいいのではないか。戸川純や尾崎豊の歌も、もっと聴いたほうがいいのではないか。

ひとつは、心理学や精神医学はどこに向かっていくのかということだ。DSMに則《のっと》ってばかりいて、それでどうするのかという心配だ。これについては別案があるわけではないので、ジョルジュ・カンギレムの『正常と病理』（法政大学出版局）からクリストファー・レーンの『乱造される心の病』（河出書房新社）あたりまでの、ちょっと考えさせる本を、代わりにお薦めしておきたい。バシュラールに学んだカンギレムは「等質」と「異質」のちがい、レーンはDSMを批判して「内気」（shyness）の分析をした。

ひとつは、空想と解離の関係のことである。空想（fantasy）は幼児から大人まで、ずうっと付きまとう想像力の自由のようなもので、また創造力の源泉のようなものである。空想がなければ、趣味も仕事もままならない。解離（dissociation）は読書や映画に夢中になっているときの心境をいう。空想に耽《ふけ》っていられることである。ところが、その空想からのリリースがうまくできないとき、解離性障害がおこる。心の障害になる。二つはあるところで角《つの》を突き合わせてしまうのだ。空想と解離を分けない思想が必要になっていると感じる。

第一七二四夜　二〇一九年十一月三日

**参照千夜**

一一六六夜：ヘミングウェイ『キリマンジャロの雪』　三二四夜：スウィフト『ガリヴァ旅行記』　九七〇夜：ゲーテ『ヴィルヘルム・マイスター』　一一三六夜：サド『悪徳の栄え』　五八〇夜：トルストイ『アンナ・カレーニナ』　九七二夜：ポオ『ポオ全集』　一七一〇夜：ヴァージニア・ウルフ『ダロウェイ夫人』　八八三夜：フィリップ・K・ディック『ヴァリス』　九三一夜：芥川龍之介『侏儒の言葉』　六五〇夜：有島武郎『小さき者へ』　六〇五夜：新渡戸稲造『武士道』　一七二二夜：北杜夫・斎藤由香『パパは楽しい躁うつ病』　二八〇夜：向井敏『開高健　青春の闇』　五八三夜：夏目漱石『草枕』　九〇〇夜：宮沢賢治『銀河鉄道の夜』　三五一夜：中原中也『山羊の歌』　五〇七夜：太宰治『女生徒』　六〇夜：谷崎潤一郎『陰翳礼讃』　五三夜：川端康成『雪国』　二一四夜：江藤淳『犬と私』　八九五夜：フロイト『モーセと一神教』　九五一夜：小此木啓吾・北山修編『阿闍世コンプレックス』　九九二夜：小林秀雄『本居宣長』　九六〇夜：大岡昇平『野火』　一三六夜：須藤晃『尾崎豊・覚え書き』

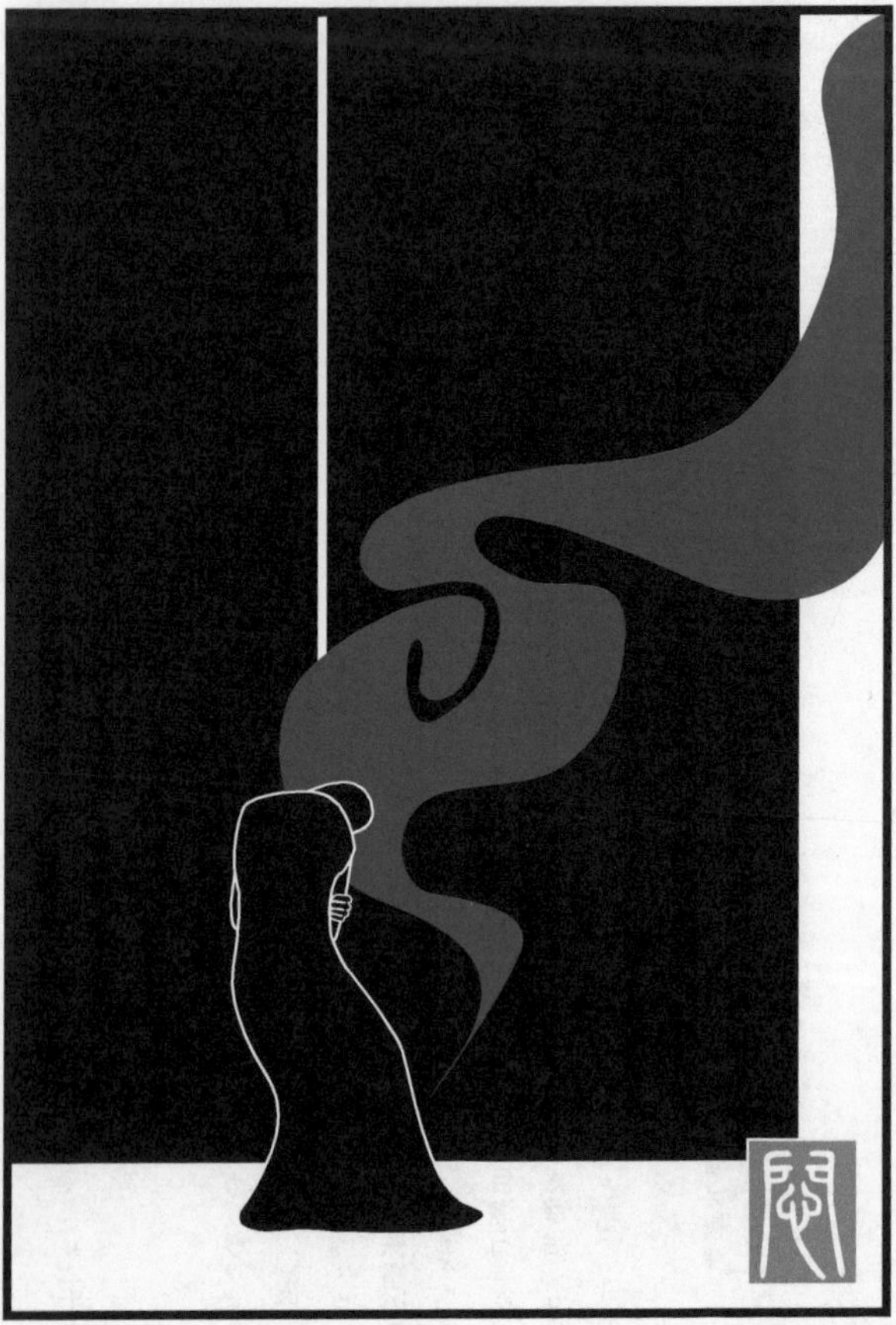

ココロの絵文字「悶」
その門に入るかどうか、心は悶え、気分はその先に向かえない。

DSMで「心の病気」が分類できるのか。
プロザックで「悲しみ」は消えるのか。

アラン・ホーウィッツ&ジェローム・ウェイクフィールド

# それは「うつ」ではない

伊藤和子訳　阪急コミュニケーションズ　二〇一一

Allan V. Horwitz and Jerome C. Wakefield:
The Loss of Sadness—How Psychiatry Transformed Normal Sorrow Into Depressive Disorder 2007

われわれは誰だって、いつだって、精神疾患を出入りする淵《ふち》にいる。不安、憂鬱《ゆううつ》、迷妄、妄想、意志薄弱、意欲の減退。食欲不振、倦怠《けんたい》、トラウマとフラッシュバック、仕事放棄、引きこもり。みんな、このうちの何かと一緒にいる。淵に近づかなかった者なんて、ほとんどいない。

このところ先進諸国の巷《ちまた》には「人格の病」、「感情の病」、「不安の病」が乱れとぶ。なかでも「うつ病」が会社でも学校でもふえている。先だって大企業の人事部の知り合いに聞いたところ、データ上では一割ちょっと、実際には三割ほどが「うつ病」ですよと言っていた。また、これも知り合いの産業医に尋ねてみたら、たいていの企業や役所はDSMオンパレードですよ、統合失調症、パニック障害、ヒステリー、家族暴力、ストレス過剰、双極性障害、解離、PTSD……みんなありますと言っていた。DSMについてはあとで述べる。

なぜ、そうなったのか。もっと大きな「文明の病い」が広がっているのか。あるいは社会のコミュニケーションのどこかに機能不全がおこっているのか。それとも、アメリカ精神医学会のDSMが心の病いの症状を分類認定しているからなのか。それならわれわれは、香り高い悲哀にもう浸っていられないのだろうか。原因が特定できないだけに、気になる問題だ。

いっときマリリン・モンローの旦那《だんな》でもあった劇作家アーサー・ミラーの当たり狂言に『セールスマンの死』（ハヤカワ演劇文庫）があった。戦後まもない一九四九年にブロードウェイで初演されて大反響をよんだ。日本でも文学座をはじめ、のべつ上演されてきた。ぼくが洋物カツラをつけた杉村春子の潑剌《はつらつ》かつ痺《しび》れるような名演技を初めて舞台で見たのは、この作品だった。

主人公はウィリー・ローマン。第二次大戦後のアメリカ人のライフスタイルを赤裸々に体現する人物である。ローマンは夢をもって働けば誰でも成功できるというアメリカンドリームを信じた男で、しゃにむにセールス展開を挑んでいくのだが、六十歳をすぎて待っていたのは苛酷《かこく》な現実ばかりだった。体を壊し、借金をかかえ、とうとう会社をクビになった。そんな父親ローマンを息子はとことん軽蔑する。ローマンは自分が敗残者であることを認め、保険金が入ればきっと家族が少しはラクになるだろうと車に飛び込んで自殺してしまう……。

ミラーの『セールスマンの死』はこういう話だが、最近になって、ここに変な尾鰭《おひれ》がついた。初演から数えて半世紀後の一九九九年にこの演劇の新たな演出舞台を批評したニューヨークタイムズが、こんなヘッドラインを付けたのだ。「ウィリー・ローマンにプロザックを！」。

プロザックというのはパキシル、ゾロフト、エフェクソールなどと並ぶ抗うつ薬で、アメリカではつねにトップの売上げを誇っていた薬のひとつだ。ニューヨークタイムズに頼まれた精神科医が『セールスマンの死』を見て「ローマンはあきらかにうつ病である」という診断をくだしたらしい。

つまらない劇評があったものだが、このヘッドラインでアメリカ人はみんなピンときたようだ。ヘミングウェイの時代にはアスピリン・エイジが時代社会を象徴していたけれど、いまや誰もがプロザック・エイジの仮住人になっていたからだ。そのころのプロザックのTVコマーシャルでは、「八人に一人がうつになる」という風雨を感じさせる画面のあとに、プロザックによって急に気分が晴れるイメージを映し出し、そこに「お帰りなさい」というナレーションが流れたものだった。あざといというべきか、巧いというべきか。

ウィリー・ローマンはいまやどこにでもいる気分障害者である。実際にも二一世紀のアメリカは、女性の一二パーセント、男性の六パーセントがプロザック系の抗うつ薬を常用するような、「みんながちょっとずつおかしい」といううつ社会になっている。だから精神科医の数もべらぼうに多い。アメリカ社会は弁護士と精神科医の社会なのである。ついでに言うと、人気TVドラマ「ザ・ソプラノズ」の主人公はいくつもの精神疾患をかかえるマフィアのボスである。よくぞこんな設定を思いついたものだが、このボスがどんな抗うつ薬をのむのかが、この人気ドラマの筋書きのメリハリなのだ。

うつ病がふえているだけではない。アメリカほどではないが、日本でも十年以上にわたって毎年三万人以上の自殺者が出ている。「引きこもり」となると、さらにものすごい数になる。やむなく厚生労働省がこれまでの致死率の高い「ガン・脳卒中・急性心筋梗《こう》塞《そく》・糖尿病」の四大疾病に、新たに「精神疾患」を加えて五大疾病にした。

こうした現象は何をあらわしているのかといえば、その実態をにわかに判断することはむつかしい。ゲイリー・グリーンバーグの『「うつ」がこの世にある理由』（河出書房新社）や計見《けんみ》一雄の『現代精神医学批判』（平凡社）などを読むたびに、ぼくの見方はぐらぐら揺れた。

古来、「心の病気」がなかったなどという時期は、ない。意識の発生とともに併存してきたはずだ。それをどのように呼ぶかはべつにして、憂鬱も不安も狂気も、ずっと昔から人類の歴史に寄り添ってきた。それについては中井久夫さんに『分裂病と人類』（東京大学出版会）という名著がある。

それなら、二十世紀後半から二一世紀にかけてこのような「心の病気」がどんどん増大していることをどう見ればいいのか。今夜はそこを論じるわけではないけれど、とりあえずわかりやすくいうと（なかなかわかりやすくしにくいが）、今日の精神医学が分類する精神疾患には「人格の病」「感情の病」「不安の病」がある。ただしこれらの相違は、それぞれ処方薬（向精神薬）がちがっているため顕著にあらわれているだけなのだ。

「人格の病」を代表するのは「統合失調症」である。以前はこの病気のことを「精神分裂病」と言ってきた。スキゾフレニア（schizophrenia）だ。他人と意思を通じ合わせることが億劫になり、閉じこもりがちで、周囲に無関心になる。症状がすすむと妄想や幻聴や幻覚をともない、ときどき支離滅裂なことを言ったり、意味なくニヤニヤしたりする。

やむなく向精神薬をつかう。このクスリは神経伝達物質のドーパミンやセロトニンの受容体を遮断する。

「感情の病」を代表しているのが「うつ病」である（鬱病と綴りたいのだが、平仮名表記が標準になった）。理由のない意欲減退や食欲不振がつづき、しばしば沈鬱な感情がつきまとう。劣等感にさいなまれることも少なくない。脳内の神経伝達物質であるモノアミン系が不足しているとみられるので、ノルアドレナリンやセロトニンをふやすような抗うつ薬をつかう。ここにかつてはプロザックなどが入っていたのだが、実はけっこう薬剤選定がむつかしい。

うつ状態と躁《そう》状態がくりかえされる「躁うつ病」も「感情の病」のひとつである。いまは「双極性感情障害」という病名になった。うつ病の一種ではあるが、別の処方が必要になる。躁状態を演出しているのがＧＡＢＡ（ギャバ）というガンマアミノ酪酸であるともくされるので、リチウム投与など、けっこう慎重な投薬が必要になる。

「不安の病」では対象が漠然とした不安や恐れが出入りする。これがいわゆる「神経症」だ。ここには、不安神経症（不定愁訴、パニック障害）、強迫神経症（買った大根が汚れているのが不安なので一時間も洗わなければ気がすまないというような症状）、ヒステリー（転換性障害、解離性障害）、心身症（心因性胃潰瘍や偏頭痛や腰痛）などが含まれる。対策としては、メフェネシンやメプロバメートを母型として、それぞれの神経症に適応する抗不安薬が用いられている。昭和の世の中ではメプロバメート系のトランキライザーがよく知られてきた。

このほか最近では、統合失調症の亜種として「非定型精神病」という症状がある。漱石やヴァージニア・ウルフがこの症状をもっていたのではないかと言われる。さらには「新型うつ」も取り沙汰されている。

さて、では、ここからが今夜とりあげた本書の課題になるのだが、これらの精神疾患の認定にあたっては、実はまるごとＤＳＭの基準に従っているという事情があったわけなのである。ＤＳＭというのは、アメリカ精神医学会が長らく策定してきた「精神疾患の診断と統計の手引き」のことで、"Diagnostic and Statistical Manual of Mental Disorders" のイニシャルをとってＤＳＭと略称されている。

ＤＳＭは何年かおきに改訂され、そのたびに世界の精神医療のグローバル・スタンダードになってきた。とくにアメリカを代表する精神医学者のロバート・スピッツァーがリーダーとなったタスクフォースによって、一九八〇年に制作された第三版（ＤＳＭ－Ⅲ）が大いに広がり、一躍その名が知られるようになった。同時にＤＳＭ－Ⅲに対する批判もおこって、それも手伝って有名になった。スピッツァーは本書に序文を寄せている。

ついで一九九四年に出たＤＳＭ－Ⅳが定番になった。日本のうつ病が話題になったのはこのころからで、その基準にはむろん日本の精神医学界の大半が従った。今年（二〇一三）五月に第五版が発表されたが、診断の基本方針に大きな変更はなかったらしい。

ＤＳＭはとくにうつ病の認定基準として、大きな影響力をもってきた。なぜＤＳＭのうつ病基準が影響力をもったのかは、次のガイドラインによる認定の仕方を知ってもらえば、およその予想がつくだろう。うつ病は、ＤＳＭが提示する次の九つの症状のうちの、五つが二週間以上にわたって続いているかどうかで判断するとされたのだ（！）。

（１）抑うつ気分
（２）さまざまな活動に対する興味・喜びを失う
（３）体重の増加または減少、食欲の変化
（４）不眠または過眠
（５）精神運動性激越（むやみに体を動かすなど落ち着きがなくなる）、または精神運動遅延（会話や動作が緩慢になる）
（６）倦怠感または精力減退
（７）自分は価値がない人間だと思う。過度に、または根拠なく自責の念にかられる
（８）思考力、集中力の低下、物事を決められなくなる
（９）死についてたびたび考える。自殺願望や自殺未遂に走る

このリストを見ていると、うつ病の要素がない現代人なんてほとんどいないんじゃないかと思える。だが、こうした症状の持ち主が近くにいたからといって「怠け病」とか「さぼり病」とみなしてはいけない、たんに「やる気がない」と見てもいけない、上司は社員にそんなことを言ってはいけない、両親も子供を叱ってはいけない、うつ病はれっきとした病気ですというのが、今日の精神医療界の申し合わせた見解なのである。

本書は、このようなDSMの認定基準に問題がないかどうかを問うた一冊で、精神医学の現状を批判した一冊ではない。とくに「悲哀」に属する感情の持続とうつ病との関連が曖昧であることにメスを入れた。

人生には憂鬱なことはいくらだってある。気分がすぐれないとか気がふさいだというのなら、風邪をひいても体がだるくても、仕事がうまくいかなくても、失恋しただけでも歯が痛いだけでも、テレビのコメンテーターが馬鹿野郎なことを言っているというだけでも、憂鬱だ。気分が悪くなることなんてしょっちゅうだ。

しかしこうした腹立たしさの多くは長期間にわたらない。そのうち気が晴れる。そこで、長期間にわたっても気が晴れない気分障害のことをまとめて「うつ病」とみなすようにした。その症状のメルクマールは、DSMのガイドラインが掲示する特徴を複数おこしている場合ということになった。つまりは、先に示した九項目のうちの複数項目にわたる機能不全が数週間ほど続いている症状が「うつ」(depressive disorder) なのである。厳密にはDSMが規定するうつ病は「大うつ病」(major depression) と名付けられているのだが、これは主として躁うつ病と区別するための呼称なので、広くはうつ病とみなされる。

これでいったい、何が納得できるだろうか。エクセル表に○×をつけただけである。それなのに、何が○で何が×かによって、その後の人生の方策が誘導されそうなところが、怖い。

ぼくのようなシロートが見ても、このような持続的なデプレッシブ・ディスオーダーやメンタル・ブレークダウンのすべてがうつ病だというのはおかしいように思える。今夜はややこしくなるので勝手な説明は省くけれど、多くの気分障害はうつ病だけでなく多様な機能不全や心理現象にまたがっているはずなのである。

おそらくは統合失調症（スキゾフレニア）にも双極性障害（躁うつ病）にも、何かの暴力的なショックによってトラウマがなかなか消えないPTSD（外傷後ストレス障害）やパニック障害にも、デプレッシブ・ディスオーダーやメンタル・ブレークダウンはおこっているはずなのである。かつて不安神経症、心身症、ノイローゼなどと言われていた症状や、さらには認知症や発達障害などにもこうした症状はおこっていて、それらの区別はなかなかつきにくいはずだ。ときにはアルコール依存症が似たような気分障害症状を見せるときもある。

けれども、そんなことを言いだしたのでは精神疾患の治療は手が打てない。勝手な見立ては役には立たない。そこで、精神科医をおとずれる患者に何らかの向精神薬を投与することによって、症状の特定ができるということにしたわけである。うつ病と双極性障害の、うつ病と認知症の、それぞれの治療薬がまったく異なることをもって、やっと精神疾患上の症状分類が類推可能になったのである。けれどもそのためかえって、DSMの基準のほうがどんどん広まった。いいかえれば、DSM-ⅣやDSM-5にもとづいて、今日もまたうつ病患者がふえているということなのだ。

DSM基準に該当する気分障害が二週間ほどつづいたからといって、それがみんなうつ病であるはずはない。長く尾をひく憂鬱な気分は、DSMが規定する精神疾患によるものとはかぎらない。

たとえば親しい者と死別した悲嘆、会社の倒産や家業不振によるお先真っ暗の失意、育んできた恋愛や愛情の突然の破綻、信頼していた相手から裏切られたことなどによって、心が塞《ふさ》いでいつまでも意気消沈しているからといって、これをうつ病とか統合失調症と認定するだろうか。期待をしていた昇進が延期されたり配転がおこったり、いつまでも治らない持病でだんだん気が重くなったり、一家や故郷を襲った火事や洪水災害などによる悲しみがなかなか消えなかったりすることを、精神障害だとみなしていいのだろうか。われわれはいつだって、こうした憂鬱の淵を歩いてきた者なのである。

本書はそこを問題にした。DSMは人々の深い悲しみを精神疾患にしてしまうのではないかという問題提起だ。「DSMは人々の悲しみを奪うのか」という問題提起だ。本書の原題が「悲哀の喪失」(The Loss of Sadness)となっているのは、そのせいだった。

昔から多くの悲哀や悲嘆が人間の心を苦しめてきた。その逆に、悲哀や悲嘆こそが人間を成長させてきたとも言える。

すでに紀元前三〇〇〇年の古代オリエントの叙事詩『ギルガメシュ』には、親友エンキドゥの死を知らされたギルガメシュの嘆きが綴《つづ》られている。友のパトロクロスの死によって悲嘆のどん底に落とされたアキレウスの絶望感の描写も、英雄のもつ深い人間性だとみなされる。アキレウスの前途に悲しみの暗雲がたれこめ、アキレウスは怒りに打ちのめされて大地に身を投げ出し、いつまでも髪をかきむしりつづけたのだ。

若きウェルテルの悩みやマルテの彷徨も、『三四郎』の漱石や『舞姫』の鷗外の作品も、みんな容易には癒《いや》しがたい憂鬱をかかえた物語になっている。優雅なマダム・ボヴァリーやアンナ・カレーニナは、道ならぬ恋に身を焦がし、心の奥で懊悩《おうのう》し、そしてみずから命を断ってしまった。

これらの主人公たちの症状をDSMでチェックすれば、それなりの病名があてはまるのだろうが、それでは大きく欠落してしまうものがある。それが「悲しみ」というものだ。その「悲しみ」は二週間とか一ヵ月では区切れない。

日本でも、古代このかた歌人たちが「いぶせ」（憂鬱）な気分を歌っていた。「たらちねの母が飼ふ蚕《こ》の眉《まよ》ごもりいぶせくもあるか妹にあはずして」。気分が晴れないこと、厭わしいこと、気詰まりなこと、なんとなく悲しいことが「いぶせ」なのである。大伴家持は「いぶせみ」（鬱悒）という名詞をさえつくり、「こもりのみ居れば鬱悒なぐさむと出で立ち聞けば来鳴くひぐらし」という歌を詠んだ。『源氏物語』もまた、桐壺帝の憂鬱なさまを「なほいぶせさを限りなくのたまはせつるを云々」とあらわし、「さまざま乱るる心の中をだに、え聞えあらはし給はず、いぶせし」とも表現した。

この「いぶせ」はプロザックを投じて治せばいいというものではない。もしもそんな処方箋でこれらの気分変調の話をすますなら、古今東西の文学作品の大半は、ことごとく精神障害の記録か、作家たちの妄想だったということになる。

万葉人の「いぶせ」を、ヨーロッパでは長らく「メランコリー」（メランコリア）とよんできた。もともとメランコリア（melancholia）はギリシア語の〝黒い胆汁〟を意味する。黒い胆汁が過剰になると憂鬱な気分になるとみなされたのだ。

イオニアのヒポクラテスは医療と呪術《じゅじゅつ》を切り離し、初めて経験科学的な医療の体系に向かった医聖であるが、その一方では「不安や悲しみが長期にわたって続くなら、それはメランコリーである」と書き、そこには食欲不振、意気消沈、不眠、苛立《いらだ》ち、落ち着きのなさが認められると付け加えている。憂鬱を病気とみなすかどうか、迷っていたふしがある。

分類が得意なアリストテレスは、気質と障害を分け、もともとメランコリーな気質をもつ者と何かの原因によってメランコリー障害をもつようになった者とを区別したほうがいいと、きわめて近代医学的な提案をした。

本書には、その後のヨーロッパにおける憂鬱の哲学の系譜がかんたんではあるが、紹介されている。それらはたいてい「謂《いわ》れなき憂鬱とは何か」をまさぐろうとしたものである。十六世紀ではラウレンティウス（フランスの医師アンドレ・デュ・ローラン）の『メランコリー論』やイギリスのティモシー・ブライトの『メランコリー論』がその意味に分け入った。十七世紀の憂鬱の哲学の決定版はロバート・バートンの『憂鬱症の解剖』（昭森社）であろう。本書はこれらは総じて「正常な憂鬱」だったとみなしている。

しかし理性の世紀でもあった十八世紀になると、こうした憂鬱な気分がもたらした心の状態は、しだいに「特別な心情」とか「異常な憂鬱」と考えられるようになり、ついにはカントさえもがメランコリーを「正当化できない悲嘆」とみなすようになったのだった。

かくて十九世紀初頭のフィリップ・ピネルにおいて、メランコリー障害と「喪失による悲嘆」とがはっきり区別された。さらにはその弟子のジャン・エスキロールやアメリカ精神医学の父ベンジャミン・ラッシュにおいては、メランコリー的なるものから「錯乱・狂気・歪曲《わいきょく》・妄想」などの気分障害が次々に引き出され、その異常性や特異性ばかりが強調されるようになったのである。

二十世紀の精神医療者たちは、フロイト派とクレペリン派に分かれて「うつ」の分析や特徴付けを試みた。

フロイト派はこれらの要因を体質や器質によるものではなく、無意識の心理プロセスの中に見いだそうとして、精神分析による治療に向かった。フロイトの『悲哀とメランコリー』では、愛する者の喪失がもたらす悲哀や憂鬱は病的なものではないと判断されている。一方、エミール・クレペリンに始まるクレペリン派は、精神障害を器質的な脳の疾患によるものとみなし、生物医学的な枠組みのなかに精神医学を位置付けようとした。精神障害については、これを躁うつ病（現在の双極性障害）と早発性痴呆《ちほう》（現在の統合失調症）に大別した。

これでだいたい見当がつくように、DSM－Ⅲはクレペリンのアプローチにもとづいた〝新クレペリン主義〟の発案だったのである。

異論もあった。アドルフ・マイヤーは生物・心理・社会にまたがって精神医療にとりくみ、疾病（disease）と病気（illness）を区別したアーサー・クラインマンは精神科学は画一的な患者集団をつくりすぎたとして精神科医たちを批判して、社会文化上の問題にアプローチした。ジョージ・ブラウンの「うつの社会科学モデル」づくりをめぐっては、医療を内外から議論する試みも加わって多様な論戦もおこなわれていたのだが、こうした賛否両論も、結局は二十世紀後半はDSM基準をめぐるプロザック・エイジのムーブメントに巻きこまれていった。

このように見てくると、今日の多くの精神疾患はクスリの投与と効果によって特定されたのであって、心の動向にはなんら厳密な根拠をも求めていないのではないかという疑問が湧いてくる。DSM基準はクスリからの逆規定にすぎなかったのではないかとも思われてくる。

とはいえクスリの効果を看過すべきでもない。そこからはそれなりに、われわれの「脳と心と体のあいだ」が見えてくる。たとえば、さきほどアメリカで売れまくっていると書いたプロザックを筆頭としたパキシル、ゾロフト、エフェクソールといった抗うつ薬は、何百万人ものウィリー・ローマンを救ったともくされたのである。これらはまとめてSSRIと呼ばれている。SSRI（Selective Serotonin Reuptake Inhibitors）は「選択的セロトニン再取り込み阻害薬」の略称だ。うつ病がセロトニンの不足や不安定によっておこる症状だと推定されたので、この呼称ができてきた。

なぜセロトニンが注目されたのか。さまざまな検分を通しているうちに、うつ病は脳内のモノアミン系の神経伝達物質（ニューロトランスミッター）の不足に関係するとみなされてきたからだ。そうであるのなら、その脳内の神経伝達物質の分泌量やアンバランスや何かの詰まりぐあいによって、「心の病気」が左右されているのではないか。そう推察してみたくなったとしても、当然だ。

少々、脳内物質と精神疾患の関係について追っておく。

モノアミン系の神経伝達物質にはセロトニン、ノルアドレナリン、アドレナリン、ドーパミン、ヒスタミンなどがある。これらは以前から「意欲」や「不安」の作用にかかわっているとされてきた。神経伝達物質は脳内においてそういう〝意味〟を発信する分子言語で、ケミカル・メッセージなのである。

われわれの大脳皮質には約一四〇億のニューロン（神経細胞）がひしめいている。ニューロンは細胞体、軸索、樹状突起、神経末端終末、シナプス（接続部）などでできていて、それらが互いにつながりあって複雑多岐なニューロンの組み合わせネットワークをつくっている。

目や鼻や皮膚などの知覚器官を通して外部からの刺激が入ると、まずは刺激が電気的信号となってネットワークを走る。その信号がニューロン末端までとどくと、その樹状突起の部分のシナプスで待ちかまえていた反応構造が発火をおこし、シナプス小包の中に入っていた神経伝達物質を放出する。これが電気信号に対応する化学信号（ケミカル・メッセージ）で、ただちに次のニューロンにその〝意味〟を伝える。

脳の中での情報はこのように電気信号によって運ばれて、ニューロン・シナプスを通して次々に化学信号に変換される。脳が多様な刺激の束を〝意味〟として反応するしくみがここにある。その〝意味〟の脳内伝達量が過剰になったり過少になったりすると、われわれの気分が変調し、意欲が出たり、不安に苛まれたりすることになる。

神経伝達物質の多くは、伝わってきた情報の信号力を強めるはたらきをする興奮性アミノ酸のグルタミン酸と、伝わってきた情報の信号力を弱める抑制性ギャバのグルタミン酸の代替物質で構成されている。おそらく総ニューロンの七五〜九〇パーセントがこういう伝達物質をつかっている。

ところがこれとは別に、少量ではあるが重大な役割を担う伝達物質がいろいろあって、その代表的な伝達物質にセロトニン、ノルアドレナリン、ドーパミン、アセチルコリンなどがある。いずれも「脳と心と体のあいだ」を調節する。

セロトニン（serotonin）は体の各所にある。体内セロトニンの九〇パーセントは消化管にあり、八パーセントが血小板にある。われわれの血液はセロトニンによる血管収縮によって活動する。したがって脳に配分されているセロトニンは、全体量からするとごく僅《わず》かな配分になるのだが、それでもたいへん重要なはたらきをもつ。

脳内セロトニンは脳幹の縫線核にひそんでいて、視床下部や中脳への連絡を担う。睡眠、体温調節、性的行動、生体リズムなどの機能にかかわっている。しばしば〝睡眠物質〟などとも揶揄《やゆ》されてきた。他方、うつ病患者の死後の脳を調べた結果、セロトニンの分解物がへっていることが判明した。かくてセロトニンが不足すると「うつ」になりやすいと推定されたのだ。

脳内のノルアドレナリン（noradrenaline）は視床下部に多く集まって、脳の中の小動脈を調節している。その活動範囲はそうとうに広く、闘争反応にも逃避反応にもかかわっている。われわれがストレスをためすぎるとノルアドレナリンの量が多く放出され、調節機能をとりもどそうとする。血圧降下薬（レセルピン）はこのノルアドレナリンを減少させる傾向があるのだが、血圧降下薬を投与した患者がうつ病になったことから、ノルアドレナリンの減少とうつ病との関連が指摘されるようになった。似たような成分のアドレナリンとノルアドレナリンのちがいは、アドレナリンが交感神経をへて副腎から分泌される〝体内用〟であるのに対して、ノルアドレナリンは〝脳内用〟であることにある。

ドーパミン（dopamine）はアドレナリンやノルアドレナリンの前駆体で、運動調節、ホルモン調整、快感則、やる気（意欲）、学習性などにかかわっている。ただし他の神経伝達物質とちがって、限られた部位に局在する傾向をもつ。黒質線条体路では運動機能に関与して、ここに障害がおこるとパーキンソン病などをおこさせる。中脳皮質辺縁路では情動精神機能を調節し、ここに障害がおこると無気力な気分障害がおこり、ひどくなると統合失調症（分裂病）になりかねないという。隆起部下垂体路では下垂体ホルモンに作用する。

こうしたモノアミン系の伝達物質は、代謝酵素によって酸化されて不活性になる。伝達物質が神経末端終末の膜の中にあるトランスポーターにとりこまれて、いったん活動を休止するからだ。トランスポーターはそれぞれの伝達物質の種類に応じた作用をもっている。セロトニンの場合は、セロトニン・トランスポーターが分子放出後の伝達物質をとりこみ、シナプス小包で次に再利用されるべく貯蔵していることがわかった。

ということは、このトランスポーターのはたらきを阻害するクスリが開発できれば、セロトニンの量が操作できるわけで、ここから抗うつ薬としてセロトニンをターゲットにする抗うつ薬が開発されていったのである。ＳＳＲＩ（選択的セロトニン再取り込み阻害薬）はこのようにして開発された。

もっとも話は必ずしも単純ではない。ＳＳＲＩをつかえば脳内セロトニンが増加してうつ状態がある程度解消されるのだが、他方、恐るべきセロトニン症候群もあらわれることもわかってきた。不安や苛立ちが募り、ときに意識が鈍くなる。さらには幻覚が見えたり、手指がふるえたりするミオクローヌス（myoclonus）という症状が併発する。自分の意志に関係なく不随意運動がおこるのだ。これにはＳＳＲＩをただちに中止して、セロトニン拮抗薬を投与するしかなくなっていく。

また、モノアミン系の抗うつ薬（三環系抗うつ薬）は脳内のアセチルコリンにも影響を与え、口の渇きや排尿困難などの副作用がともなうこともわかってきた。そこで効果対象をセロトニンに絞った抗うつ薬が開発された。

だいたいこのような手順が何度もくりかえされて（ときには患者が被験者になって）、精神疾患の特定が試みられてきたのである。ちなみにセロトニンとノルアドレナリンの両方の加減を促す抗うつ薬をＳＮＲＩ（Serotonin & Norepinephrine Reuptake Inhibitors）という。

ざっとは、以上のようにして精神疾患と脳内物質との関係がマッピングされてきたわけである。

これらのこと、実はいささか懐かしい。それというのも「遊」を編集していた一九七〇年代のおわりに、大木幸介さんの『こころの量子論』（日経サイエンス）と『脳をあやつる分子言語』（講談社ブルーバックス）を目にして以来、ずっと気になっていたことだったからだ。大木さんとは何度かお目にかかり、「遊」にも執筆してもらった。

一方、「うつ」が気になりはじめたのは、岩井寛さんと親しくしているうちに、森田療法によるうつ病への対処を何度も聞くようになってからだった。この療法は、いまは慈恵医大（現在は森田療法研究所所長）の北西憲二さんらが継承され、とりくんでおられる。『森田療法で読むうつ』（白揚社）という本に詳しい。

その後、「うつ」についても、「統合失調症」についても、多くの研究や既存療法に対する批判が出まくった。簡便すぎて、あやしい本もそうとうに出た。

本書も出来がいいというほどの一冊ではない。むしろ佐古泰司・飯島裕一『うつ病の現在』（講談社現代新書）、岡田尊司『うつと気分障害』（幻冬舎新書）、岩波明『うつ病』（ちくま新書）、笠原嘉《よみし》『軽症うつ病』（講談社現代新書）などを読まれるとわかりやすいだろう。「遊」の創刊号からの読者でもあった精神科医の香山リカには『うつ病が日本を滅ぼす!?』（創出版）という、社会と「うつ」の現実的な関係を読み解いた興味深い一冊がある。リカちゃんには、五木寛之との対談『鬱の力』（幻冬舎新書）などもある。

そうしたなかで、ぼくがいつも原点に戻るように読んできたのは、中井久夫の『分裂病と人類』だった。人類が最初から分裂病とつきあってきた歴史が、自在な筆致でのべられている。いつか中井さんの本については千夜千冊したい（注：その後一五四六夜にとりあげた）。

最近、DSMから病名のカテゴリー分類をなくしたほうがいいのではないかという議論がおきている。カテゴリー診断をディメンジョン診断に変更しようという提案だ。この動きは「精神病を脱構築する」というふうに呼ばれている。こういう動向もあるにはあるのだが、「脱構築する」などという標語がよくなかったのか、DSMの牙城は以前にもましてゆるがなくなった。ぼくがいっとき関心を寄せたR・D・レインの反精神医学の烽火《のろし》も上がらなくなった。

これでいいのかといえば、いいわけがない。精神医学の現状の打破を言挙げしているだけでは埒《らち》があかない。では、どうするか。本書はいったん「悲しみ」の共有に向かうべきなのではないかと言っている。ぼくもそう思う。

第一五二二夜　二〇一三年十月二十日

## 参照千夜

一一九夜：アンソニー・サマーズ『マリリン・モンローの真実』　一一六六夜：ヘミングウェイ『キリマンジャロの雪』　五七六夜：塩倉裕『引きこもり』　一五四六夜：中井久夫『分裂病と人類』　五八三夜：夏目漱石『草枕』　九七〇夜：ゲーテ『ヴィルヘルム・マイスター』　一七一〇夜：ヴァージニア・ウルフ『ダロウェイ夫人』　一七〇三夜『ギルガメシュ叙事詩』　四六夜：リルケ『マルテの手記』　七五八夜：森鷗外『阿部一族』　二八七夜：フローベール『ボヴァリー夫人』　五八〇夜：トルストイ『アンナ・カレーニナ』　七九九夜：プラトン『国家』　二九一夜：アリストテレス『形而上学』　八九五夜：フロイト『モーセと一神教』　一三三五夜：岩井寛『森田療法』　八〇一夜：五木寛之『風の王国』

ストレスの謎。PTSDの謎。
トラウマはどうして解離性障害に及ぶのか。

# トラウマの発見

森茂起

講談社選書メチエ　二〇〇五

トラウマについて、何かを書きたいと思っていた。かなり厄介な相手である。自分の中に他者がいたり、戦争の傷痕《きずあと》が残響したりする。子供の頃のふやふやの心のどこかに刺さったとても小さな棘《とげ》がトラウマになることもある。多くの人々を襲うトラウマもある。たとえば、次のようなこともトラウマだ。

一九四五年九月二七日にGHQお抱えのジェターノ・フェーレイスが撮った一枚の写真が新聞に大きく掲載されると、それが日本人の新たなトラウマになった。天皇とマッカーサーの写真だ。半藤一利は「このときほど祖国の敗亡が無念に思えたことはない」と述懐している。国全体にも共同体にもトラウマはおこりうるのである。

下河辺《しもこうべ》美知子の『歴史とトラウマ』（作品社）を読んでいたら、尾崎豊の《15の夜》の歌詞とメロディには多くの者をしてトラウマの誘発と沈静をまたがせる境界線が動いているというような指摘があった。なるほど尾崎の歌のみならず、多くのヒットソングはトラウマ的表象性に富む。それは「歌」であるがゆえに、辛《つら》くない。ぼくは大正七年以降の童謡を聞いたり歌ったりするたびに、そのトラウマ境界線をうろついているのが好きなのだ。

一九九五年は日本における「トラウマ治療」元年になった。この年、一月に阪神淡路大震災が、三月にオウム地下鉄サリン事件がおこった。いずれも後日、多くの者にトラウマを呼び寄せた。「解離」とか「DV」（ドメスティック・バイオレンス）という言葉もこの年に知られるようになった。

このようにトラウマの要因には、社会現象からポップソングまでが含まれる。とても巨《おお》きなものなのだ。けれども今夜はトラウマを広く捉えるのではなく、まずは精神医学の領域のなかで扱うことにする。そこで本書を選んだ。

トラウマ（trauma）という呼称はギリシア語の「傷」という意味に由来する。英語圏ではオックスフォード英語辞典が記録してきたように、十九世紀末までは「肉体に受けたひどい傷」のことだった。それが二十世紀になって変わっていった。

アメリカの行動心理学者ウィリアム・ジェームズは「トラウマは魂に刺さった棘であ

る」というふうに表現した。さらにフロイトが物理的な傷も心理的な傷も後遺症となるとみなしたことから、精神医学用語として使われるようになって、もっぱら「外傷性神経症」としてのトラウマが強調されるようになった。以降、トラウマといえば“psychological trauma”のことである。

その後はＤＳＭ（アメリカ精神医学会の診断マニュアル）で、トラウマのなかでもＰＴＳＤが特定されるようになった。この特定がよかったのかどうかは、わからない。

ＰＴＳＤ（Post-Traumatic Stress Disorder）は「心的外傷後ストレス障害」のことである。事故・災害・戦闘場面などに出会ったときのショック、パワーハラスメント、いじめ、ドメスティック・バイオレンスなどで受けた心の傷害、虐待や強姦《ごうかん》を体験させられたときの被虐感、体罰や苛酷な労働などを強制されたことの記憶などが、その後の心的状況に強い影響をもたらしている後遺症のことをいう。

本書は、これまで『トラウマの表象と主体』（新曜社）、『トラウマ映画の心理学』（新水社）などで広く識者のトラウマ研究を構成してきた森茂起が、その名もずばりの『トラウマの発見』のタイトルをもってその一部始終を、とくにＰＴＳＤの症例発見の歴史に焦点をあててわかりやすく案内した。ぼくなりの感想と見方を加えて紹介する。

デヴィッド・リーンの映画《ライアンの娘》（一九七〇）には典型的なＰＴＳＤの患者と

おぼしい英国人将校ランドルフが描かれている。映画では、第一次大戦中のアイルランドの美しく厳しい自然を背景にした小村を舞台に、酒場の主人ライアンの娘のロージーの結婚と、戦場で負傷を受けたためその地に休暇配属された将校ランドルフの道ならぬ恋が描かれる。

小村にやってきた新参の将校ランドルフを村人たちは期待と畏敬を抱いて迎えるのだが、どうも様子がおかしい。何かに怯《おび》えたようにも、何か張りつめたようにも見える。言葉数も表情の変化も少なく、ときどき言葉に詰まる。ただライアンの娘はこの将校に惹かれた。

ランドルフがこの穏やかな部隊に配属されたのは、戦地で大きな負傷をしたからだった。村人たちは戦地の激闘がさぞや大変だったのだろうとは思うのだが、ランドルフはそれどころではない。周囲で大きな音がするたび、ぎょっとする。しばしば当時のフラッシュバックがおこり、パニックになってしまう。

そういう映画なのだが、森茂起はランドルフが映画で見せている症状はあきらかにPTSDだと診断する。「侵入的再体験」「回避行為」「麻痺状態」「覚醒亢進《こうしん》」というPTSD特有の典型的な症状が出ているからだ。

ふつう、われわれの記憶は正確には再現ができない。多くの記憶はうろおぼえになっているか、過去の体験を編集した物語になっている。やがて時がたつにしたがって整理が進み、記憶が編集されていくのが、通常の記憶の性質なのである。

記憶が編集されているのはその通りだ。ぼくは夢の中でも記憶の編集が試みられていると思っているのだが、それはともかくとして、日常的な記憶は時間経過とともに刻々と変わっていく。記憶は「いわば編集されたドキュメンタリーフィルム」のようなもので、都合の悪い部分はカットされて、都合のいいプロットや他の場面が挿入されて編集保存されていく傾向がある。

ところが、トラウマ性の記憶はそうならない。同じ映像がいつまでも変わらぬ臨場感でフラッシュバックする。編集がない。フラッシュバックがくりかえされるので、そのぶん強烈であり、物語性もふえていかない。これがランドルフに見られるＰＴＳＤの特徴、「侵入的再体験」なのである。精神医学では通常の記憶を「物語記憶」とし、トラウマ性の強い記憶を「外傷記憶」ということもある。

誰だってそうだろうが、われわれには怪しい人物を避けたり、ちょっとした危険を察知したり、事故のおこりやすいところには近寄らないという状況回避の能力がある。また、苦痛をもたらしそうなことや不得手なことや苦手なことから思わず逃げたくなる気分ももっている。

この「回避行為」がトラウマ的な体験に対して異様にはたらくのが、もうひとつのPTSDの特徴である。ランドルフは戦場の出来事を黙して語らないようにするばかりか、それに類する場所には近づこうとしなかった。

どうやらランドルフにはおこっていないようなのだが、PTSDには感情や知覚が鈍磨するという特徴もあって、こちらはPTSD患者を極端に無表情にさせる。それが苦痛に対してだけでなく喜怒哀楽の全般におこる。PTSDは心の中に「麻痺状態」をつくるのだ。

その逆になることもある。それが「覚醒亢進」(過剰覚醒)で、感覚がやたら研ぎ澄まされてしまう。これは次のショックを警戒して身構えている状態と解釈できるもので、小さな刺激に対して激しい反応がおこるようになる。そのせいで不眠になっていくということも多い。

このようにPTSDには「侵入的再体験」「回避行為」「麻痺状態」「覚醒亢進」という、それぞれ異なる症状がおこる。いずれも本人には辛い気分に苛《さいな》まれることが多くなるが、しかしこれらの反応は必ずしもネガティブな行為とはみなせない。むしろ生体にとっては正当な自己防御反応であろうともいえる。このあたりの解釈が難しい。

たとえば危険を避けるための回避や危険を察知するための覚醒は、身を守るには必要な反応行為であるし、苦痛を和らげるためにはときには麻痺することも必要だ。実際にもスポーツ選手や格闘家や登山者などは、こうした回避と麻痺を格別な方法で鍛え上げている。それゆえ、これらは「異常な状況に対する正常な反応」でもあったのである。それなら、何が一般の生体防御反応ではなくてＰＴＳＤの症状だと診断されてしまうのかというと、ぼくにはまだ釈然としないのだが、特定の事故体験や被虐体験にもとづく特別な反応が一ヵ月以上続いたときに、そうみなされる。例のアメリカ式のＤＳＭ(Diagnostic and Statistical Manual of Mental Disorders)に、そう規定されている。

かつてＰＴＳＤは「惨事トラウマ」というふうに呼ばれていた。鉄道事故のような惨事が神経に及ぼす後遺症が問題になったからで、一八四〇年代から鉄道網が飛躍的に発達したことと関係があった。当時、しょっちゅう事故がおきていた。チャールズ・ディケンズも一八六五年六月九日の鉄道事故について手紙をのこしていて、「いまそのことを書くだに威圧を感じる」と書いている。ディケンズの遭遇した事故はたいしたものではなかったようだが（それでもすぐに車両を飛び出した）、ジョン・エリクセンが一八六六年に書いた「鉄道事故及び他の原因による神経系の傷害」では、けっこう重度の後遺症が報告された。エリクセンはディケンズのような例に「鉄道脊椎症」(railway spine)という病名を思いついている。「機械的傷害がないのに神経が冒されている症状」とみなされたのだ。この直後から「惨事トラウマ」の症例がやたらにふえていった。

ジャン＝マルタン・シャルコーは、ぼくがずっと気になってきたサルペトリエール病院の病棟院長だ。パリの催眠学派を語るには欠かせないし、フロイトに催眠療法を指導したのもシャルコーだった。シャルコーの人物と思索については、シャルコー自身が書いた『神経学講義』(白揚社)、フーコーの『狂気の歴史』『性の歴史』(新潮社)、江口重幸の『シャルコー：力動精神医学と神経病学の歴史を遡る』(勉誠出版)にも詳しい。

当時のフランスの催眠療法は、メスメリズムの影響を受けたシャルコー率いる大催眠主義のサルペトリエール学派と、リエボーやベルネームが主導する小催眠主義のナンシー学派に分かれていて、トランス状態(変性意識状態)を言語的暗示で誘発するナンシー学派に対して、シャルコーのサルペトリエール学派は心因の直接的な誘発による催眠療法を試みていた。

そのシャルコーが鉄道事故による後遺症は、被害者が事故に遭遇したときに自発性を失って自己誘導的な催眠状態に入ったせいだと解釈した。のちになっても外部刺激を無防備に受けるようになり、トラウマ的な神経症が継続される症状があるとみなされたのである。心が感度の高すぎる印画紙のようになったからで、そのためそこに刻印された画像が何度もよみがえるのだと解いたのだ。

いまでは、このシャルコーの解釈が示した「トラウマと被暗示性の関係」はそこそこ再注目されているようだが、当時は惨事トラウマ研究は別の展開を見せて、ハーマン・オッペンハイムが世紀末に『トラウマ神経症』（一八八九）を著し、その路線のほうに主流が傾いていった。

最近のトラウマ研究史では、ピエール・ジャネやフロイトのヒステリー研究の傍らにひそんでいた「解離」をめぐる理論に注目が集まっている。フランク・W・パトナムの『解離』（みすず書房）がこのあたりのことを明快にしたためだ。

パトナムの『解離』を読んだときは、さすがにいろいろ考えさせられた。原著は一九九七年の執筆で、中井久夫の訳が出たのが二〇〇一年だった。千夜千冊を始めて一年がたっていた。

解離（dissociation）とは、広くは「連続している心の機能に不連続が生じる現象」のことをいう。不連続が生じるポイントや帯域は、はっきりしない。記憶・感情・意識などの心の動きのどこかに断裂がおこる。それによって人格そのものの連続性に破れ目ができたり、一定時間だけに何かの失落がおこったりする。こうした症状のちがいによって、解離にもさまざま多様な特色が出る。

パトナムはそのいちいちにかなり厳密な概念規定を与えて説明していた。ぼくは一読、いかにも二一世紀の心の病気を「解離」という病名が覆い尽くしたがっているような印象をもった。

それをのちにＤＳＭがかなり一般化した。たとえば「解離性健忘」は、震災に襲われたときの家から逃げ出すまでのあいだの記憶がごそっと抜け落ちてしまうような解離を示すことになった。通常では忘れるはずがない重要な行動なのに、その直後でも思い出せないこともあるらしい。「解離性遁走」は突然に行方不明となって、遠く離れた町や土地で別の名前で暮らしているような例をいう。かつては「蒸発」とか「記憶喪失」とかと言われていたが、生活史の単位のまま人格が解離されていると解釈された。

複数の人格が同時に存在する解離もある。以前はこれを「多重人格障害」と言っていたけれど、最近ではもっぱら「解離性同一性障害」（ＤＩＤ）と呼ぶようになった。ビリー・ミリガンはＤＩＤだったのである。

憑依状態になること、悪霊にとりつかれたと思うこと、宗教的なトランス状態になること、体外離脱がおこることなども、パトナム以降は「解離」とみなされる。これまで〝超常現象〟に一括されていたことの多くが、解離性をともなう精神意識の変調として分析されるようになったのだ。

解離という見方を最初に提起したのはピエール・ジャネである。一八八九年の『心理自動症』のなかで「意識の解離」をとりあげ、「ある種の心理現象が特殊な一群となって忘れさられるかのような状態」を下意識による「解離」の動向とみなして、ヒステリー症状はこのことが原因になっていると見た。

ジャネは、一般的な人間の自己意識というものは過去の記憶を適切に分類したり統合したりすることで次の脅威に備えるようになっていると考えていた。みんながそうなっている。ところが、あまりの「激越な感情」を体験した患者を観察していると、既存の認知の枠組みに恐ろしい体験を組み込むことができず、意識から切り離されてしまっているように見えた。これはきっと下意識が「解離」をおこしていたのであろうというのである。

ジャネの洞察は鋭かったが、なぜかその後の研究成果は持続しなかった。晩年は評判も聞かない。代わって登場してきたのがフロイトなのである。

フロイトはシャルコーの催眠療法、ジャネの解離をめぐる見解とともに、先輩のヨーゼフ・ブロイアーが一八八〇年末から二年をかけて治療したアンナ・Oの臨床報告に影響を受け（のちに有名になった症例）、トラウマ神経症だけでなく一般のヒステリーの背後にも過去の出来事が関与しているという方向に進んだ。

一八九五年、フロイトは『ヒステリー研究』をまとめ、ここからトラウマやヒステリーの深層には幼少年期の性的体験が蹲《うずくま》っているという解釈をするようになっていった。いわゆる「誘惑説」である。トラウマやヒステリーは、幼少年期の子供に大人が「加害的ないかがわしさ」をもって誘惑したことに起因するというものだ。

この解釈はかなり広まったのだが、ところが二十年後、フロイトはこの「誘惑説」を捨てて、あらためて「無意識」とトラウマを結び付けるという大胆な仮説に挑戦する。自ら「ナイルの源流の発見」に匹敵すると自慢した発見だった。

われわれは、この「フロイトの訂正」のせいもあって、はたして心理の奥座敷にあると指摘されたものが、いったい「抑圧」なのか「解離」なのか、いまなお大きな謎を手渡されたままなのだ。困ったものだ。ぼくはフロイトが最終的に突き進んでいった「ゾーン」が何だったのか、いまなお了解しえないでいる。いつかそのことについての本も、とりあげたい。

二十世紀の「惨事トラウマ」は、長期にわたった第一次世界大戦によって広範なものになっていった。チャールズ・マイヤー命名の「シェルショック」(砲弾ショック)という言葉も生まれ、至近弾の爆発の衝撃が肉体の殺傷だけではなく、心の殺傷をもたらしている症例が次々に上がってきた。そこにおこっているのは、脳震盪《のうしんとう》性ショックだけでなく情動性ショックだったのである。

戦争は存在を脅かしているということそのものが、誰彼になく「戦争神経症」ともいうべき症例をばらまいていることが議論された。まさに《ライアンの娘》のランドルフのトラウマが大戦によって広がったのだ。イギリスの傷病兵の四〇パーセントが精神崩壊（mental breakdown）をおこしていたという報告もある。

精神科医のルイス・イェランドは戦後すぐに『戦争のヒステリー障害』（未訳）を著して、こともあろうに、患者たちはネガティヴィズム（拒絶症）を見せているのだから、そういう兵士には厳罰を科し、軍法会議にかけるようにすれば、ヒステリーは治るなどと提案した。精神医学界は「戦争心理学」に混乱させられたのである。これらの事情については人類学出身のアラン・ヤングの『PTSDの医療人類学』（みすず書房）などに詳しく述べられている。

大戦がおわると、シェルショックや戦争神経症をめぐる議論はなんとなく退嬰《たいえい》していった。難問だったせいもあるが、「心の病気」が時代とともに推移しているせいもあった。〝PTSD空白の時代〟とよばれる。その間、オットー・ランク、ゲオルク・グロデック、カール・アブラハム、ハリー・スタック・サリヴァンらが活躍したけれど、ただ、いずれも戦争神経症からは遠のいた。代わって浮上してきたのは幼児虐待や女性蔑視《べっし》による心的障害や家庭内暴力の問題だった。

子供や幼児に対する虐待に精神分析上の重要な問題、すなわち「性的抑圧と性的虐待」の衝動がわだかまっていることを本格的に研究したのは、ブダペストのシャーンドル・フェレンツィである。フロイト派の軍医として戦場にかかわったが、一方で性的虐待の心理、同性愛の心理、セクシャルハラスメントなどの体験者をヒアリングして、そこに「解離」があることに気が付いた。「相互分析」という方法による成果だとされている。

フェレンツィは人間存在のどこかに性的虐待性が潜在しているだろうというだけでなく、性的虐待を受けた被害者の心理に「暴力的加害者との同一化の意識」があることを推定して、性的トラウマの複雑性を広げていったため、いろいろ誤解を受けた。

とくに「タラッサ」(性理論)という独自の理論を構築しようとしたり、晩年に「大人と子どものあいだの言葉の混乱」について研究しようとしたりしたことは、ほとんど評価されなかっただけでなく、フロイトをはじめ学界はこれを無視したか軽視した。

フェレンツィのことはもっと知られたほうがいいだろう。とくに「二人こども分析」が注目すべきものだと思われる。ぼくは精神分析学の細部には疎いのでなんともいえないが、おそらくはフェレンツィの考え方にはかなり編集力が必要で、今後はもっと議論されていくのではないかという気がする。本書を採り上げたのも、森茂起がフェレンツィの日本紹介を試みた数少ない研究者だったからだ。

幼児虐待や性的虐待は、ドストエフスキーが最も忌まわしい人間犯罪だと指摘した。当然、精神医学のほうでも問題になってきた。その経緯は、ジュディス・ハーマンの『心的外傷と回復』（みすず書房）が女性の立場から深い記述にまとめている。文章力もあって、読んでいるとどんどん説得されるような感じがしてくるが、けれどもフェレンツィについての言及はほとんどない。そこが気になるのだ。

第二次世界大戦、朝鮮戦争、ベトナム戦争がもたらした心理的後遺症は、戦争トラウマをＰＴＳＤに直結させていった。

先頭を切ったのはエイブラム・カーディナーの『戦争ストレスと神経症』（みすず書房）だったけれど、その後はナチスのホロコーストの全貌に肉薄したヴィクトル・フランクルの『夜と霧』（みすず書房）から、原爆体験を含めた被爆意識を研究したロバート・リフトンの『死の内の生命』（朝日新聞社）まで、その研究成果は一挙に広まりも深まりもした。その広がりは、最近の宮地尚子による『トラウマの医療人類学』（みすず書房）や下河辺美知子の『歴史とトラウマ』（作品社）などを読むと、実に歴史的日常の細部にまで及んでいることを実感させられる。

一方、トラウマの哲学ともトラウマの思想ともトラウマの社会学ともいうべき思索がどのくらい深まっているかというと、ぼくの読書がいちじるしく狭いせいでもあるけれど、やはり中井久夫の『徴候・記憶・外傷』（みすず書房）ほどのものには、なかなかお目にかかれないでいる。

あれこれ読んでみたなかで、柴山雅俊の『解離性障害』（ちくま新書）が「うしろに誰かいる」の精神病理の一例として、宮沢賢治をとりあげているのが興味深かったので、以下、紹介しておく。柴山は東京女子大の精神病理の先生で、元虎の門病院精神科の医長さんである。マンガや似顔絵がうまい。

賢治は盛岡中学を卒業したころすでに、こんな歌を詠んでいた。「ぼんやりと脳もからだも　うす白く　消え行くことの近くあるらし」。

保阪嘉《か》内《ない》に宛てた手紙には次のようにある、「わがこの虚空のごときかなしみを見よ、私は何もしない。何もしてゐない。幽霊が時々私をあやつって裏の畑の青虫を五疋拾はせる。どこかの人と空虚なはなしをさせる。正に私はきちがいである。諸君よ。諸君よ。私のやうにみつめてばかりゐるとこの様なきちがいになるぞ」。

柴山はこうした表現には「解離性の離人症」が認められると言っている。「うしろよりにらむものありうしろより我をにらむ青きものあり」では、背後に動く凝視者のようなものが想定されている。「うしろより／にらむものあり／うしろより／われをにらむ／

青きものあり」の感覚は、「沼森」では「なぜさうこっちをにらむのだ、うしろから。何も悪いことをしないぢゃないか。まだにらむのか、勝手にしろ」となり、「復活の前」では次のようになる。

「黒いものが私のうしろにつと立ったり又すうと行ったりします、頭や腹がネグネグとふくれてあるく青い蛇がゐます、蛇には黒い足ができました、黒い足は夢のやうにうごきます、これは竜です、とうとう飛びました、私の額はかぢられたやうです」。

解離には、気配が過敏に強調されたり形象化されたりする傾向がある。とても重要な傾向だ。『銀河鉄道の夜』で、「ジョバンニがどんどん電燈の方へ下りて行きますと、いままでばけもののやうに、長くぼんやり、うしろへ引いてゐたジョバンニの影ぼうしは、だんだん濃く黒くはっきりなって、足をあげたり手を振ったり、ジョバンニの横の方へまはって来るのでした」と書いているのも同様である。

柴山は賢治に解離の病態があると診断しているのではないが、解離の面から賢治を見ることが新たな賢治の表現分析を進展させるだろうと見たのだ。とくに「うしろに誰かがいる」という感覚に注目している。これは柴山が扱ってきた解離症例に「うしろの誰か」がかなり出入りしていたからだ。賢治はあの「小岩井農場」にも「うしろからはもうたれも来ないのか」とか「うしろから五月のいまごろ　黒いながいオーヴァを着た医者らしいものがやってくる」と書いていた。
もっと詳しいことは柴山の本を読んでもらうといい。ただ、宮沢賢治のこの感覚がどんなトラウマに由来するのかは、まったく解明されていない。日本の近代文学は、賢治のみならず、泉鏡花から梶井基次郎にいたるまで、こうした未解明トラウマの上に成立していったのである。

一五九三夜　二〇一五年十一月五日

**参照千夜**

一三六夜：須藤晃『尾崎豊・覚え書き』　八九五夜：フロイト『モーセと一神教』　一五四六夜：中井久夫『分裂病と人類』　一五三六夜：木村敏『あいだ』　四〇七夜：ディケンズ『デイヴィッド・コパフィールド』　五四五夜：フーコー『知の考古学』　二一八夜：ダニエル・キイス『24人のビリー・ミリガン』　五八二夜：ゲオルグ・グロデック&野間俊一『エスとの対話』　九〇〇夜：宮沢賢治『銀河鉄道の夜』　九一七夜：泉鏡花『日本橋』　四八五夜：梶井基次郎『檸檬』

ココロの絵文字「患」
大事な宝貝が壊れてしまうのではないかと患っている。

# 第二章 自分の中の別人たち

アシュレイ・モンターギュ『ネオテニー』
デイヴィッド・ホロビン『天才と分裂病の進化論』
中井久夫『分裂病と人類』
小俣和一郎『精神病院の起源』
ロバート・ルイス・スティーヴンソン『ジーキル博士とハイド氏』
ダニエル・キイス『24人のビリー・ミリガン』

われわれの中の「幼形」には、
「成長を拒む心」が隠されている!

アシュレイ・モンターギュ

# ネオテニー

尾本恵市・越智典子訳　どうぶつ社　一九八六
Ashley Montagu: Growing Young 1981

ゴニスター第五伯爵が鯉の内臓を食べると長寿になれると信じて、その日々の経緯を日記にのこした。その日記が百数十年後になって発見された。興味をもった連中が日記の記述にしたがってあちこち探索してみたところ、ある城の一室で化石のように蟄居《ちっきょ》していた老いぼれが発見された。伯爵だった。その姿はまるで類人猿の胎児がそのまま二百歳ほど成長した様相と顔貌《がんぼう》だった——。

オルダス・ハクスリーの『夏幾度も巡り来て後に』(近代文藝社)である。このコントをオルダスが書いたのは、兄の生物学者であったジュリアン・ハクスリーが「ネオテニー」(neoteny)を研究していたのに惹《ひ》かれたせいである。ジュリアンは一九三二年に『相対成長の諸問題』を発表して、成長には加速もあるが遅延もありうることを示し、遅延のばあいは発生早期の特徴が遅れて成体になってから発現すると仮説した。ジュリアンはその最もいちじるしい例がネオテニーだと考えた。

一部の身体的特徴が幼児あるいは幼形のまま、成長したのちにもあらわれてくるのがネオテニーだというのだ。オルダスはこれにピンときて、ゴニスター第五伯爵の筋書きを思いついた。兄が研究していた相対成長とはアロメトリー（allometry）のことで、体の各部分の全体に対する相対的な成長度のことをいう。

スタンリー・キューブリックの《二〇〇一年宇宙の旅》のラストシーンの〝生き物〟は老人なのか幼児なのかわからない。評伝によると、キューブリックはあのころしきりにネオテニーを研究していた。

オラフ・ステープルドンの『最後にして最初の人類』（国書刊行会）の最後に登場してくる人間は、成人に達するのになんと二〇〇〇年をかけた。ティンカーベルを連れまわしているジェームズ・バリのピーターパンや時間泥棒に疑問をもつミヒャエル・エンデのモモは、成長を極度に遅らせたがっていた。大人になりたくなかったのだ。ピーターパンやモモだけではない。日本でいうなら桃太郎も一寸法師もかぐや姫も、親指姫も三年寝太郎も、いずれもネオテニーを最大限に引きのばしている典型的な童話や昔話なのである。

ネオテニーはいろいろなところに見られる。ミッキーマウスからドラえもんまで、鉄腕アトムからちびまる子ちゃんまで、大半のマンガの主人公はネオテニーにかかっている。頭でっかちで目が大きくて、その表情は幼児にもわかるようになっている。

連載マンガの推移に顕著なことであるのだが、フクちゃんも鉄腕アトムもワカメも発表当初の表情や輪郭より、連載がすすんでからの表情や輪郭のほうがよほど幼稚で、かわいらしくなっているものなのだ。顔にくらべると、体のサイズがうんと小さい。

いったい世界中の物語はなぜこんなにもネオテニーが好きなのか。実は哺乳類・ヒト属・人間は生物のなかでも最も劇的にネオテニー戦略を活用した生物だったのである。人類学者であって解剖学者でもあるアシュレイ・モンターギュも、そうした人間におけるネオテニー戦略を強調したくて、本書を書いた。

ネオテニーは発育過程が「遅滞」あるいは「遅延」することによって、胎児や幼児の特徴がそのまま保持される風変わりな生物学的な現象をいう。あきらかに生物的な戦略だ。マルセル・デュシャンはこれを「デタネーション」(deternation) と言って好んだ。

どのように「遅滞」がおこっているのかということをわかりやすく知るには、ひとまず動物たちの進化のステップの前後の特徴を見るといい。たとえば魚類は進化して両生類になる。そこでカエルをよく見てみるといい。カエルの子はオタマジャクシという魚類のかっこうになっている。なぜオタマジャクシはカエルの子であるのに、お父さんのカエルに似ないで、ひとつ前の動物の姿を選んだのか。

チンパンジーとヒトとは進化の系統樹では隣りどうしになっている。ところが、そのヒトの赤ちゃんの顔はお父さんにもお母さんにもまったく似ていない。何に近いかといえばサルやチンパンジーの赤ちゃんの顔に近い。

それなら成長したはずのヒトの大人は何に似ているか。そうなのだ、ヒトの大人もやっぱりチンパンジーの赤ちゃんに似ているのである。いったいこれは何を意味するか。ヒトの大人はゴニスター第五伯爵だということなのである！

いまあげた例は実は系統発生におけるネオテニーの例で、生物学的には「ペドモルフォシス」(paedomorphosis) とかプロジェネシス (progenesis) という。ペドモルフォシスは「幼形進化」と訳す。系統発生している生物において、先行した生物の幼形にみられた特徴が後発してきた生物の成体にジャンプして発現してくることをさしている。

一方、個体発生において幼形(幼児)にみられる特徴が成体まで保持されること、いいかえれば成長を極端に遅滞させて幼い形質をあえて残存させている現象がネオテニーである。「幼形成熟」と訳す。いずれもギョッとする現象だ。ただし広い意味ではペドモルフォシスをネオテニーに含むことも多く、最近では生物学の議論ではないときは「幼形進化」も「幼形成熟」も総じてネオテニーといっている。

おそらくネオテニーは、特定の生物がなんらかの理由で採択した勝ちのこりのための戦略か、さもなくばよんどころない「出し遅れの証文」のような戦略なのである。スティーヴン・グールドは『個体発生と系統発生』(工作舎)という大著において、ネオテニーとは生物の生活史戦略だという主張をした。

いったいどういう戦略シナリオなのだろうか。もともとは捨てばちなシナリオだったのか、あるいはシナリオのない着手金のようなものだったのか。それが図に当たったので進化のエンジンに使ったのか。それともヒトの利己的遺伝子の用意周到のシナリオだったのか。用意周到だとすれば、ネオテニーすることで何の利益があったのか。

数行前に書いたように、ネオテニーはふつうは「幼形成熟」というふうに訳す。ところがこう訳したとたんに混乱が始まる。幼形において成熟しているのか、成熟のなかに幼形を残したのか、にわかには見えてこなくなる。

これはわれわれが進化は成長する大人に向かい、退行は幼形や縮退に向かうと思いこみすぎているせいである。生物によっては、進化と退行を成長の加齢《エイジング》によって分別してはいけないのだ。いや、生物の特定の特徴を、進化論が主張する適応的変化だとみなす説明はあまりあてはまらないといったほうがいい。ネオテニーは適応的変化ではなくて成長的変化がおこした出来事なのだ。

科学におけるダーウィニズムの驀進《ばくしん》のなかで、適応的変化よりも成長的変化を重視するには、けっこうな勇気がいる。今日のように自己組織化の科学や複雑系の科学が発達していればまだしも、ネオテニーの最初の発想はダーウィンの進化論が出た直後から話題になりはじめたものなのだ。そのためネオテニー理論は進化論の何を証明するための理論なのかをたえず問われ、ときにはラマルキズム(ラマルク主義)への堕落だと謗《そし》られ、ときにはネオラマルキズムともニューダーウィニズムともみなされ、その理論的な確立にはかなり手間どった。

以下、そうしたネオテニー研究史のいくばくかを追っておく。

ダーウィンの『種の起源』が広まりつつあった時期、自然淘汰《とうた》が適者生存という進化をもたらすというグランドセオリーをめぐって、何百何千もの動物好きたちが、自分が観察している生物たちにそのグランドセオリーがあてはまるのかを凝視していた時期があった。

そんななかの一八六六年、比較生物学の泰斗カール・フォン・ベーアがギリシア語の

「子供」(paedo)と「生成」(genesis)を合成して「ペドジェネシス」(幼生生殖)という造語を発表した。性的には早熟だが、他の体の部分の大半が幼形もしくは胚のままである幼虫などを観察しての判断だった。ベーアの考えでは、昆虫の幼虫が構造的に交尾できないから単為生殖をするというのがペドジェネシスだった。

つづいて一八六八年、ペンシルヴァニア大学の古生物学者エドワード・コープが自然淘汰だけで進化を解読することに限界を感じて、「加速と遅滞」にまつわる法則のような見方がありうることを発表した。自然淘汰がもっぱら適者生存によってもたらされるのに対して、加速や遅滞はどんな適応度とも関係なく自律的に進化や分化にかかわっているとみなしたのだ。

この見解にはダーウィンもすぐに関心を寄せて『種の起源』第六版でコープのヒントをとりいれようとするのだが、ペドジェネシスの特色を生殖年齢の遅滞現象とみなしたため、のちにコープによって批判された。コープは形態的特徴の遅滞にこそ鍵《かぎ》があると見ていたのである。

さらにもうひとつ。これがネオテニーという用語が生まれた直接の現場になるのだが、一八八四年にバーゼル大学の動物学者のユリウス・コルマンがイモリやアホロートル(メキシコサンショウウオ＝日本でも人気が高いウーパールーパーのこと)の水棲の幼態の特徴をしるすときに、「ネオテニー」という言葉をメモ書きのように使った。ギリシア語の「若さ」(neos)

と「延長する」(teino)とを合わせた造語で、幼態でありながら性的に成熟していることがネオテニーの意味だった。

これでだいたいの準備が整った。

次は一九二〇年代での二人の鬼才の登場である。一人はイギリスのレディング大学の動物学者ウォルター・ガースタン(ガルスタング)である。ヘッケルの「個体発生は系統発生をくりかえす」という有名なテーゼにいちゃもんをつけた。「個体発生は系統発生をつくりだす」というふうにしたのだ。このヘッケル批判は勇ましかった。

ついでガースタンは、一九二二年にさきほど紹介した「ペドモルフォシス」という用語をつかって〝人間の生物学〟にとりくみ、ヒトのように高度に進化した生物では、過去においてその種の個体の胎生期にみられる構造的特徴が成体でも機能できるようにしたのではないかという仮説をたてた。サルにおいては一時的な特徴でしかなかったものが、ヒトでは決定的な特徴になったことに注目したのだった。

もう一人はアムステルダム大学で解剖学や内分泌器官の研究をしていたルイ・ボルクである。ボルクはサルと類人猿とヒトを比較して、ヒトの歯が小さいこと、乳歯がしばしば存続することなど一六種類のちがいに気がついて、このような特徴はヒトが成人としての特徴よりも乳児や幼児の特徴を保存しようとしているのではないかと考えるようになっていた。さらに一九二〇年代に入ると、成長プログラムの中には「遅延」というプログラムがあって、その「遅延」こそがヒトなどの内分泌活動を促しているという仮説に達した。

こうして一九二六年、ボルクはのちに有名になった『人類形成の問題』のなかで「胎児化現象」(fetalization) というコンセプトをつかって、次のように書いたのだ。「ヒトは性的に成熟したサルの胎児なのである！」。

ボルクが表明したことは画期的だった。サルの個体発生では一時的にしかあらわれない特徴がヒトではそのまま保存されていること、サルの成長にくらべてヒトの成長はひどくゆっくりしていること、そこには相対成長《アロメトリー》もはたらいていること、そうだとすれば哺乳類の中でヒトのように成長速度を遅らせた生物が言葉や知性をもつようになったのは、ひょっとしたらネオテニーの〝おかげ〟だったのではないかということ、これらのことを一挙に吐露したからだ。

ガースタンとボルクのネオテニーとペドモルフォシスの仮説は、その後さまざまに発展していった。J・B・S・ホールデンは「人類の進化はひとえに成長の遅延によっている」と言って、「もし人類が過去と同じ方向に継続していくのなら、教育の期間はもっと延長されることになるだろう。かれら未来人は、われわれの多くが幼児のあいだに失ってしまった特徴を成人まで保持するだろう」とぶちあげた。

大英博物館の自然史館館長だったギャビン・デ・ビーアは『発生学と人類の進化』を書いて、ペドモルフォシス（幼形進化）こそが形質の進化をおこす要因で、ネオテニー（幼形成熟）こそが役にたたない形質の消失を企てる要因だと説いた。デ・ビーアは新たな特徴が成体段階に由来する生物に対して、新たな特徴が幼体段階に由来する生物の進化的飛躍がいちじるしいことを訴えたのである。

ついで一九五〇年代になると、ネオテニーは人間の脳を肥大化させ充実させた最大の原動力だったのではないかという、すこぶるネオテニー全面賛歌的な仮説まで飛び出してきたのだが、しかし他方では、ネオテニーを生物学的な深部によってうけとめ、そこから生物哲学や人間哲学を編み出そうとする動きもあらわれてきた。

哲学ではアルノルト・ゲーレンである。この現代ドイツ哲学を代表する哲人は『人間―その本性および世界における位置』や『人間の原型と現代の文化』（ともに法政大学出版局）で、ボルクの「遅滞」に強く惹かれ、人間の深部にひそむ精神のゲシュタルト（形態素）をリリースするにはネオテニー的な遅滞を生物的なるものから意識的なるものにまで留《とど》めおくべきかもしれないと考えた。

ゲーレンに触発されたのが、同じドイツの動物行動学のコンラート・ローレンツだったろう。ローレンツはゲーレンの著書に共鳴して、人間の構成的特徴がいたずらに特殊な環境に依存せずに、むしろ内なる環境の発露に向かっていこうとする意志を形成したことを称《たた》えるのであるが、その内なる環境に向きあえる力はネオテニーが生み出したのだと結論づけたのだ。

人類学からはデューク大学のウェストン・ラバーが『動物としてのヒト』を著して、人類が野生動物から身を守るために自己家畜化をおこしたことは、男性と女性と子供という〝三型性〟の社会文化を発展させ、宗教と教育というかけがえのないものを創出したのだが、そのように人類がなりえたのはネオテニーのせいだったろうという家族社会論的なメッセージを発信した。このメッセージをさらに文明論的に発展させたのがアラスカ大学のR・D・ガスリーである。

ガスリーは人類が文化を創造しえたのは、胎内期間が短くて未熟児として放りだされた幼児たちがネオテニーによって成長を遅滞させることによってさまざまな遊びや実験やコミュニケーションに夢中になったおかげではないかという仮説を提出した。この「こども文化創発説」はかなりおもしろい。

こうして本書のアシュレイ・モンターギュがネオテニーをめぐる幅広い議論を点検して、絞るところを絞り、捨てるところを捨て、拡張すべき方向を暗示することになったのだ。もともとは心理学と人類学の研究者で、ロンドン・スクール・オブ・エコノミクスでマリノフスキーに学び、アメリカに帰化してからはルース・ベネディクトのもとでアボリジニの調査に携わっていた。

モンターギュはいくつもの学会論文でネオテニー研究を発表して、その一方で『人間関係と人間性の教育』（明治図書出版）や『暴力の起源』（どうぶつ社）や『愛としぐさの行動学』（海鳴社）などを著し、得意の解剖学と自然人類学者としての視点を交差させる独自の見解をあれこれ発表していたのだが、本書では、ガスリーにも共通する「子供にとどまることがもたらす人間文化の可能性」のほうにネオテニー理論を発展させた。

以下、本書でとくにぼくが共鳴したところだけを紹介して、モンターギュのネオテニー思想のエッセンシャルなところを伝えたい。ネオテニーがそもそものようなシナリオをもった戦略であったかという解答のヒントも出てくる。

人間以外の類人猿や霊長類では、赤ん坊は母親の体毛につかまって運ばれる。そのため母親はいつも近くにいて赤ん坊との接触をなるべく保っている。しかし人間の両親には赤ん坊がしがみつく体毛はなく、赤ん坊の日中は保護者からおうおうにして引き離されている。このため赤ん坊は大声で泣いて、注意を促そうとする。要求が存分に満たされていれば、赤ん坊はまったく泣かないとみていいだろう。

人間がこのような特徴を赤ん坊の時期に発揮することがネオテニーの効だとすると、

人間には「泣くこと」も大事なシナリオだったということになる。実際に、人間はあらゆる生物のなかでただ一種だけ、涙を流して泣く動物なのだ。

なぜわれわれは泣くようになったのか。赤ん坊は瞼《まぶた》をかたく閉じて泣きさけぶ。泣きが激しいほど瞼はしっかりと閉じられる。目の結膜とその下層にある血管の圧力に対抗するためである。なんらかの理由で瞼を強く閉じられないと、突然の咳《せき》やくしゃみによって小血管を破裂させかねない。また長々と泣き叫ぶには、涙がともなわなければ危険なことになる。鼻と咽喉《いんこう》の粘膜を乾燥させかねないし、繊毛の活動が止まりかねない。涙は赤ん坊や幼児の抗菌作用を担っているのである。リゾチームのはたらきを活性化させるのだ。

こうした生理的なはたらきは、一方において人間における意識や言葉の発達のひとつのトリガーとしての「感泣《かんきゅう》」というはたらきを、いちじるしく発達させた。大人は久しく忘れてしまったかもしれないが、「感泣」は幼児社会や子供社会のコミュニケーションの最大の吸引力であり発信力になったのである。また、そのことが幼児や子供に意識の内奥を開かせていくトリガーになったのである。

人間の大人にはこの「感泣」があえて遅滞されて保持されているようだ。それが証拠に、昔話や小説や映画や演劇やドラマは、大人にひそむ延長された涙を流させる。大人たちはそれを懸命にこらえているだけなのだ。われわれの心に「共感」というものが去来するとき、きっと「涙ぐむ」ということに何か深いものを感じられるようになっているにちがいない。おそらくネオテニーのシナリオはこのあたりのことにまで波及していると見ていいだろう。

ひるがえって、人間の幼児がながいあいだ無力であり弱々しいことが、人間社会や人間文化の根本的な基礎だったのである。

人間における未熟な期間の長さは、たんに絶対的に長いのではなくて、一生の長さに対する割合からみても他のどんな生物より長くなっている。また、胎内で一人で子宮にいたということ、生まれてすぐに乳房につかまる競争相手がいないということも、人間の赤ん坊に独自なことだった。むろん双生児のような例外はあるものの、大半の人間の子は未熟であって、かつ一人ずつが十全な保護をうけられるようになっている。

これらは体毛を失い、アドレッサンス（発情期）を失った人間が、性的なリビドーが高まって異性を求める前にあえて長い小児期をもつように組み立てたネオテニー戦略だったのであろう。

人間の幼児期や小児期という「大幅にのばされたフラジリティ」こそが、人間が人間であろうとするための分母的な時空なのである。子供はネオテニーの本質であって、それゆえにつねに新しい存在なのである。あとは大人たちが、このつねに新しい存在を感じられるかどうかだけだ。それにはときどきは涙ぐんで、人間のフラジャイル・ネオテニーの本質が「子供を延長させた涙もろさ」にあることを思い出してみることだろう。あるいは奈良美智や町田久美や村上隆の現代アートにネオテニーを感じて唸《うな》ってみることだろう（追記：現代アート・コレクターの高橋龍太郎さんが二〇〇九年に「ネオテニー・ジャパン」という、とてもラディカルな展覧会を催した）。

これで、モンターギュがどのようにネオテニーと人間社会や人間文化をつなげようとしているかの見当がついたのではないかと思う。本書はネオテニーについての本であって、「子供という大人」とは何かを考えるための本なのである。モンターギュは「子供は成長するネオテニーだ」と断言したいのだ。

ところで、モンターギュは本書の最後でスティーヴン・グールドを絶賛した。とくに大著『個体発生と系統発生』を評価して、ネオテニー理論の最新の担い手がグールドであることを公言して憚《はばか》らなかった。ぼくもそのことについては第二〇九夜の『パンダの親指』（早川書房）に書いておいたのだが、モンターギュはその焦点をネオテニーだけに絞ってもすばらしいと褒めたたえた。そのグールドにこういう一文がある。「人間たちがネオテニーを文化として受容できることがあるとすれば、それはわれわれ成人が自分自身の幼児期に学ぶことではあるまいか」。

味のある一文だ。まさにそうなのだ。われわれは少年期と少女期を捨てすぎたのである。だったら、これをいつか取り戻すべきだ。そう、「幼なじみの生物学」を取り戻すべきなのだ。

では最後に、最初に戻ろうとおもう。

ピーター・パンは本名はピーター・パンである。パンはロンドンのケンジントン公園で乳母車から落ちたところを乳母が見つけられなかったため、歳をとらなくなった。そこでネヴァー・ネヴァー・ランド（ネバーランド）に移り住んで、妖精ティンカーベルと冒険を始めた永遠少年になる。ネバーランドにはやはり親とはぐれて歳をとらなくなった子供たちがいる。ロストボーイたちだ。しかしパンはそのような子供たちに容赦をしない。ロストボーイは大人になろうとしすぎているからだ。

そうしたピーター・パンが唯一認めるのが、宿敵とはいえ、大人の象徴としてのジェームズ・フック船長だった。狡猾《こうかつ》で獰猛《どうもう》な海賊の親分ではあるが、どうにも憎めない。けれども全員が見守る中、パンはフックと一騎打ちをして追いつめる。フックはわざと武器をおき、パンを逆に挑発する。パンはそれに乗ってフックをチクタクワニが待ちかまえる海に蹴《け》り落とす。フックはそれを予想していたらしく、「丸腰の者を蹴ってとどめをさすとは、どこまでも人間として劣る奴」と言って、笑いながらワニに食われていった……。
ジェームズ・バリがピーター・パンとフック船長のあいだのどこにネオテニー・バランスをおいたのかはあきらかだ。少年は成長を拒み、残忍なまでに肥充した船長は子供にとどまる者を憎んだのである。あとはジョニー・デップがそこをどう演じるか、それだけだ。

第一〇七二夜　二〇〇五年十一月二日

**参照千夜**

八一四夜：デイヴィッド・ヒューズ『キューブリック全書』　一五〇三夜：ジェームズ・バリ『ピーター・パンとウェンディ』　一三七七夜：ミヒャエル・エンデ『モモ』　五七夜：マルセル・デュシャン＆ピエール・カバンヌ『デュシャンは語る』　二〇九夜：スティーヴン・ジェイ・グールド『パンダの親指』　五四八夜：ラマルク『動物哲学』　一七二夜：コンラート・ローレンツ『鏡の背面』　一五四八夜：坪田一男『涙のチカラ』

ヒトが二足で歩いて皮下脂肪をもったとき、
分裂病とソーウツ病が始まった。

デイヴィッド・ホロビン

# 天才と分裂病の進化論

金沢泰子訳　新潮社　二〇〇二

David Horrobin: The Madness of Adam & Eve 2001

心や精神をめぐる病名や症状名は危険な力をもっている。はたして心を痛ませている者が精神医学上の病名を知る必要があるかどうか、はなはだ微妙だ。医療社会学や医療人類学はそのへんの議論をしてきた。

今年（二〇〇二年）の八月、日本精神神経学会の臨時評議会は「精神分裂病」という名称を破棄して「統合失調症」という名称に変更することを決定した。ぼくはこのニュースに驚いた。いろいろの意味で、大きな意味をもつ変更だ。専門領域に詳しくない者からすると、精神分裂病と統合失調症ではややイメージのちがいを感じることもあろう。けれども日本はこの変更に踏み切った。

訳者があとがきで断っているように、本書はこの決定が世界精神医学会で発表される以前に翻訳刊行されたため、訳語は精神分裂病または分裂病のままになっている。だから今夜の千夜千冊では、この訳語をつかっておく。「躁鬱病《そううつ》」のほうも、やはり最近になって改められて「双極性障害」になった。この名称もふさわしいのかどうかはわからない。

さて、そういう事情とはまったくべつに、この本が提案している結論というのか仮説というのか、その主張はきわめて蠱惑的《こわくてき》であって、かつ衝撃的なのである。分裂病の起源は生物学的な人間の出現と密接に結びついているのではないかというのだ。

この根拠のひとつは、さまざまな調査研究によってデータもあるらしいのだが、分裂病の分布には人種差がほぼ認められないという結果に由来する。もしそうならば、あいだの説明をとばしていうと、「狂気こそは人類への贈りものだったのではないか」ということになる。狂気は「人間以前」にあったというのだ。著者の推定では、なんと十五万〜十万年前に分裂病がすでにあった。そのあとに人種が分かれたというのだ。

これだけでもにわかに信じがたい仮説だが、医学者であって分子細胞生物学にも考古学にも栄養学にも深い関心を示す著者は、次々にどぎまぎするような仮説（真相？）を繰り出している。これをまとめていうと、次のような意外なものになる。

ヒトとチンパンジーの遺伝子上の差異はごくわずかである。だいたいヒトの遺伝子の四〇パーセントはイースト菌と同じだし、六〇パーセントはミミズと同じ、八〇パーセントはネズミと同じで、チンパンジーとは九八パーセント以上が同じDNA（ゲノム）になっている。

これらの差異はたいてい突然変異によってもたらされたもので、分子進化的には偶然の〝誤植〟がゲノムの特定の部位に蓄積された結果だとみなせる。

では、人種間の遺伝子にはどんな差異があるのだろうか。それを知るにはY染色体・常染色体・ミトコンドリアに残っているレコードを調べてみればいい。人種の履歴がわかる。著者はちょっと変わった人々にその調査をしてみた。たとえば南アフリカのレンバ族の外見はどう見ても黒人だが、かれらは自分たちがユダヤ人だと主張していた。儀式にもユダヤ的な要素が入っている。そこで遺伝子調査をしてみたところ、ミトコンドリアDNAのレコードはアフリカ人であったが、Y染色体DNAのレコードはユダヤ系だったのである。

いったい人種はどこで交じり、今日にみるような人種になったのか。また、その前にはどうだったのか。この問題は結局はヒトがチンパンジーと分かれたところまでさかのぼる。著者によると、このときに遺伝子上で決定的な差異をもたらしたのは、次の因子のせいだったのではないかという。

①ヒトが快適に直立二足歩行できるようにした遺伝子。

②ヒトに皮下脂肪を与えた遺伝子。

③ヒトに大きくて接続がすぐれたニューロンをもたらした遺伝子。

④呼吸器系（鼻腔・口腔・咽頭）のメカニズムをつくった遺伝子。

この四つの因子がヒトという文明をつくり、戦争をおこし、交響曲を奏で、ラスコーリニコフの犯罪を哲学する「人間」というものを生んだのだ。

こんな劇的な変化をおこした因子として、なかでも両手を器用にさせた①の因子と、ロジャー・ペンローズではないが、③の脳にすぐれたニューロンのしくみをもたらした因子とが大きい役割をもったのだろうが、その一方で、②の皮下脂肪の遺伝子が「人間」に何かをもたらしていた。

その何かというのが、分裂病や躁鬱病なのである。しかもそのことが、かえって①や②の因子の発達を促すことになった隠れた活動だったというのが本書の筋書きなのである。おまけに詳しく見ていくと、皮下脂肪がヒトと類人猿を分けていただけではなく、実は③のヒト独自のニューロンのつながりの変化にも脂肪の一種のリン脂質《ししつ》が関与していることがわかってきた。

なぜ皮下脂肪の因子が主役になるかといえば、ヒトと類人猿を区別する最大の特徴がヒトにおける皮下脂肪の大量蓄積、とくに胸と尻《しり》への脂肪蓄積にあるかららしい。類人猿はエサを多量に与えられたときにだけ皮下脂肪がたまるのだが、ヒトはそうとはかぎらない。となると、ヒトと類人猿とを分けたもの、すなわち「意識」や「精神」にかかわる何らかの差異の発生の原因のひとつは、この皮下脂肪を司《つかさど》る生化学的な組成変化にあったということになってくる。

これは以前から一部で唱えられていたことではあったものの、あまり深くは重視されてこなかった事実である。どうやら「脂質の化学」こそが人間の「心」の形成の重要局面にあずかっているらしい。

皮下脂肪の脂肪酸はほとんどトリグリセリド(中性脂肪)の形になっている。脳の中の脂肪酸はリン脂質になっている。

トリグリセリドは柔らかくてぽちゃぽちゃしているが、リン脂質は精密で秩序だってきりきりと構成的である。そのため、このリン脂質が脳の形成にとっては最も理想的で可変的な〝建材〟になる。かくしてニューロンはリン脂質膜の構造をとり、樹状突起はリン脂質でつくられ、この構造のなかにさまざまなタンパク質がはめこまれることになった。

脳はこのようなニューロンと樹状突起をつかって「制御された漏電」によって信号の交信をする。ニューロンの電気的なインパルスは、リン脂質細胞膜のバルブがたくみに開閉することで漏電《ディスチャージ》をおこす。これをきっかけに、次々に信号が交換され、ついにはニューロトランスミッター（神経化学伝達物質）が「意味」（情緒）を表示するようになった。ところが、このリン脂質にわずかな変化があると、「意味」（情緒）の解釈にちょっとした異常が出てしまう。分裂病はこのことに密接な関連をもつ。

脳というものは、リン脂質を素材としてつかうことなく新たな接続をつくることはできないし、古い接続をこわすこともできない。しかもリン脂質の重要な成分は体内ではつくれない必須脂肪酸でできている。この成分がアラキドン酸などで、これがうまく手に入らないと（栄養としてうまく摂取できないと）、脳はうまく機能せず、不安定になったり、おかしくなったりする。

アラキドン酸などの脂肪酸の量は、ときどきヒトの生きている過程で高まる。第一期は胎児期と乳幼児期で、ここではミクロの接続が形成される。第二期は思春期前後で、シナプスの先端にあるホスホリパーゼのサイクルにある酵素が活性化して、それまでの脳内構成を再構築する。第三期が老年期で、しばしば痴呆《ちほう》がやってくる。これはホスホリパーゼ系の酵素が活性化しながらも再構築がおこなわれない時期にあたる。

この三つの段階でつねにリン脂質が重要な役割をはたすのである。のみならず、ごくわずかな変化によってリン脂質のバランスはゆれうごくようになっていた。

以上のことがだいたい事実だとすると、ドラマは次のようだったのではないかとホロビンは組み立てた。すこぶる興味深いものだが、当たっているかどうかは保証のかぎりではない。

原始のヒトができあがる時期、リン脂質による異常はまだまだ穏やかなものだったろう。狩猟生活は獲物の入手によって変化はしたが、基本的な栄養源に大きな変化がなかったからだ。ところが、小麦と稲による農業革命はこうした生化学的組成に大きな変化をもたらした。穀物が主食となったからだった。パンや米などの穀物中心の食生活にはアラキドン酸などが小量しか含まれていないからだ。

ここで脳の中にわずかな狂いが生じてきた。けれども他方では、この狂いこそが脳の機能を補完するためのアイディアを生んだ。文字や図形の発明などである。アルタミラの洞窟《どうくつ》画や楔形《くさびがた》文字が「外部の脳」としてスタートしたのはこのときだ。

こうしてヒトは脂質のバランスで意識の安定と不安定をつなげる生きものになった。

ちょっとでも脂質の摂取に不都合が生じると、分裂気質や躁鬱気質が派生してしまうことになったのだ。

そのような不都合は文明が進捗《しんちょく》するにつれ、しだいに頻繁におこっていった。とりわけ決定的なのが産業革命期に必須脂肪酸の摂取が大幅に減少したことだったと著者は指摘する。多くの働く者たちがそういう目にあったというのだ。このとき同時に潜在的な飽和脂肪酸の増加がおこり、ついに人類史において最も不幸な分裂病症状が悪化していったのである。

あまりに説明をはしょったのでわかりにくいかもしれないが、ようするには著者は、脂肪酸の安定と不安定が人間の意識や精神を触発し、また縮退させる大きな要因だったと言っているのだ。

もっとも著者は別のことも書いている。モーツァルトやヴィトゲンシュタインの、ドストエフスキーやアインシュタインのどこかには、きっと分裂病の気質が認められるはずなのであるが、もしそうだとすると、適度な脂肪酸の変化はときには天才的な才能を開花させるものでもあって、その才能に与える影響ははなはだ微妙なものだということになる……というふうに。

ただし、そういう例はごくわずかであって、多くが分裂病や躁鬱病となって辛《つら》い日々をおくるほうになってしまうとも本書は強調している。

分裂病の最初の発症は通例は青年期におこる。特有の「ふさぎこみ」が始まり、孤独癖が高まり、外界との交渉を断ちたくなって「引きこもり」になる。それにつれてコミュニケーションが無反応かつ無表情になってきて、悲しみや嘆きに対して冷笑するようになる。つまりは、入ってくる情報の軽重の判断がつきにくくなり、すべての感情が同等に知覚されるようになっていく。

こうなると幻覚や幻聴をともなうことも少なくない。自分が外部者や何かにコントロールされていると感じるようになり、猜疑《さいぎ》心《しん》が高まり、外界からの影響に反理性的な恐怖をもつようになることも、よくおこる。ヘミングウェイのように誰かに監視されていると思いこむわけだ。ここまでくるとこの症状を完治させることはなかなかむずかしく、しかも現状での治療法は世界中どこでもまことに不備なものになっているとホロビンは言う。

脂質と分裂病のあいだに密接な関係があり、農業革命や産業革命が分裂病を促進させたというのは、文明と精神病の同時進行の説明として、ただちに〝文明病〟という言葉を思い浮かべたくなるが、これについては、うん、そうだろうと言うしかない。ネオテニーと脂肪酸が〝文明病〟をつくったのだろう。

著者はまたくりかえし、「宗教的感覚、技術的才能、芸術的創造力などはどこかで分裂病の資質に通底する」と書いているけれど、このことも「きっとそうでしょうね」と言うしかない。

しかし、本書の言っていることが当たっているとするなら、次のようなことも問題にしなければならなくなるはずである。

それは、こういうことだ。はたして精神分裂病が「統合失調症」だとすると、これを治療するには何らかの「統合」をもたらすことが必要になる。しかしそもそも「統合」とは何か、何を標準値にすればいいのということが、はっきりしない。とりあえず社会的な「正常」を設定してきたけれど、その標準値が生物としての人間にふさわしいのかは、わからない。また、統合ミスはおこらないのかということも、心配になる。

欧米社会の多くでは、宗教性と理性と現実感のバランスがとれていることが道徳の標準になっている。しかしながらそのバランスをさらに「統合」しようとすると、ついつい杓子《しゃくし》定規な見方がまかり通ったり、過剰なドクトリンが強調されたりする。そうなると、少数の宗教を信仰している者が抑圧されはしまいかという心配がある。

もっとおこりそうではあるが杞憂であってほしいことを言うなら、欧米発信の産業技術と精神科学の牙城がどんどん広まるにつれ、キリスト教社会を除く熱烈な宗教者たちにいつしか〝つまらない統合〟や〝正当な一極〟を押し付けはしまいかという心配もある。昨今の中東からのニュースを聞くたびに、そんなことまでふと呟《つぶや》いてみたくなっている。

第六八四夜　二〇〇二年十二月十九日

**参照千夜**

四夜：ロジャー・ペンローズ『皇帝の新しい心』　八三三夜：ヴィトゲンシュタイン『論理哲学論考』　九五〇夜：ドストエフスキー『カラマーゾフの兄弟』　五七〇夜：アインシュタイン『わが相対性理論』　一一六六夜：ヘミングウェイ『キリマンジャロの雪』

狂気もPTSDも統合失調症も、
古代からずうっと文明とともにあった。

## 分裂病と人類

中井久夫

東京大学出版会 一九八二(新版 二〇一三)

昨秋、しばらくほったらかしにしたままだった中井久夫の『徴候・記憶・外傷』(みすず書房)を読んだ。それまで長らく使われてきた「精神分裂病」という名称が、新たに「スキゾフレニア」「クレペリン・ブロイラー症候群」「統合失調症」のどれに決まるかまだわからなかった時期の、中井久夫独特の含蓄のある文章が集成されている。

その前に読んだ一九九八年の『最終講義』(みすず書房)では「分裂病私見」という副題がついていた。二十世紀まではずっと分裂病の時代だったのである。その次に、症例分析の文献をまとめた『統合失調症』の二冊組(みすず書房)が上梓《じょうし》されたのだったと憶《おも》う。『徴候・記憶・外傷』の一冊はこれらのあいだのちょうどトランジットな思考帯域になっていて、サイン、トラウマ、メモリーに関する幅広い精神疾患をめぐる思考がよく辿《たど》れるようになっていた。中井の本はどれも知的な刺戟《しげき》に富むのだが、やはりたいへん興味深かった。

この本には次のようなケネディ時代からレーガン時代までのアメリカの事情が書いてあって、そうか、そういうことだったのかと合点するところがあったので、忘れないうちにそのことをちょっと書いておく。

精神医療が大きな転換を見せるのは一九六〇年代の半ばだったそうだ。そのころアメリカは力動精神医学を中心にしていたのだが、ケネディは精神科病院の病床を五〇万床から一五万床にへらす計画をたった三年間で実行してしまった。精神科病院をへらすかわりに各地にメンタルヘルスセンター（精神保健施設）を設立するという計画だ。

しかし、新施設にはあまり患者が来なかったらしい。そのうち案の定、カーター夫人が世界精神保健連盟（WFMH）の総会で「あれは失敗だった」というスピーチをした。患者たちは多くがホームレスとなり、ギャングに上前をはねられる生活保護費に頼るようになったからだ。

結局、メンタルヘルスセンターはレーガン時代に廃止された。といって精神科病院の数が復活したわけでもなかった。アメリカの私立精神科病院には有名どころではチェスナット・ロッジなどがあるのだが、この時期にはその病床数も数百床から五〇床にへった。そのためロッジのあとの建物は廃墟《はいきょ》同然となり、患者が勝手に住みついて、薬だけを病棟に貰《もら》いにいくようになったのだという。

そういうことがあったのかと思った。アメリカでは七〇年代に、システム療法から家庭療法まで、マラソン療法から絶叫療法までといった、多様な精神療法時代がやってきていた。ぼくもそのうちのひとつ、システム療法と家族療法にアプローチしていたリン・ホフマンの、タイトルだけは立派な『システムと進化』(朝日出版社)などを読んだことがあったが、何を狙っているのか了解しきれなかった。


アメリカにおける治療法がそんなふうに乱打されたのは、二つの大きな問題が新たに広がっていたからであるようだ。

ひとつはベトナム帰還兵問題だ。帰還兵は残忍な殺傷に興じたとアメリカ国内で何度も報道されて、しかもアメリカ史上初の敗戦であると批判され、歓迎されなかった。帰還兵は空港でツバまで吐かれたのだが、兵士たちには癒し難いトラウマ(trauma 心的外傷)がのこっていた。このあたりの事情は吉田秋生の傑作マンガ『バナナ・フィッシュ』(小学館文庫)もみごとに描いている。

もうひとつはフェミニズムが深化していった。ベティ・フリーダンやリュス・イリガライなどの、さまざまなラディカル・フェミニズムが派生した。ここに、性差別やレイプや家庭内暴力による深刻なトラウマ問題が浮上した。

ベトナム帰還兵と性差別などをめぐるトラウマ問題は、当時の精神医学をリードしていたアメリカに転換をもたらしたのである。これが多様な治療法が乱打された理由だったらしい。

そして一九八〇年代になると、ＰＴＳＤ（心的外傷後ストレス障害）をどう捉えるかという議論と療法が、とくに注目されるようになった。念のため、ＰＴＳＤは"Post-Traumatic Stress Disorder"の略である。

ＰＴＳＤの名は一九八〇年のＤＳＭ－Ⅲに初めて登場した。それによるとＰＴＳＤには、精神的不安定が不安・不眠などの過覚醒症状をおこす場合、トラウマの原因にあたる障害に関連する現象や事物を回避するようになってしまう場合、事故の体験や犯罪の目撃に関するフラッシュバックがおこる場合など、さまざまな症状がある。いわゆる「いじめ」がＰＴＳＤにつながることも多く、重大な出来事の記憶に悩んだり、事後的に記憶が再構成されていったり、実際にはおこっていないことがあたかもあったかのような出来事の記憶になったりすることも、あるらしい。

しかしふりかえってみると、そういうＰＴＳＤをめぐる研究にはそれなりの前史があったと中井は言っている。

第一段階は、十九世紀後半からのヒステリー研究だ。とくにフランスの神経学者ジャン＝マルタン・シャルコーは連続的な暴力やレイプに苛《さいな》まれていた若い女性たちの症例を研究して、ヒステリーは神経症であると推理した。それとともに当時の鉄道事故後の〝鉄道脳〟も治療の対象となった。そこにPTSDの前史が立ち上がっていた。

第二段階は、フロイトとピエール・ジャネが対抗しながら研究アプローチをした段階で、患者との「対話」を通して変成意識（アルタード・ステート）やヒステリー症状が注目された。二人とも幼児期の外傷と性的な外傷を重視したが、ジャネはそうした症状を「解離」と呼び、ヨーゼフ・ブロイアーは「二重意識」と呼んだ。解離は最近の英語では〝dissociation〟になっているが、ジャネは〝désagrégation psychologique〟と呼んでいた。

第三段階になると、第一次世界大戦がふりまいた戦争外傷が患者のみならず、軍隊上層部と治療者たちを追いつめ、PTSDが世界規模の症例問題であることが少し認識されるようになった。けれども戦争が終わると研究の熱はさめた。それが復活するのはエイブラム・カーディナーの有名なモノグラフ『戦争ストレスと神経症』（みすず書房）が一九四一年に発表されてからだった。

アメリカ軍としては戦争ストレスなどを認めるわけにはいかない。「正しい戦争」が疑われるからだ。しかしノーマン・メイラーの『裸者と死者』（新潮文庫）などを除くと、国の犯罪に食ってかかる著述や研究はあらわれなかった。こうして第二次大戦後もPTS

D研究が進むということはなく、むしろ伏せられていったのだ。

そのアメリカの精神医学界が本腰を入れざるをえなくなったのが、やっとベトナム帰還兵問題からなのである。朝鮮戦争において一般人を虐殺していたことによる外傷が俎《そ》上《じょう》にのぼるのは、さらに一九九九年まで持ち越された。ようするに、PTSDに似たことはずっとおこっていたのである。それをいつ社会や医療が〝認知〟したかというだけなのだ。

いまでは、このような問題はずっと広範になっている。文化大革命〜アフガン戦争〜自爆テロ〜9・11というふうに転じてきた現代史のバースト（事件の起爆）のすべてが、なんらかの意味での人類史的なPTSDをもたらしているからだ。

中井はこのような流れを前にして、ここには「古層の種族的記憶が損なわれるような現象もおこっている」のではないか、とも書いていた。

そのほか、『徴候・記憶・外傷』にはいろいろな指摘と示唆が盛りこまれていて、これを読むぼくの自己像がまたひとつ脱皮させられていくような共鳴をおぼえたものだ。このような共鳴は中井さんの本を読むたびにぞくぞく感じてきたことで、そこからは多くの文明的な視点がそのつどもたらされていた。こうした文明的な俯瞰《ふかん》力は、残念ながらというか、遺憾《いかん》ながらというか、当時はミシェル・フーコーか中井さんからしかもらえないものだった。今夜の千夜千冊に選んだ『分裂病と人類』もまさにそういう一冊だ。

さて、話のついでに想いおこしてみると、ぼくが中井さんの本を初めて読んだのはずいぶん前にさかのぼる。最初は「遊」を編集していた七〇年代前半に「風景構成法」がちらちら話題になっていたので、それを詳しく知りたかったのだがうまく出会えず、代わりに書店で目に入った飯田真との共著の『天才の精神病理』(中央公論社の自然選書)を読んだ。

ふうん、ユニークな視野で綴《つづ》られているなと思い、当時しばしば会っていた慈恵医大の岩井寛先生に中井さんのことを訊いたところ、「うん、とても独創的な発想の持ち主で、ラテン語もギリシア語もオランダ語もできるらしい」と教えてくれた。とくに「中井さんは若い頃にヴァレリーの研究者になるか、それとも医者になるのか、かなり迷ったらしい」と言ったことが心に残り、その後に『分裂病と人類』を読んだとき、ずいぶん変わった記述の仕方だったように見えたにもかかわらず、あっというまに埋没できたのは、なるほどヴァレリーに耽《ふけ》った人の文章だと合点できたからだった。

この点については、ずっとのちに『私の日本語雑記』(岩波書店)を読んでみて(これもおもしろい)、中井がどのようにヴァレリーに惚れたのかよくわかった。

風景構成法(Landscape Montage Technique)については、とくに分け入ることはできなかったが、日本で独自に開発された心理療法で、ロールシャッハ・テストのような侵襲性がほとんどないこと、クライエント（患者さん）の進行中の心理現況を編集的に推察できること、中井がそこからさらに「相互限界吟味法」を独自に考案し、それが児童精神科医の山中康裕によってドナルド・ウィニコットのスクイグル法などと結びつけられて、独特のMSSM（Mutual Scribble Story Making）に発展していることなどを知った。MSSMは物語療法のひとつである。子供用に「交互ぐるぐる描き投影・物語統合法」なども開発されていて、いまはかなり研究が深まったナラティブ・アプローチの先駆的手法として注目されている。

それでは、ここからが本書『分裂病と人類』の話になるのだが、かなりの重戦車がアタマの中を驀進《ばくしん》していったような読後感だったことをいまでもありありと思い出せる。二つのごっつい問題が提示されていた。

ひとつは、ヨーロッパの精神病とそれに対処する精神医学がいったいどのような背景によって突き動かされてきたのかということだ。もうひとつは、中井さんが持ち前の執着気質の読みをもって日本の近世の「直し」という言動に迫ってみたというものだ。

後者のほうには「治し」ではなく、世直しの「直し」という言葉が強調されていた。二宮尊徳や赤穂浪士を通して日本人の〝勤勉の精神医学〟が言及されてもいた。こういう観点は日本史学的にも初めての試みであったのではないかと思う。

が、今夜は前者の記述の中身について、すなわちヨーロッパにおける精神医学背景史を俯瞰する中井さんの〝読み〟について、ぼくなりの〝編集読み〟をもって、ごくごくはしょったメルクマール案内をしておくことにする。それでも存分に人類と分裂病の蜜月関係の歴史が見えてくるはずだ。

中井が大前提にしたことは、分裂病は人類が誕生してほどなく、われわれの心身にくっついてくるようになった症状だろうということだ。中井はこの仮説にのっとって「人類は分裂病的親和性が強い動物なのではないか」と暗示する。

なぜなら狩猟民の精神は貯蓄型ではなく、おそらくまだ複雑な祭儀もなかっただろうから、あまり分裂気質をもたないですんだのではないか。そうだとすると「収穫と刈取りと蓄え」を重視する農耕民の社会のなかで、強迫的な神経症の前兆が始まったにちがいない。ここには農耕の予祝をつかさどるシャーマンなどがいて、当然にトランス状態の感染もあったはずである。きっと当初からアルコール依存も発症していて、心身のバランスに無視できない影響を及ぼしてもいただろう。

つまり人類の多くが農耕社会の発展とともにこうしたさまざまの本質的倒錯をへて、文明的な人間になったのだ。

これだけでも、かなり示唆に富む指摘だが、ではこのような見方を多くの精神医学者たちがもってきたかというと、必ずしもそうはなっていない。精神医学は近代人の「心の病い」の分析から入ってしまったのである。大きな「人類の病い」「文明の病い」という観点は、長らく看過されてきたのだ。

精神医学という学問はきわめて新しい。それにくらべると、古代このかた続いてきた「治療文化」の歴史のほうがずっと長く、大きかった。そうであるなら、その「治療文化」のなかにこそ精神医学の前兆を読みとらなければならないはずなのだ。その出発点は古代オリエント社会の呪術的世界観と、そこから脱するかに見える古代ギリシアのホメロス的世界観である。

古代においては、神を知る者は〝自己処分能力がある者〟とみなされた。知はつねに万能なのだ。そこでどうなるかといえば、「知っている」という状態と「知らない」という状態が対置され、君主や哲人や宗教人はそれを判断する専門家だともくされた。やむなくこの専門家たちは何を「知るべきなのか」を考えた。老子も孔子も、ブッダもプラトンも、それを考えた。治国や生活にぴったりしたことを考えようとしたのだ。

一方、よけいなことを知っている者は、きっと「無法なことを知っている者」とされたわけである。案の定、かれらは〝乱暴者〟〝邪魔者〟として扱われた。

これで何がおこったかというと、古代ギリシア人の最大の道徳の表明が、社会的評判を顧慮するための「アイドース＝羞恥《しゅうち》」になったのだ。これが「レリギオ」(religio) である。のちのちには「合理」となり、ついで社会的な「情動の基準」になっていった。しかしこのとき、かれらは人間社会にとって最も重大だったはずの「不安」というものの正体を、おおかた隠してしまったのである。不安はアーテー (atē 狂気) とみなされた。

続くアルカイック時代ではドーリア人の侵入が悲惨と貧窮をもたらしたため、ポリスが形成されるのだが、すぐに人口過剰となったので植民・交易・戦争にその解決を求めた。社会の流動性にさらされた古代ギリシアは、なるほどソロンの立法などによってこれを調停しようとはしたが、結局は人間の無能が痛感されたのであったろう。

市民たちのコロス (koros 成功がつくる自己満足) は、すぐさまヒュブリス (hybris 奢り) を生み、ヒュブリスはネメシス (nemesis 怒り・妬み) を呼んだ。それで、どうなったのか。ここで罰せられることになったのが、レリギオ (合理) に合わない「狂気」というものだったのだ。レリギオはレギュレーションをつくる原動力である。

この時代の「狂気」は今日に言うようなものとはかぎらない。当時、狂気とされるのは、社会のバランスを取り戻すために巧みに導入されたものだったろうと、中井は言う。さもありなん、だ。

哲人プラトンは、そのように導入される「巧みなバランサーのような役割」としての狂気のはたらきを、すかさず分類してみせた。すなわち「予言的狂気」(アポロン)、「密儀的狂気」(ディオニソス)、「詩的狂気」(ムーサ=ミューズ)、「エロス的狂気」(アフロディティ、エロス)である。これは、狂気を「神のはたらきによって習慣となった社会のしきたりを逸脱することによって生じるもの」と定義したせいだった。

このような狂気の分類と定義は、今日の精神医学が裁定するような狂気ではない。プラトンの狂気の規定は、ギリシア神話的であり、古代社会なりの治療法そのものだった。こうしてオルフェウスもピタゴラスもエンペドクレスも、この、仮りに導入された「狂気の解説」を治癒の補助とするような哲学を説く。このことはソクラテスがすすんで「精神の産婆」を任じようとしたことにもあらわれている。

ということは一言でいうのなら、古代ローマにいたるまで、「狂気」はいわゆる病気ではなかったのだ。むしろ未知の力を解説するための対抗力だったのである。

古代ギリシアはやがてシリア・レバノンふうの東方思想とも、スキタイ系のシベリアシャーマン文化とも接触して、ここに医神アスクレピオスやフェニキアの医神エシュムンといった、地下から湧いて出たかのような治癒力にめぐりあう。

医術はしだいに世俗化されていった。夢判断をするグループやヒポクラテス学団のような医療的職業倫理をもつグループもあらわれた。これらの知識はヘレニズム期にいったんマケドニアに集約され、医学の中心もアレクサンドリアに移った。そこではポリス的な人為的人間像から逸脱したものが神々の治療の対象とされ、そのための大図書館がつくられた。

古代ローマは以上の治療法を「コンペンディウム」(必携するもの)として継承する。そうなると、病気は一方ではいまだ神々の瑕疵《かし》(傷)ではあるが、他方では誰もが覗いてかまわないカタログなのである。四世紀のガレノスのような大治療家はこのカタログ化に抵抗した。ガレノスは病気は医師によって治療されるべきだと表明した。

そこへ怒濤《どとう》のごとくなだれこんできたのが、北東ユーラシアのフン族などに押されたゲルマン諸族だった。この〝蛮族たち〟はすでにローマ世界に広がりつつあったキリスト教を便利な「心の道具」としつつ、さまざまな異国の信仰や価値観をもちこんだ。いきおい、病気と狂気のカタログが膨らむことになる。

時代がすすんでヨーロッパ中世を通じて重視されたのは、今度は「森を通過する不安」をこらえるための騎士道精神というものだ。

九世紀から十世紀にかけてのヨーロッパの荒廃は目にあまる。多くがカシなどの二次森林におおわれ、村落を中心とするわずかな耕作地にもオオカミがあらわれ、人を襲った。グリム童話が描いた社会そのものだ。そうしたなかで騎士として尊敬されるためには、この恐ろしい森を駆け抜ける勇気が要求された。そのため中世では、騎士たちの勇気とロマンにともなう不安が語られるようになったのである。英雄になれない騎士はいくらでもいたからだ。かくてそうした騎士たちの集合的な伝承や記録が束ねられてアーサー王伝説やロビン・フッドやニーベルンゲン説話などの、いくつもの騎士道物語や恋愛詩になった。これらの物語や詩は、騎士たちの人格に宿る愛についての希求と不安の心情を、新たに説明可能なものにしていった。

一方、中世の地中海はイスラム勢力の制圧圏である。そのため東方世界との通用ルートは、ノルマン人による黒海を経由するものだけに狭められた。そのなかでラテン文化がしだいに凋落《ちょうらく》していったのだが、ブリタニアでの出来事やベネディクト派の修道院はこれらの難をまぬかれた。ベネディクト修道院ではカッシオドルスらが活躍し、医療文献を解読したり翻訳したりした。しかし、その治療は当然ながらキリスト教の価値観にもとづいていた。

十二世紀以降、ヨーロッパに農業革命がおこると、重い鋤《すき》による深耕農耕と牧畜とが統合して三圃《さんぽ》農業が普及する。それとともに森林（二次森林）が急速に伐採され、そこへアラビア人による医療文化が流れこんだ。さらにそこに東方における南北経路がタタール人によって支配されるという事情が重なると、北方産業圏は中央の毛織物産業との新たな連絡路をもっぱらライン川などに求めるようになった。いっときライン川が〝僧院渓谷〟と称されたのは、このような事情が医療に結びついたためである。

そんな事情が続いた十三世紀をすぎて、イタリア、南仏、ライン河畔、パリに次々に大学が成立し、サレルノ、ナポリではついに医学校が誕生した。

大航海時代が始まっていくと、「森の不安」の克服は「海の不安」を克服する船長や乗組員のものになった。投資、造船、港からの船出、航海、難破、獲得、帰港、加工、販売という一連のプロセスが、新たな富とともに破産の恐怖や不安をもたらしていった。遠洋航海に対する投資をめぐる一喜一憂が社会に「会計の不安」をばらまいたのだ。

森から海への転換は、社会における「貸方と借方」という正負の価値観を生み落としていった。中井は、この変化のなかで「船長」(captain) という絶対的リーダーシップをめぐる価値観と、このあと勃興するプロテスタンティズムとの結びつきも生まれていったのではないかとも見ている。これは炯眼《けいがん》だ。

このように見てくると、ヨーロッパの医療技術や医学思想が、あたかも健全に近代医学に向かって進み始めたように見えるかもしれないが、とうていそんなふうではなかったのである。

なによりペスト(黒死病)の猛威には、誰もがなすすべをもっていなかった。ハーメルンの笛吹きのような者たちが懸命にネズミを村外に誘導しようとしたが、とても対策にはならない。各地の衛生面もひどいままで、ペストだけではなく天然痘や赤痢《せきり》や疫痢《えきり》も猛威をふるった。それでも、これらは病原菌による厄災だった。いわば自然の猛威だった。問題は「人の狂気」の扱いのほうである。

そこに登場したのがヨーロッパ中に広まった魔女狩りや魔女裁判や異端審問だ。これらはきわめて人為的に狂気治療を歪曲《わいきょく》していった。

魔女狩りや異端審問の背景には、中世からルネサンスにかけて、錬金術、占星術、魔術、カバラ主義、集団ヒステリー、タランチュラリズム（毒グモ恐怖症）、サバト主義などがうごめき、ときにネオプラトニズムやヘルメス主義の名を借りつつも、貴族や知識人や僧侶のあいだに流行しつづけたという事情がある。

これらはいずれも怪しげな妖術めく傾向を共通してもっていたのだが、それを正当化するために、あえてもっと怪しげで恐ろしげな魔女を次々に仕立てていった。魔女狩りこそを正しい治療だとする必要があった。民衆たちも魔女狩りを支持した。飢饉や乳牛の大量死や害虫の発生などを魔女のせいにする必要があったからだ。魔女は群衆の歓呼に迎えられ、焼かれていった。

魔女狩りの流行は狂気の本質をそうとうに見失わせた。ひとつには「狂気はクレンジングしなければならない」という社会慣習を助長させた。もうひとつには魔女裁判にかけるほどの者でなくとも、つねに異常者やその候補者を「隔離しなければならない」という判断を助長した。

すでにハンセン病の病者は古代このかた隔離されてきた。その惨状は目にあまるものではあるのだが、中世ヨーロッパではそこへペストの流行が重なり、虚弱なハンセン病者が大量に没していった。このため狂者こそが収容される対象となり、難病と狂気はしだいにまじったまま隔離の対象になっていった。ミシェル・フーコーが『狂気の歴史』や『監獄の誕生』(ともに新潮社)で述べたのはこの歴史的実情である。

精神病者は隔離施設に入れられるばかりではなかった。病者を船員にまじえて港から港へたらい回しにする〝阿呆船〟に乗せられもした。セバスチャン・ブラントの『阿呆船』(現代思潮新社)やヒエロニムス・ボッシュの絵に有名だ。世界の港町に〝ならず者〟や〝酔いどれ〟がふえたのはそのせいだという説もある。

むろん魔女狩りや狂気の収容に反対する一部の知識人もいた。エラスムス、イエズス会士、プロテスタント、モンテーニュ、セルバンテス、啓蒙《けいもう》思想家などだ。

魔女狩りの終焉《しゅうえん》は近代医学の萌芽《ほうが》につらなっている。中井はそのことをオランダを例に説明した。オランダでは魔女狩りが早く終息したのである。

オランダを中心とする低地諸国はノルマンの却掠《きやくりよう》がおわったあとは、最も密集した自治都市群となり、北方ルネサンスの文化センターとなり、ハプスブルク王家との関係をもつスペイン先進文化の出店となって、かつ、スペインの異端審問から逃れるユダヤ人の集積地になった。

そのうえで、オランダはブルグンド王国の宮廷文化から自己脱皮をはかったカルヴィニズムの一大拠点となったわけである。オランダではイギリスのピューリタン革命よりずっと早く、カルヴァン派が移民・中農層に支持されて、都市文化を自立させていたのだ。そこにはさまざまな問題を「範例」によって解決する範例主義《パラデイグマテイズム》が確立した。

以上の動向がイギリスの市民革命、フランスの大革命とともに、ヨーロッパにおける市民社会の最初のモデルとなり、近代精神医学の橋梁《きようりよう》となった。たとえばライデン大学が臨床所見を網羅する病歴の整理を始めたことは、これらの先駆例だった。エディンバラ大学が近代臨床医学の拠点となりえたのも、オランダ留学の帰国者たちのせいだった。

今日、近代精神医学の先蹤者ともくされるトマス・シドナム、ウィリアム・カレン、フィリップ・ピネル、ヴィルヘルム・グリージンガーらは、いずれもこれらのオランダ・モデルの恩恵をいかした内科医であり精神科医である。

なかでフランス王立植物園で植物分類に従事していたピネルが、植物学者のソヴァージュやカバニスの後継者として精神疾患の分類にとりくんだ。リンネの影響だ。大きな前進ではあろうが、ぼくはこの話を知って「心の病い」も植物の分類から始まったのかという、なんとも奇妙な感慨をえた。ピネルを継承したのはジャン・エチエンヌ・エスキロールだ。

オランダ・モデルは当然のことに、イギリスをへて新大陸アメリカのピューリタン植民地にも流れた。そして当然のことに、ヨーロッパから見れば時節おくれの「セイレムの魔女狩り」などをアメリカにもたらしもした。それこそ、ナサニエル・ホーソーンの『緋文字』(新潮文庫・岩波文庫)が描いたヘスター・プリンの悲劇である。

これらのことから中井は、もしウェーバーがプロテスタンティズムが資本主義に与えた影響があると言うなら、プロテスタンティズムが精神医学にもたらした影響も三期に分けて辿れるとみなした。

プロテスタンティズムの影響は、第一期はオランダにおいてカルヴィニズムの倫理と労働治療が近くなった時期で、職業倫理にもとづく医師たちが勤勉に収容所を定期的に訪れることにあらわれる。「回診」という言葉のルーツはここにある。

第二期は産業革命とともに工場社会に支配と生産と労働が均一化してからのことで、そこには「工場」とともに、アダム・スミス以降の「市場」がかかわってくる。そこにプロテスタンティズムと精神医療感覚が重なった。初期の資本主義にはイギリスのコモン・ローやロー・オブ・エクイティの相互補完がおこっているのだが、それは経営層に産業を促進することは社会療法でもあろうという幻想を抱かせた。

第三期はプロテスタンティズム、産業革命、資本主義に加えて、これらに社会改良主義、産業社会主義、組合主義、民主主義がまぜこぜになることで、二一世紀の現代にまでつながっている。こうして精神疾患は「働く現場」の拡張にともなって広がっていったのだ。

この先、中井は精神科病院というものが誕生していった背景、大学に精神医学の領域が確立していった背景、さらにヨーロッパにおける力動精神医学の系譜と正統精神医学の系譜とが分派していった背景、プロザックなどの向精神薬が〝猛威〟をふるうようになった背景なども独特にスケッチしているのだが、今夜はそれらをカバーするのは遠慮しておく。

しかし、中井がこの『分裂病と人類』の最後に何を書いていたかということは、ぜひとも強調しておきたいと思う。中井は次のようなことを書いていた。

ヨーロッパにおける「神なき時代」の蔓延と精神医学の広がりは、おそらく相互密接につながっているはずである。しかしピューリタニズムが「父なる神」を軽視したことと、資本主義がプロテスタンティズムの勤勉を重視したことが、どこかで「心の病い」を増長させたのである。これらは何に一番強くあらわれたかといえば、それはオートクリティック（自己批判）に皺寄せをもたらした。

一方、多くの難病が二十世紀になって治療可能になっていったことは、疾患をしだいに「精神」に追いやったことと無縁ではないだろう。たとえば結核はペニシリンによって弱毒化させたのだが、そのぶん結核はメンタルな病いになってもいったのだ。

これでわかるように、ヨーロッパが精神病を発見し、その分類と治療に躍起になったことは、世界史の全体からみればきわめて例外的なことだったのである。アニミズムやシャーマニズムから資本主義社会や会社を守ろうとすれば、社会や会社に「うつ病」がひろがるのは当たり前なのだ。

そこで、中井は付け加える。これらに対して、大乗仏教などが「自立」と「中観《ちゅうがん》」を一緒に語れるようにしたことは、欧米的なるものとはずいぶん異なる文明や社会における価値観の可能性をもたらしたはずである。ただ、そのことをアジアも日本も、いまなお世界に対して説得力をもって発信していない。とくに近代の仏教は「狂気」や「異常」から逃げすぎてきた。日本人自身もそのことに突破口があるとは、思っていない。仏教DSMなどができないうちに新たな展望をもつべきなのである。

第一五四六夜　二〇一四年五月二九日

**参照千夜**

一一二七夜：リュス・イリガライ『性的差異のエチカ』　一一四〇夜：ダナ・ハラウェイ『猿と女とサイボーグ』　八九五夜：フロイト『モーセと一神教』　五四五夜：フーコー『知の考古学』　一三三五夜：岩井寛『森田療法』　一二夜：ポール・ヴァレリー『テスト氏』　九九九夜：ホメーロス『オデュッセイアー』　一二七八夜：老子『老子』　七九九夜：プラトン『国家』　一五二九夜：高見玄一郎『港の世界史』　八八六夜：モンテーニュ『エセー』　一一八一夜：セルバンテス『ドン・キホーテ』　一四七四夜：ホーソーン『緋文字』

仏教者たちが尽力した、
心を回復するための施設の歴史。

# 精神病院の起源

小俣和一郎

太田出版　一九九八

大谷幸夫のユニークな設計で有名になった国立京都国際会館やマンガミュージアムで話題になった京都精華大学がある一帯を、岩倉という。京都人にはなじみが深い。古代の磐座《いわくら》信仰に由来する地名だ。明治十七年、その岩倉に岩倉癲狂院《てんきょういん》ができた。その後は岩倉精神病院、岩倉病院とつづいた。

たんに岩倉にそういう病院ができたのではなかった。もともとは天台密教の真覚《しんがく》が十世紀におこした岩倉大雲寺にもとづいている。ここに冷泉《れいぜい》天皇の中宮昌子が夫の「心の病い」の治癒を祈念して観音堂を建立した。境内に閼伽《あか》井が涌いて、霊水治療がよろこばれた。また、後三条天皇の第三皇女佳子が「髪乱し、衣《ころも》裂き、帳《とばり》に隠れてもの言わず」という状態になったので、霊告によって大雲寺に籠《こも》らせたところ平癒したという噂もたち、岩倉に治癒を求める者がふえたという。

室町期には大雲寺が四九院を数えて荘園も十万石に達したので、参詣《さんけい》でも賑《にぎ》わった。近世になると、信長の叡山焼き打ちにまきこまれていったん焼失、再建後は数軒の茶屋が繁盛して、そこが精神病者の宿泊施設化していったのである。

明治になって府知事の槇村正直がこうした過密な治療宿舎の限界を指摘して、南禅寺の一角に新たに京都癲狂院を創設すると、それとともに岩倉への宿泊が禁止されたのだが、その宿泊所の一軒から岩倉癲狂院が誕生し、土屋栄吉によってコロニー型の精神医療施設として自立した。

明治末期、ここを呉秀三の案内でロシアのヴィルヘルム・スティーダが訪れた。「これは日本のゲールだ」と感嘆した記録ものこっている。ゲールとはベルギー語のゲールのことで、ヨーロッパでもめずらしい精神病者の参集する地のことである。精神病に罹《かか》ったイングランドの王女デュフナの終焉の地であったことから、一三四九年前後に教会が生まれ、その後に町全体が世界に稀《まれ》な精神病者の一大治療コロニーになったことで知られている。

岩倉地域はそれほどではなかったろうが、その当時も信仰を背景とする治癒と介護の伝統が維持されていた。呉秀三はのちに埴谷雄高《はにやゆたか》が『死霊』のモデルにした。

この本は貴重だ。

精神医療の歴史については多くの本があり、医学史の一分野にも病院の歴史はふくまれてきた。しかし、日本の精神治療史と精神病院史の歴史観とが結びついたことはまったくなかった。これまでフーコーの博士論文がもとになった『狂気の歴史』(新潮社)やパノプティコンの歴史を抉った『監獄の誕生』(新潮社)がそうであったように、精神病史やその施設の歴史についてはもっぱら「疎外の歴史」という捉え方が多かったのだが、そうした風潮のなかで、本書は著者自身が臨床精神医学の医師であるせいか、直截《ちよくさい》な目で日本の精神病院の歴史の変遷を眺めている。いろいろ考えさせられた。

日本の歴史的な精神治療施設は三つに大別されている。その前に古代的な施設があった。行基《ぎようき》の布施屋・昆陽施院《こやせいん》、光明皇后の悲田院、藤原冬嗣の施薬院などで、主として福田《ふくでん》思想にもとづいた八福田《はちふくでん》(井戸・水路橋梁・道路・父母孝事・師僧孝事・病人・貧窮者・畜生)のうちの病人救済事業として建てられ、治療された。

こうした前史のうえに、Aタイプには「密教系の水治療を中心とする施設」が生まれていった。これは主に水行・滝行とむすびついた治療で、修験道・不動信仰も加わって独得の治療史をもった。

高尾山の薬王院と連動した高尾保養院、岐阜の鉄塔山天上寺と養老水系から生まれた山本保養所、徳島阿波井神社に関連する磯崎山医王院、そもそもは閼伽井《あかい》の水が評判だった岩倉施設もこの系譜に入る。だいたい薬王院とか医王寺という名称のあるところでは、精神治療とはかぎらないものの、かつては修行型の治療を施していたと考えていい。

Bタイプは「律宗・真宗系の漢方治療をとりいれた施設」である。ここでは、とくに叡尊《えいそん》とその弟子の忍性《にんしよう》がひらいた奈良北山の北山十八間戸《きたやまじゆうはちけんこ》がわが国最初のハンセン病患者収容施設であったことの影響が大きく、鎌倉極楽寺の桑ヶ谷《くわがやつ》療養所などでは薬草や茶葉を用いて精神治療にあたったとみられている。

叡尊は十三世紀の西大寺の律僧である。そのころ蔑《ないがし》ろにされていた戒律の復興に尽し、律宗の中興の祖となった。また、従来の酒盛りをやめて茶盛を真言律宗の儀式にとりいれたような革新的な僧侶でもあった。弟子の忍性《にんしよう》はそうした師の気概をうけて、その活動を社会的救済施設づくりに広げていった。この活動は各地に飛び火し、現代にも及んでいる。

愛知岡崎の光明山順因寺は善祐《ぜんゆう》という僧医が心のふさいだ者たちを漢方薬で治療して、その伝統がえんえん続いて一九四六年の戦後になって、第二九代の住職の粟生《あおう》敏春《としはる》がみずから精神科医となって羽栗病院をおこした例である。一九九〇年には一〇八床を有した新病棟が完成したという。

そのほかにも、大阪泉佐野に浄土真宗僧医の本多左内が爽神堂を設立して精神疾患の治療にあたったのをうけて一八八九年には七山病院になった例、新潟の永井山順行寺から派生した永井精神病院、広島の南光山専念寺から派生した武田精神病院の例なども紹介されている。

Cタイプは「日蓮宗系の読経を治療につかう施設」だ。題目や法華経を読唱することをもって気分の解放にあてた。本書では千葉の田辺日草《にっそう》が精神病にかかって中山法華経寺の荒行《あらぎょう》で回復したことから東京芝の長久寺の住職になったのち、石神井《しゃくじい》に石神井慈療院をおこし、それが慈雲堂病院になっていった例を照らしている。

ちなみにここには一九三三年に伊藤野枝《のえ》と別れたダダイスト辻潤が入っていたことがあって（その後に野枝は大杉栄に走った）、その体験をのこしている。そのときも読経が習慣化していたようで、辻は「読経によって無我の境に入ることを得て、自然病気が癒えるのに別段不思議はない」と書いた。

以上の三つのタイプから日本の精神科病院の脈絡が浮き上がってくる。いかに仏教施設が「心の病い」の治癒と収容を引き受けてきたかということだ。ここに中国からの陰陽道、錬丹術、李朱医学、江戸のはやり神、加持祈禱術、蘭学・洋学などが加わって、日本の精神治療は実はけっこう多様な展開をしていたのだということも見えてくる。

さらにいえば、世阿弥が五番立能の四番目物に「物狂《ものくるひ》」をあげ、中世の狂気にひそむなんらかの身体動向を芸能に高めたこと、また浅草弾左衛門や車善七らの制度が被差別民の管轄をする一方で、乱心者の収容を担当していたことなどなど、ここに精神科病院ではないもうひとつの収容治癒の歴史を加えると、これはとうてい見すごすことのできない日本精神史の骨格を浮上させることにもなってくるのである。

本書はこうした方向を新たに告げる最初の一撃ともいうべき一冊で、続いて『精神病院の起源　近代篇』（太田出版）が刊行された。

著者の小俣和一郎さんは岩手医科大医学部、名古屋市立大医学部大学院、ミュンヘン大学精神科留学をへて、精神病理学者として、また科学史家として何冊もの本を書いている。上野メンタル・クリニックの院長さんでもある。『精神医学とナチズム』（講談社現代新書）、『近代精神医学の成立』（人文書院）がある（追記：その後、『精神医学の歴史』レグルス文庫、『異常とは何か』講談社現代新書が執筆された）。

こうした本を読んでいると、近代日本が「心の病い」の治療のために設立してきた病院施設の変遷には、数々の努力と苦悩とスーパーボランティアな投企の歴史があったわけである。青山脳病院を引き継ぎ、手放しもした斎藤茂吉に、こんな短歌があった。

「気ぐるひし老人《おいびと》ひとり　わが門を　癒えてかへりゆく　涙ぐましも」「一夜あけば　も

のぐるひらの疥癬《かいせん》に薬のあぶら　われは塗るべし」「としわかき狂人守《きょうじんも》りのかなしみは通草《あけび》の花の散らふかなしみ」。

第四七〇夜　二〇〇二年二月四日

**参照千夜**

九三二夜：埴谷雄高『不合理ゆえに吾信ず』五四五夜：フーコー『知の考古学』一一一八夜：世阿弥『風姿花伝』七三六夜：大杉栄『大杉栄自叙伝』一二八四夜：塩見鮮一郎『浅草弾左衛門』二五九夜：斎藤茂吉『赤光』

分身？　ドッペルゲンガー？　DID？
みんなジキルで、みんながハイド？

ロバート・ルイス・スティーヴンソン

# ジーキル博士とハイド氏

田中西二郎訳　河出文庫　一九五四／小沼孝志訳　講談社文庫　一九七三／田内志文訳　角川文庫　二〇一七
Robert Louis Stevenson: The Strange Case of Dr. Jekyll and Mr. Hyde 1886

……舞台は十九世紀後半のロンドン。エンフィールドといとこの弁護士アターソンがいつものように散歩をしている。一軒の少し荒れた二階建ての家にさしかかったとき、エンフィールドがしばらく前にその戸口でおきた出来事を話しだした。
ある無礼な男がぶつかって転んだ少女を踏みつけて去ろうとしていたので、エンフィールドがこれを咎《とが》め、その子へのお詫びとして一〇〇ポンドを払いなさいと注意したところ、男はその家に入って一〇ポンドの現金と九〇ポンドの小切手を持ってきた。サインを見るとハイドと書いてある。あまりに不気味な風体と素振りだったので忘れられないのだと言うと、アターソンにも思い当たることがある。

友人のヘンリー・ジキル博士から遺言書を預かっていて、そこに「自分が死んだときは、全財産をエドワード・ハイド氏に贈る」とあったのだ。おそらく無礼なハイドとはこの人物だろう。ただ、そんな男になぜ全財産を譲るのか、釈然としない。

……アターソンは真偽をたしかめるために面会することにした。会ったとたん、青白い面貌のハイドは詮索《せんさく》されることを嫌って家に逃げこんだ。これはひょっとすると、ハイドはジキル博士の財産を狙って恐喝しているのかもしれない。

そこでジキル博士を訪れ、「この前、ハイドさんに会った」と告げると、博士はさっと顔色を変え、「その気になればいつでもハイドを追い払えるのだから、心配するようなことはない」と言う。

およそ一年後、ハイドが老紳士カルー卿を殺害したというニュースが届いた。ステッキで撲殺するのを見たとメイドが証言したらしい。警察から連絡を受けたアターソンが刑事とともにハイドの家に行ってみると、凶器のステッキが真っ二つに折れている。アターソンがジキル博士に贈ったステッキだ。

驚いて博士のところへ向かってみると、博士は黙ってハイドからのメモを見せた。「自分は完全に逃亡する、博士には友情を悪用することになって申し訳ない」と書いてあった。それを見ていたアターソンの主任書記は「博士とハイド氏の筆跡が似ている」

と呟いた。

……しばらく何事もなく、ジキル博士も親しみやすい社交性をとりもどしていた。そんなとき、アターソンとジキルの古い友人であったラニオン博士が病気で亡くなり、残された書類からアターソン宛の手紙が出てきた。

封を切ると、ジキル博士の死後までこれを開けてはならないと表書きがしてあって、もう一通の封書が入っている。やむなくそのままにしていたある日、エンフィールドと散歩をしていて例の二階家にさしかかったところ、窓の近くに博士が坐《すわ》っている姿があった。博士はいかにも悄然としているようだが、次の一瞬、その表情が恐怖と苦悩に歪《ゆが》んだように見えた。すぐに窓の扉が閉められたのだが、二人はこの異様な表情に圧倒され、言葉を交わすことができなかった。

こんなふうに『ジーキル博士とハイド氏』は始まる。言うまでもなく「二重人格」をみごとな小説仕立てにしたもので、『宝島』『新アラビアンナイト』などとともにスティーヴンソンの名を不朽のものにした。

スティーヴンソンは弁護士の資格ももっていたので、こうしたサスペンスやミステリーが得意だったとも言われるが、二重人格のアイディアがどこから得られたものかは、わかっていない。おそらくはエディンバラの市議会議員で、石工ギルドの組合長をしていたウィリアム・ブロディーが昼間は堂々たる仕事をこなして夜になると盗賊をしていたという話、外科医のジョン・ハンターが昼は開業医でありながら夜は解剖のための死体調達をしていたという話、そのほか、薬剤によって気がおかしくなった人物の話などをモデルにしたのだろうと言われる。

しかしいまや、二重人格（double personality）といえばジキルとハイドなのである。スティーヴンソンは、この奇妙な人格が二つに割れる症状を、事件の経過を述べる第一部、ジキル博士が残した手紙で構成される第二部というふうに、巧妙に配した。

二重人格についての精神医学上での研究は、そこそこ進んできた。人格障害の症例として、ウィリアム・ジェームズが「アンセル・ボーン」の実例を報告して以来、一人の人間の中にまったく異なる二つの人格が交代してあらわれる症状としてオーソライズされている。互いに他方の人格にあるときの行動が想起できないという驚くべき特徴も、多くの実例で検証されてきた。

症例によっては、出現する人格が二人ではないことも少なくないので、この場合は「多重人格」(multiple personality) になるのだが、二重人格も多重人格障害のひとつだと考えられている。この疾患の特徴として、AからB（あるいはC〜E）への、またB（C〜E）から

Aへの移行に中間段階がないことにも、驚かされる。ガラッと変わるのだ。人格は本来は連続性や統一性が保たれているものなのだが、その連続性と統一性に障害をきたしたのである。

ということは、ジキル博士はおそらくはDID、すなわち解離性同一性障害（Dissociative Identity Disorder）だったのである。これは離人症や解離性健忘のように、そのときの感情や記憶を切り離して、そのことを思い出させなくすることで「心の傷」を回避しようとしているうちに、切り離した感情や記憶が別の人格となってキャラクターが表面化してしまう症状のことをいう。

ただし、スティーヴンソンの物語では、ジキル博士がハイドのことを「知っている」ようなので、DIDそのものではないとも言える。そのあたり、話がどうなっていったのか、ネタバレを承知でもう少し顚末《てんまつ》を紹介しておく。

……ある夜、ジキル博士のところの執事がアターソンを訪ねてきた。博士が書斎に籠《こ》もったままで様子がおかしい、すぐに一緒に来てほしいと言う。二人が屋敷に入ると、使用人たちが怯《おび》えたように集まっている。

書斎に声をかけてみると、答える声は博士のものではない。足音も妙に軽すぎる。二人は、書斎にいるのはハイドで、きっと博士は殺されたのだと思った。意を決して執事が斧《おの》で扉を叩《たた》き壊して中へ入ってみた。そこにはハイドの死体が横たわっていた。なぜか博士のサイズの合わない服を着ている。しかしハイドが博士を殺したのではない。博士はいなかった。

机の上にアターソン宛の封筒が置いてある。中にはラニオンの手紙、ジキル博士の遺言書、アターソンに向けた分厚い手記が入っていた。ラニオンの手紙には、ジキル博士からの依頼で研究所の薬品を自宅に置いておいたところ、そこへハイドが来て薬品を調合して飲んだ。たちまちハイドは博士に変身した。私はそのショックで、もはや寿命が尽きそうだとあった。

ジキル博士の手紙はこんなことを告白していた。私は若い頃から「もう一人の自分」に関心があった。秘密をもちたかった。だから白昼は公人としてふるまい、夜になると悪行を試すようになった。私は軽い気分でハイドに変身して道徳から解放されることを楽しんだのである。

……しばらくして薬品を調合して服用することを思いつき、本格的な変身がおこることを知った。これはかなり怖《おそ》ろしいことで、しばしば中断してきたのだが、悪の誘惑も大きく、ついつい薬を飲んだ。するとそれまで抑圧されていた人格が強力なエネルギーとなって発揮できた。そのエネルギーに戦慄《せんりつ》をおぼえた私は、断固とした決意でハイドになることを中止したのだが、あるとき突然に吐き気を催し、目眩《めまい》に襲われた。気が付いたらハイドに変身していた。

薬がなくてもハイドになってしまえたことは、もはや私がハイドを守るしかないということだった。私は使用人たちの目を盗んでハイドを屋敷に入れ、一室を用意し、ハイドが気にいるような遺言書を作成した。これで私はヘンリー・ジキルとしての安寧を取り戻したつもりだったのだが、ところが、ある朝目覚めたら、自分はハイドになっていた。邪悪な性質が私の中で優勢になってしまったのである。こうしてカルー卿の殺害に及び、私はもはや行き場を失った。ラニオン博士のところでヘンリー・ジキルを優勢にするための薬品調合をしてもらおうと赴いたのだが、博士はジキルがハイドの姿をしていることに驚き、そのまま臥せってしまった。

もう薬はなかった。この手記を書きおえたとき、私は永久にハイドになっていることだろう。ハイドが処刑されるか自殺するかはわからないが、それはもはや私とは無縁の人物である。この手記の末尾が私の人生の終焉である。

ジキルとハイドの関係は分身ではない。分身は自分の姿が外界に見える幻覚のことをいう。自己像幻視（autoscopy）である。大きく見えたり小さく見えたりするし、そういう話はゲーテの『詩と真実』やドストエフスキーの『二重人格』（岩波文庫）にも出てくる。

ヤスパースは意識現象のあらわれのひとつだとみなした。東野圭吾の『分身』（集英社文庫）は遺伝子によるクローンのことだった。

それならジキルとハイドはドッペルゲンガー（Doppelgänger）だろうか。自分自身を幻想的に見るということならそうなのだが、他人にも見えるということからすると、ドッペルゲンガーではない。ポオの『ウィリアム・ウィルソン』やオスカー・ワイルドの『ドリアン・グレイの肖像』ともちがっている。

芥川が「二つの手紙」で扱っていたのはドッペルゲンガーだった。大学教師の佐々木信一郎が自分自身と妻のドッペルゲンガーを三度も目撃したという話だ。芥川はある座談会で「私のドッペルゲンガーは一度は帝劇に、一度は銀座にあらわれました」とも言った。梶井基次郎は「泥濘」に夜の雪道で不思議なドッペルゲンガーに遭遇した話を書いた。

しかし、ジキルとハイドはこういう話とはちがう。この話がユニークなのは、ジキルとハイドの互いが別人だということにある。ここが精神疾患を先取りしていたり、DIDめいたりしているところなのだ。

ところで、信じられないかもしれないが、スティーヴンソンはかなり豊かな生涯をおくった作家だった。たいていの作品は大ヒットしたし、三十代後半からは南太平洋の島が好きになってそこへ移住、島人たちからツシタラ（語り部）と慕われ、世界中からやってくる訪問者をもてなしながら暮らした。羨《うらや》ましいほどの生涯だ。この真似をするには三つの条件がいる。

第一に、子供時代からずっと病弱であること。ただし肺疾患で空気がよいところを選ぶような病弱でなければならず、そこにはやさしくて教養のある乳母が付き添っている必要がある。第二に、文才があって、執筆に静かな環境が用意されていることだ。別荘好きで、家族に囲まれながら恐怖や幻想を書くという趣味もなければならない。第三に、深い思索や哲学などに溺れないことである。ごくごくバランスのとれたコモンセンスとユーモアで生きられることが必要なのだ。これではぼくは失格だろう。

スティーヴンソンは世の中から見ると、いかにも別種の人間なのである。書いていることと、暮らしとがまったくちがうのだ。作家にはよくあることなのだが、ある伝統や文化から見ると、最も理想的で羨ましい人物でもある。ある伝統や文化とはイギリスやスコットランドが培ってきたジェントルマンシップというものだ。

スティーヴンソンは一八五〇年という時代の境い目に生まれた。万国博と百貨店によって欲望の展示が確立し、ポオとネルヴァルとメルヴィルによって人間の描写が確立した時代だ。生まれたのはスコットランドのエディンバラ、祖父の代から二代つづく土木家に育った。父親はスコットランドの海岸にいくつかの灯台を建てて尊敬され、母親は牧師の娘だった。

幼年のころから肺疾患に悩み、ちょっと外出するだけで気管支炎になる体質だったのだが、そのために自宅に籠《こも》っているときに乳母からやさしくされ、聖書やスコットランドの物語をたっぷり聞かせられた。やがてエディンバラ大学に進んで父を継ぐべく工学を修めるのだが、やはり体のせいで法科に転進、弁護士を選ぼうとする。ところが激しい人間の軋轢《あつれき》の渦中に介入するより、想像力のなかで人間を想うほうを好む気質が弁護士にはてんで不向きであることがわかってきて、これは静養させるしかないという父の勧めで地中海のリヴィエラに行く。こんなふうにリヴィエラに行ける境遇は、なかなかあるものじゃない。

こうして紀行文や随筆などを書くうちに、パリに来ていたアメリカ人の人妻に恋をする。この人妻がアメリカに帰ってから病気に罹《かか》り、気になってそこへ会いに行ったスティーヴンソン自身が大西洋の長旅のためにもっと重病に罹った。これが夫人の心を動かした。めでたく二人は結婚をする。連れ子があった。

夫人は病身のスティーヴンソンを救うために、夏はピトロクリやブレーマーで、冬はスイスのダボスで過ごした。夫婦ともに豊かなのである。夫人の連れ子が冒険物語好きだった。スティーヴンソンはこの子のために物語を聞かせ、それがそのまま『宝島』になった。空想の地図をつくり、それをもとに毎日一話ずつを語ってみせたのだ。

スティーヴンソンは、一八八二年には『新アラビアンナイト』を、数年後には『ジーキル博士とハイド氏』をまとめた。空前のベストセラーだった。

その後、父親が死んだので、アメリカに移った。そこへ有力な出版社から南洋旅行の旅行記を頼まれる。さっそくありあまる印税の余分でヨット「キャスコ号」を買って、家族で南太平洋を悠々とまわる。これがおおいに気にいり、やがてサモア諸島のウポル島に広大な土地を買い、一家はここに移住する。

未開の島は「ヴァイリマ」と名付けられた。まるで夢のような旅、夢のような島である。むろん幸運だけではない。島人をよく世話し、教化にもつとめた。世界中から噂のスティーヴンソンを訪れる客は、この楽園の生活に憧《あこが》れ、その噂を広めた。実は中島敦の『光と風と夢』（全集・ちくま文庫）はこのときのスティーヴンソンを描いた作品だった。

こんな羨ましい人生を送ったスティーヴンソンが、なぜにまた永遠の名作を次々に書けたのか。天は二物を与えすぎたのではあるまいか。

いろいろな説があるのだが、ひとつは最初に書いたようにスティーヴンソンがコモンセンスに徹していたからだった。コモンセンスというのは、常識を重んじるということではない。それもあるのだが、コモンセンスとは「好ましさ」とは何かを追求するということなのである。イギリス社会にとっての「好ましさ」とは議会主義であり女王崇拝であり、紅茶を飲み、クリケットやテニスやダービーを見守り、紳士淑女が優雅に交流することをいう。それとともに「好ましからざること」(unpleasantness) を見つめて排除することをいう。

スティーヴンソンがジキルとハイドの二重人格を描いたことは、この「好ましからざること」の徹底化だった。日本でいえば歌舞伎の勧善懲悪のようなもので、日本人にはこれは忠臣蔵でも義経ものでも水戸黄門でも、必ず受ける。このばあい、歌舞伎や水戸黄門がそうであるように、悪はあくどく、悪人はあざとく描かれている必要がある。スティーヴンソンがした基本的なこととはこれなのだ。

しかし、それだけでスティーヴンソンの筆名が上がるということはない。やはりスティーヴンソンの書き方に妙がある。同一人格内部でハイドがジキルを憎むという設定がいい。また、ハイドがジキルを凌駕《りようが》する意識をもつところをうまく書いている。読者にはその二つのペルソナがしだいに接近するサスペンスをつくっている。逆にジキルはハイドを理解できない偏狭をかこっている。このペルソナの葛藤《かつとう》こそ、イギリス人が好んできたテーマだったのである。ペルソナ(仮面性)とはパーソナルの語源であって、パーソナリティの根本にある動向のことをいう。

スティーヴンソンは、おそらく日本には絶対に生まれえない作家であった。ヨットはともかく、島を所有した作家などいない。十九世紀に印税でヨットを買って南太平洋をまわる作家などありえない。日本では南方に憧れた中島敦や香山滋になるのがやっとなのである。それはそれでいいことなのかもしれない。

第一五五夜　二〇〇〇年十月二三日

**参照千夜**

九七〇夜：ゲーテ『ヴィルヘルム・マイスター』　九五〇夜：ドストエフスキー『カラマーゾフの兄弟』　四〇夜：オスカー・ワイルド『ドリアン・グレイの肖像』　九三一夜：芥川龍之介『侏儒の言葉』　四八五夜：梶井基次郎『檸檬』　九七二：ポオ『ポオ全集』　一二二夜：ネルヴァル『オーレリア』　三〇〇夜：メルヴィル『白鯨』　二九夜：ジャン・シャロン『レスボスの女王』　四二九夜：ヘンリー・ジェイムズ『ねじの回転』　三六一夜：中島敦『李陵・弟子・名人伝』

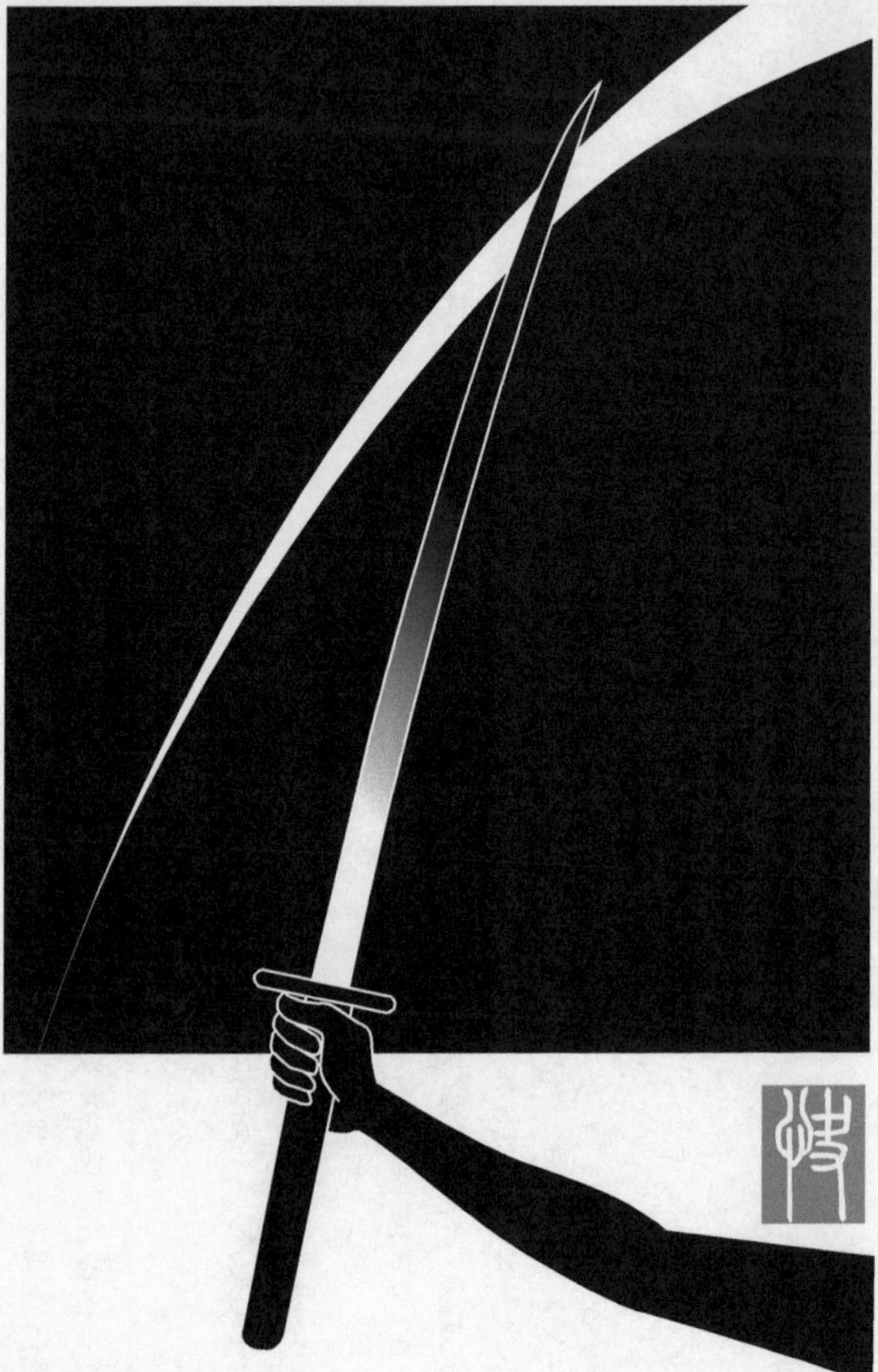

ココロの絵文字「快」
「快」は刃器をもつ形。
手にした切れ味が快感なのだ。

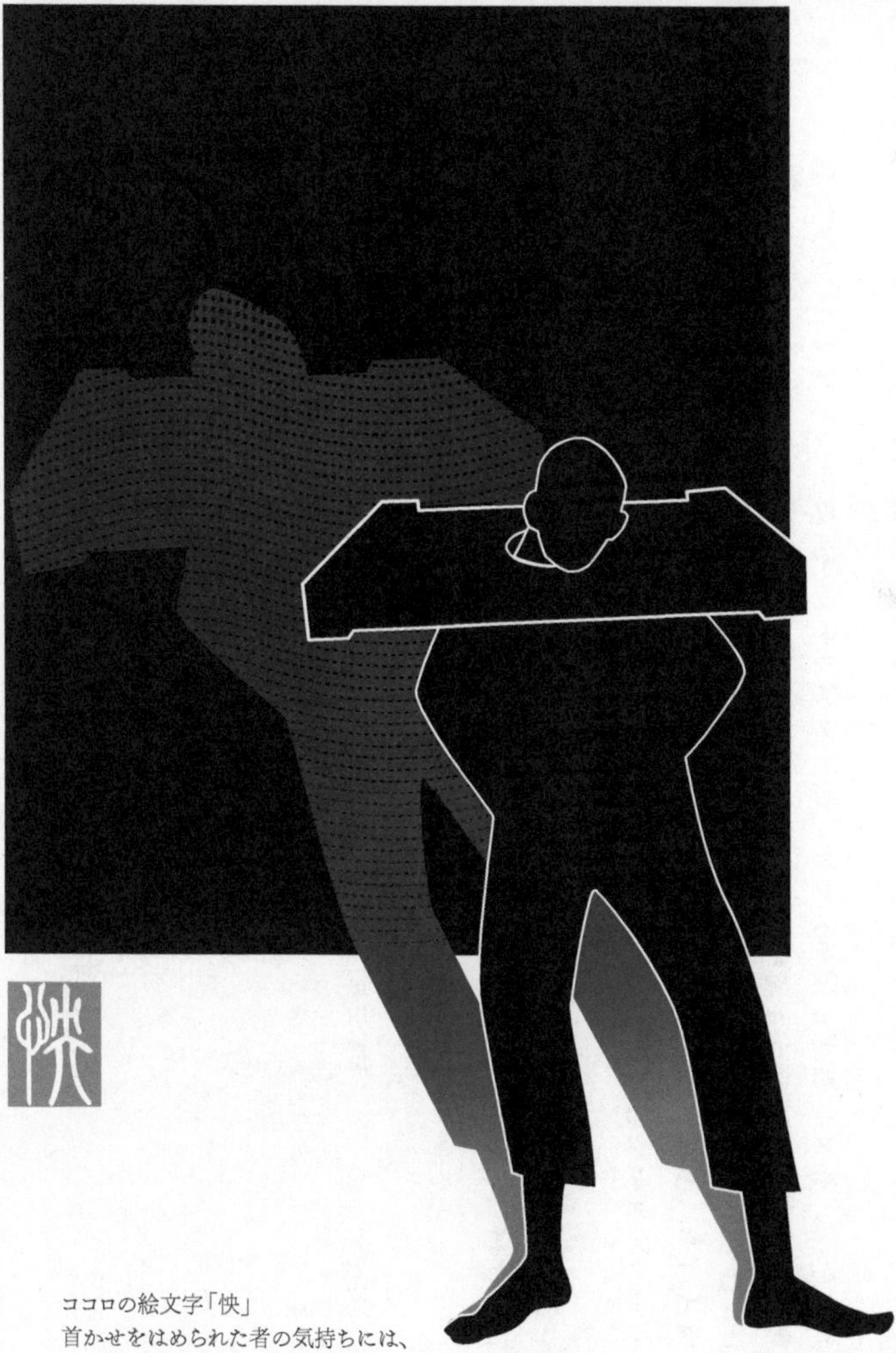

ココロの絵文字「怏」
首かせをはめられた者の気持ちには、
怏恨がわだかまる。

脳内に勝手に出入りし、互いに命令を出しあう連中がいる。
二十人を超える驚くべき「自分の中の別人」たち。

ダニエル・キイス

# 24人のビリー・ミリガン

堀内静子訳　早川書房　全二巻　一九九二／ダニエル・キイス文庫（早川書房）　全二巻　一九九九

Daniel Keyes: The Minds of Billy Milligan 1981—1982

アーサーが言う、「大きなスポットライトがあたっていて、みんなはそのまわりにいるんだ。そのスポットライトに入れば、外の世界に出ていける。スポットに出た者が意識をもつんだ」。

アーサーは心の中に入って闇の向こうに目を凝らしてみた。三歳のクリスティーンと遊んでいるレイゲンが見つかった。ユーゴスラビア人でスラブ訛《なま》りがある。そこでアーサーが言う、「レイゲン、おまえが人を殺したんだろう」。「知ったことじゃないね」とレイゲンはぞっとした顔で笑う。「だってウォルターが銃を握っていたのは、おまえの計画だろう」。ウォルターはオーストラリア出身でカラスを撃ってからスポットから追放されている。そのウォルターが出てきて、「おれはレイゲンの銃にはさわっていない」と言った。

それなら計画はフィリップに委《ゆだ》ねられたにちがいない。そう、アーサーは確信した。が、仲間がいるはずだ。それをレイゲンが計画したのだったろう。けれども、仲間の一人であるはずのフィリップはトイレでゲイを襲ったことは認めたが、レイゲンの計画には参加していないと言いはった。

これはビリー・ミリガンが自分の心の中にいるアーサーを使って、忌まわしい事件の真相を推理したシーンの一部である。この話を、ミリガンは逮捕されたのちの警察官や尋問官に話したのである。まるで支離滅裂のようだが、あきらかに下手人《げしゅにん》としか思えないミリガン本人は、事件をおこしたのは自分の中の別人で、事件の説明をしているのも自分ではなくて、もう一人の別人のアーサーだと言うのだ。

さらに尋問が進んでいくと、ビリー・ミリガンはアーサーを作っただけではなかった。そのほかのレイゲンもフィリップも、三歳のクリスティーンも、ビリーの中にいた。かれらはみんなビリー・ミリガンだったのである。

一九七七年、オハイオ州で連続強姦《ごうかん》および強盗事件の容疑者としてビリー・ミリガンが逮捕された。二三歳の実在の青年だ。ところがいくら尋問を加えても、この青年本人には犯行の記憶がない。別の犯人の名をあげる。しかしそんな名の者は一人としてミリガンの周辺にはいなかった。

そのうち驚くべきことがわかってきた。潔白や言いのがれのためにそういう話をしているのではなさそうなのだ。ミリガンの心の中の別人が喋《しゃべ》っているらしいことが、はっきりしてきた。これはてっきり二重人格か、嘘つきかとみえたのだが、どうもそんなものではないらしい。ミリガンの中には複数の人格が〝実在〟しているらしい。あきらかに多重人格だ。が、たんなる多重人格ではない。ビリーの内側にいる一人一人が鮮明な性別、体格、感情、性質、過去をもっている。言葉づかいも異なっている。スラブ訛りのレイゲンと強いブルックリン訛りのフィリップとが、わずかな時間差でヴァーチャル＝リアルに共存していた。

ビリー・ミリガンの捜査と審理にかかわった全員が混乱し、わが目とわが耳を疑い、打ちのめされていった。検察官や弁護士がビリーの社会保障番号を読みあげると「それはぼくんじゃない」と言う。「じゃ、だれのもの？」と聞くと、「きっとビリーのだよ」と平然としている。「だって、きみがビリーだろう？」「いや、ビリーはいま眠っているんだよ」「どこで？」「ここでね」「われわれはビリーと話したい」「でも、アーサーが許さないよ」。こんなぐあいなのである。

こうしてアメリカのあらゆるメディアと精神医学に携わる者のすべてが注目するなか、ミリガンの犯罪が問われていった。そしてさらに驚くべきことが判明していった。初期の裁判のプロセスで、ビリー・ミリガンには次の十人が棲んでいることがわかったのだった。信じがたいことだが、そうみなすしかなかった。


ビリー・ミリガン（二六歳）＝本来の人格の核にはなっているようだが、しばしば分裂したビリーとかビリーUと呼ばれている。

アーサー（二二歳）＝合理的で感情の起伏がないメガネをかけたイギリス人。独学で物理学と化学を学んだだけではなく、流暢なアラビア語をあやつる。

レイゲン・ヴァダスコヴィニチ（二三歳）＝口髭をはやした体重二一〇ポンドのユーゴスラビア人で、セルビア語とクロアチア語を話し、空手の達人でもある。アドレナリンを自由にあやつれることを自慢にしている。その名前は「レイジ・アゲイン」（再度の憎悪）からとられたらしい。

アレン（十八歳）＝口先上手なので交渉ごとに出てくる。なぜかビリーの母親と親しい。

トミー（十六歳）＝アンバーブラウンの瞳の色をもった電気好きの少年で、サキソフォンを吹く。縄脱けの名人でもある。ときどきアレンとまちがえられる。

ダニー（十四歳）＝小柄で痩《や》せていて、いつも男性に怯《おび》えている。どうも生き埋めにされた体験があるらしい。絵は静物画ばかりを描く。

デイヴィッド（八歳）＝青い目の少年。他の連中の苦悩を吸収する役割らしいが、長持ちしない。

クリスティーン（三歳）＝イギリス生まれの金髪の少女。失読症。花や蝶の絵を描く。

クリストファー（十三歳）＝クリスティーンの兄貴でコックニー訛りがある。ハーモニカを吹く。

アダラナ（十九歳）＝黒髪の詩人だが、なんとレスビアンである。

この十人がビリーとともにいた。なかでは、アーサーがビリーの心が安定しているときは他の人格に対する支配権をもっているらしい。ビリー・ファミリーの中の誰がオモテの意識に登場してくるかのキャスティング・ボードを握っているのである。レイゲンはアドレナリン・コントロールができるようなので途方もない力をもっているが、ふだんは他のファミリーの保護者然としていて、状況が危険になるとときに暴力を発揮する。アレンはビリーが苦境を切り抜けたいときに口八丁であらわれる。

十人の人格がそれぞれ独自の性質と言葉づかいをもっているだけでも、とうてい予想のつかないことであるのだが、実はそれだけではなかった。ビリー・ミリガンがオハイオ州のアセンズ精神衛生センターに移され、デイヴィッド・コール医師の綿密な治療をうけるうちに、さらに次の十三人と一人の〝教師〟があらわれた。合計すると、なんと二四人の分身ビリーなのである。

俗悪な言葉を話すフィリップ（二十歳）、作文を好む犯罪癖のケヴィン（二十歳）、自分を大型獣のハンターだとおもっているオーストラリア人のウォルター（二二歳）、ビリーの養父に復讐心《ふくしゅうしん》をもつエイプリル（十九歳）、ユダヤ教徒のサミュエル（十八歳）、他の人格に閉じこめられると動き出すマーク（十六歳）、他人の特徴の真似をしてからかうスティーヴ（二一歳）、悪ふざけをするリー（二十歳）、癇癪《かんしゃく》をおこして「ガス抜き」をして仲間の記憶を消しさるという特異な性質があるジェイスン（十三歳）、ドリーマーのロバート（十七歳）、耳が不自由なショーン（四歳）、気取り屋のニューヨークっ子のマーティン（十九歳）、同性愛者に囲まれて自閉したティモシー（十五歳）、そして、最後に出現してきた二六歳の「教師《ティーチャー》」である。

レイゲンの説明では、脳内の「スポット」と呼ばれる一点を中心にして各人格が立っているのだという。スポットに立つたびに、人格が意識をもつらしい。いったい何がおこったのか。これはいったい何なのか。

ダニエル・キイスによると、最後にあらわれた二六歳の「教師」の出現が本書を書くことを可能にしたのだという。教師は二三人の自我をひとつに統合しようとしてあらわれた人格で、やがて他のファミリー一人一人にかれらの身につけた能力や欠陥のいっさいを付与したことになったらしい。教師はきわめて聡明で、機知に富んだユーモアがあり、ファミリーたちを「私がつくったアンドロイド」と名付けるようになっている。ようするにほぼ完璧《かんぺき》な記憶の持ち主なのである。

それにしても、なんという錯乱だ。なんという統制だ。これらがすべて事実であるらしいということ、これらが一人の意識に生じたメンタルだが、同時にフィジカルな並列処理であったということを、どう説明すればいいのだろうか。まさに想像力の極点に生じた混入と統制の出来事なのだ。

これはビリー・ミリガンにのみおこった精神医学史上でもまことに稀有《けう》な奇蹟《きせき》というものなのだろうか。それとも、何人《なんぴと》の上にもおこりうることなのか。

このような壮絶な現象に対して、精神医学界は呆然《ぼうぜん》としたままにある。鑑定医師の公式見解では、ビリーにこのような異様と異常がおこったのは、母親に対する分離不安と養父による児童期の虐待によるというのだが、これだけでビリー・ミリガンの異常の説明になるのか、わからない。

幼児期に受けた「心の傷」がトラウマとして主因になっているという説もあるが、それもはっきりしない。精神医学はややお手上げなのだ。著者のダニエル・キイスも原因説明にはまったくふれないようにして、この大著を綴《つづ》っている。

説明ができないというなら、それはそれでいい。事実をつぶさに観察するだけが「心の科学」だというのなら、それはそれでいい。説明などかえってないほうがいいこともある。しかしながら、これまで多くの精神障害についてさんざん〝説明〟と〝結論〟を繰り出してきたわけでもある。それで犯罪と精神疾患の関係をあいまいにしたりもしてきたわけだ。そうなると、どの精神医学が説明を引きとり、どの精神医学がただの傍観者であるのかということを、精神医学が自分のために説明をすべきなのである。本書を読んでいると、精神医学が無力なのか過剰なのか、そこすらわからなくなってくる。

ダニエル・キイスは一九六六年からオハイオ大学で英語や創作を教えていた。そのかたわら、多重人格のフィールドワークをしていたようだ。そこへ、この強姦事件がキイスの生活圏のなかでおこった。それに容疑者のビリー・ミリガンはキイスの愛読者であった。キイスは十年の日々を費やしてでもビリー・ミリガン事件にとりくまざるをえなかったのだ。

ぼくは実のところは、女子大生たちがなにかというとキイスの『アルジャーノンに花束を』（ハヤカワ文庫NV）を、「わたしが感動した本」にすぐあげたがるのに閉口していた

（ぼくはしばらく帝塚山学院大学で教えていた）。『アルジャーノン』を高校時代に読んだときも、太宰治が好きな女生徒に勧められて読んだのだが、その女生徒の声が聞こえてきて、困った。この手の本なら、ぼくは当時からシオドア・スタージョンの『人間以上』（ハヤカワ文庫SF）のほうが好きだったのだ。

それが『五番目のサリー』（早川書房）を読んだとき、この主題はキイスのよほどのっぴきならない主題なのだということがようやく了解できた。『五番目のサリー』はオートスコピック（自己像幻視）現象をもつ「五重人格」を扱っていた。そしてその次が『24人のビリー・ミリガン』なのである。

キイスのこの本は、このようにしか書けないであろうという技法を発見し、その技法を一貫して徹することによって成功した。ノンフィクションであるが、フィクションを凌駕する。とくに多重人格のキャラクターたちが次々に登場してビリーの過去を再現しながら事態を進めるところは、多くの小説作法をはるかに超える出来になっている。さすがのディーン・クーンツもスティーヴン・キングも及ばない。

ただし、本書についてはちょっと不満もある。「社会」というものが書けていない。もうひとつ不満がある。本書が日本ではロクに議論されなかったことだ。

本書に解説を寄せている香山リカをのぞいて、なんだか精神医学界の全体が怖《おじ》けづいていた。そのぶん読者界からも鋭い意見が出なかった。みんなビリー・ミリガンを前に「からっきし」になってしまったのである。

われわれの中には、必ずや「別人」がいる。その別人はミトコンドリア・レコードとともにずっと以前からひそんでいた別人かもしれないし、自分の妄想が勝手につくりだした別人かもしれない。しかしわれわれは、こうした「心の中の別人」たちのことに注目してはこなかった。妄想の産物として相手にしてこなかった。さらには、世界や歴史や「私」を語るにあたって、この「別人」のほうから語れる方法を、哲学や思想にとりこんでこなかったのである。これはまずかったかもしれない。大変な失落だったかもしれない。

第二一八夜　二〇〇一年一月二九日

**参照千夜**

五〇七夜：太宰治『女生徒』　八二七夜：スティーヴン・キング『スタンド・バイ・ミー』

# 第三章　脳が心を見ている

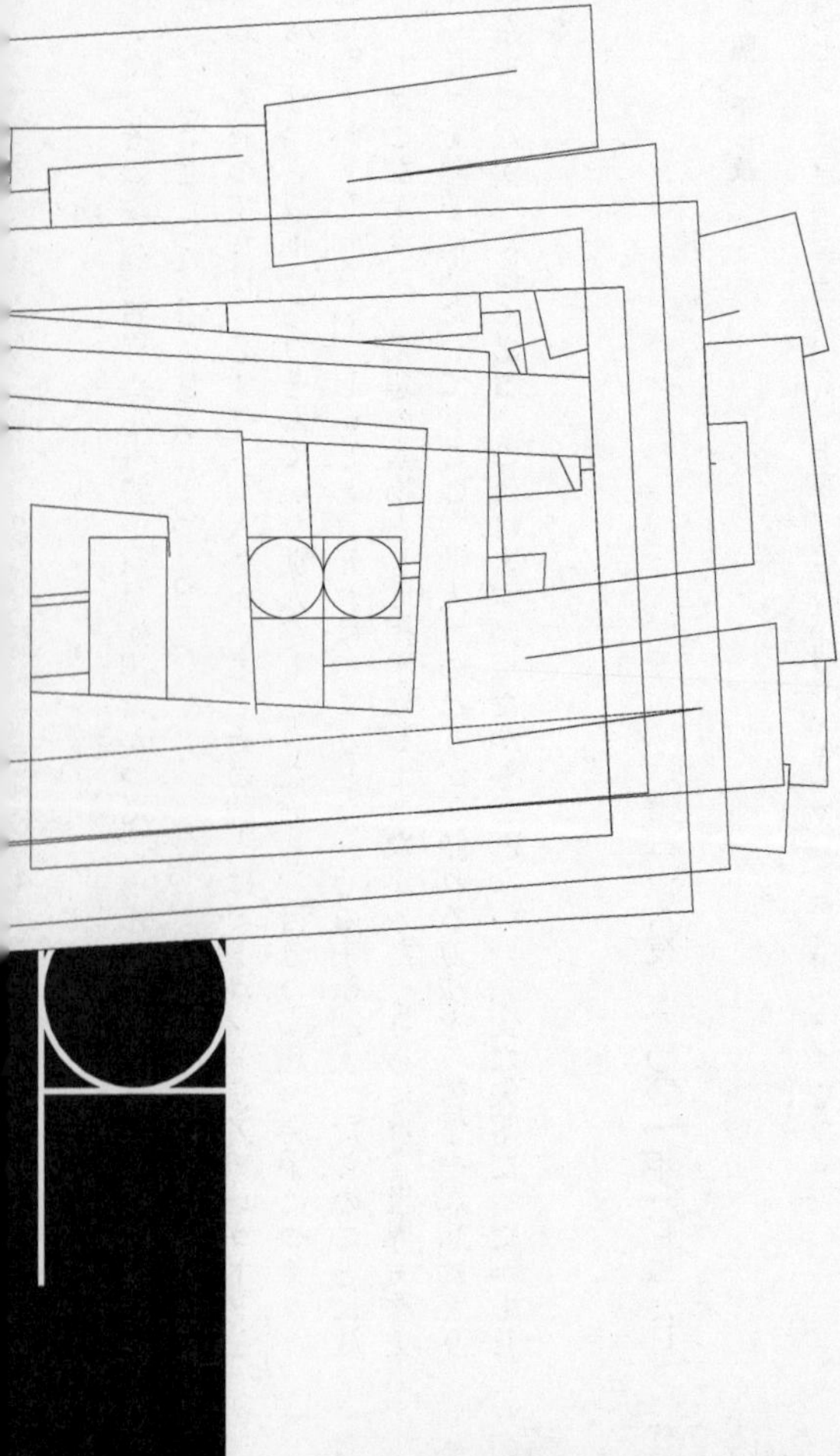

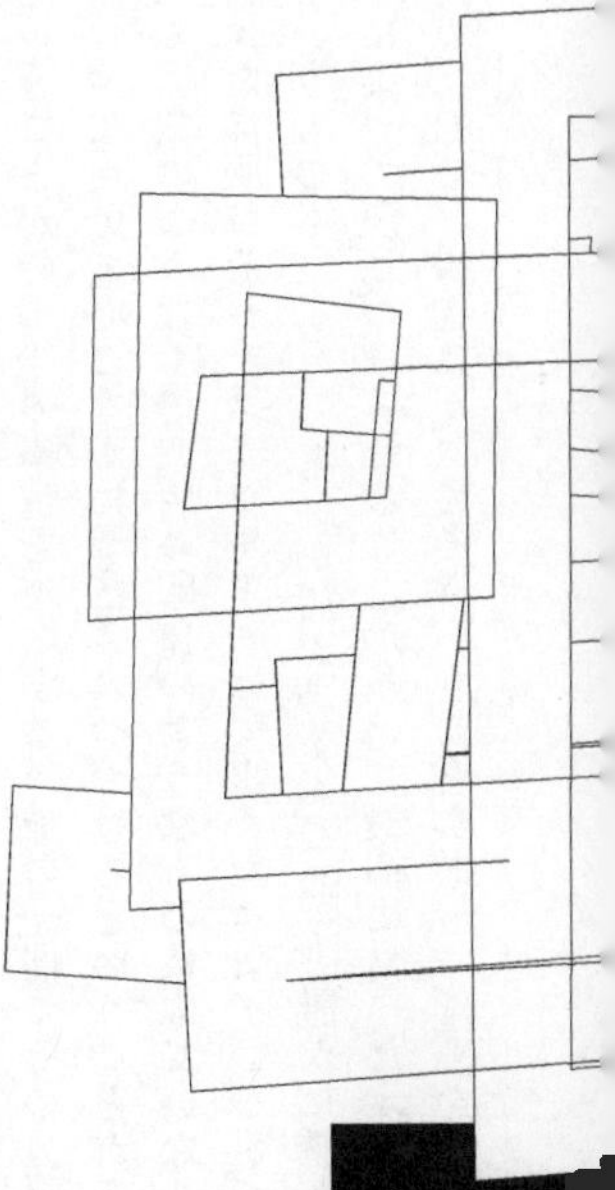

ワイルダー・ペンフィールド『脳と心の正体』
カール・ポパー＆ジョン・エクルズ『自我と脳』
ロジャー・ペンローズ『皇帝の新しい心』
茂木健一郎『脳とクオリア』
アントニオ・ダマシオ『無意識の脳・自己意識の脳』
マーヴィン・ミンスキー『心の社会』
安西祐一郎『心と脳』

心がプログラマーで、脳がコンピュータなのか。
だったら心は何も記録していない？

ワイルダー・ペンフィールド

# 脳と心の正体

塚田裕三・山河宏訳　文化放送開発センター出版部　一九七七／教養選書（法政大学出版局）一九八七
Wilder Penfield: The Mystery of the Mind 1975

何の分野であれ、その核心に接するにあたってどの一冊によってそこへ入っていったかということがその後の事情を左右する。その一冊でその分野に対するスタンスが長期にわたって自分の心のなかに予告されつづけるということがあるからだ。

服の印象のようなもの、店の印象のようなものに似ていなくもない。最初に気にいって買った洋服はそれがスーツやドレスでなくたって、いつまでたっても基準服《スタンダード》なのだ。店というものも、「ちょっといい店があるんでね」と誰かに誘われ連れて行かれた最初の印象によって決定づけられることが多い。最初に食べたオムレツの味もそれがおいしさの定点になる。書物にだってそういうことがある。ぼくを誘いぼくをそこに連れていくのは、ときに著者自身や翻訳者が贈ってくれた本である。

この本で、ぼくは「脳の冒険」と「心の探索」に入っていった。翻訳者の山河宏さんが贈ってくれた。その前に時実《ときざね》利彦をはじめとする脳科学をめぐる案内をいくつか読んでいたものの、この本がなかったらぼくの脳感はもっとちがった道を歩んでいただろうと想う。

いうまでもないけれど、本書は脳科学の出発点を準備したことで時代を画期した一書だった。順にいうのなら現代脳科学の第一弾を放ったのはチャールズ・シェリントンだったろう。ニューロンやシナプスといった用語をつくったが、いささか生理学が勝ちすぎていた。第二弾がペンフィールドだ。脳科学をもって心の本体に迫るという意味からすれば、本書にこそ最初の「脳から心へ」というロケット発射の軌道が示された。これを受けた第三弾はおそらく二十世紀で最も大きな脳科学の構想を展開したジョン・エクルズだろう。

脳科学のように日進月歩の分野では、ペンフィールドの実験や仮説はさすがに古くなっている。しかしながら、ぼくにとってはなんといっても本書こそが燦然たる「脳と心の一書」なのである。基準《スタンダード》服なのだ。脳感に忘れられないものが、ずっと残っている。

そのためこれ以降、ぼくは脳と心をほぼ一緒くたに考えるようになった。そして、脳の中で「脳部と心部が葛藤《かっとう》をくりかえしている」という印象の目印をもった。だからペンフィールドはぼくにとってはいまなおペンフィールド先生なのだ。

ペンフィールド先生がモントリオールに神経学研究所を創設したのは一九三四年である。二年後、ハーヴェイ記念講演を次のような言葉で結んだ。「私は〝理解の場〟がどこにあるかという問題について論じてきました。ここでいう〝場〟とは、随意運動の開始と、その前提条件である感覚情報の総合に最も密接に関係している神経回路の位置を意味します」。そうか、脳は場であったのか。

一九五二年、先生は側頭葉に電気刺激を加えたときに患者が示す自動症の反応を初めて観察した。そして「癲癇《てんかん》の自動症と大脳中心統合系」という論文を発表した。自動症というのは夢遊病患者のように行動が無意識的におこり、のちにその記憶がない状態になることをいう。そこでは「間脳が統合作用の中心なのかもしれない」という考えがのべられていた。そうか、脳にはどこかにコンダクターがいたのか。

つづいて一九五八年、先生はシェリントン記念講演で次のような意見を披露した。「電極から大脳皮質へ電流が流されると、その部分の灰白質《かいはくしつ》の正常なはたらきが完全に妨げられてしまいます」。二年後、先生は脳神経外科医の現役を引退した。そして、それまで「記憶領」とみなしてきたものを「解釈領」というふうにとらえはじめた。そして、こう考えた。「解釈領は、言語領が言語機能についておこなうことを、言語によらない観念の知覚についておこなっているのではないか」。そうか、言語をつかう前に脳は何かを解釈する領域をもっているのか。

先生は海馬《かいば》にも関心を寄せていた。動物実験では海馬が匂いをトリガーとした記憶のしくみに重要な役目をはたしているらしいことがわかりつつあったのだが、おそらく人間では異なる役目をもっているのではないかと推測したのである。そしてここにぼくは影響を受けたのだが、海馬には意識の流れを記録するための「鍵《かぎ》」があるのではないかと仮説した。この仮説はいまなお有効で、まだその秘密は解明しきれてはいないけれど、ペンフィールド先生の軌道に沿って実験をし、組み立てに挑み、新たな展望をもとうとしている脳科学者は少なくない。

こうした先生の考えの中心にあるアイディアを象徴しているのは、次の文章だ。「意識の流れの内容は脳の中に記録される。しかしその記録を見守りながら、かつ同時に命令を出すのは心であって、脳ではない。では、心は独自の記憶をもっているだろうか。その証拠はないという理由で、答えはノーである。そうした記憶があるとすれば、まったく思いもよらない別種の記憶が存在することになる。そんな別種の記憶がないのだとしたら、心は最高位の脳機構を通じて一瞬のうちに記憶の中の記録ファイルを開くことができると考えたほうがよいだろう」。

脳を動かしているのは脳の機構でなく、心なのである。先生はそう確信していた。えっ、これはすごい確信だ。先生は脳が受け手で心が送り手だと言っているのだろうか。ぼくはドキドキしたものだ。

しかし心っていったい何なのか。ここで心というのは、特定の意味をもつパターンに整えられた神経インパルスをちょっとだけ押してみるトリガーの動きのようなものをいう。先生がつかった比喩《ひゆ》でいえば、「脳はコンピュータ」で、「心はプログラマー」なのだ。だが、これは誤解をうけやすい比喩だった。

そこをぼくの粗雑な言葉でいえば、心は脳をモニタリングしている「注意のカーソル」の束だ、ということになる。脳の中のどこに注意のカーソルを動かそうとするかという意図の集計結果が、心なのだ。このほうが先生の考えに近いはずである。ここで重要なのは、心は独自の記憶も記録ももっていないということである。

ともかくも先生は「心は脳のどこにも局在しない」と言い放った。そして、にもかかわらず「心を脳のしくみだけで説明することはできない」とも言った。ぼくが本書を「脳と心の一書」と感じつづけてきた理由は、この二つの言明を同時に提起しているところにある。

かつてデカルトは「心の正体は松果体《しょうかたい》にある」と考えたものだったが、そのように心が体のどこかに局在することは、おそらくないだろう。また脳のどこかにも局在していないだろう。心は脳の中の何かの器官が管轄しているものではないはずなのだ。こういう見方はずっとのちにカール・プリブラムが提起したホログラフィック・モデルに似ているようだが、先生はそう考えたのではなかった。プリブラムは脳の中に広がっているホログラフィックな状態を心の動きの現場とみなしたわけだが、ペンフィールドは心はそのような脳のしくみだけでは、それがどのようなモデルであれ説明ができないと見たわけだ。

先生が本書でのべたことは、だいたいここまでだ。「心の正体がここにあると言うべきではない」という決断までがのべられた。しかし先生は最後の最後になって、こんな危うい問題にも言及した。それは、もし「心は独立した存在だ」という考えが人々に受け入れられるのなら、「その心は死後にはどうなるのか」という疑問にも答えるべきなのだろうというものだ。

これは、心が脳と別々なものであるとすると、肉体の活動に所属している脳の活動が生命の灯が消えることで停止したとしても、心の活動が継続されることがあるだろうという〝霊魂不滅説〟のような問題だ。そこをどう考えればいいかということだ。偉大な脳科学者がそこまで踏みこんでいくというのはあまりにも無謀であるのだが、ペンフィールド先生は平気でその道を通過していった。

第一の結論は、心は脳のしくみを通してのみ交信状態をつくれるのだから、脳の活動がないところでは心は作動しないというものである。なるほど、これなら科学的仮説性を壊していない。脳死は心の消滅なのである。

第二の結論は、心が脳の活動停止後も動くとすれば、そこには心の動きのためにどこからかエネルギーが補給されていなければならないのだから、肉体が死んだのちの補給は外部からしかないだろうというものだ。もしもそういう外部からのエネルギー補給があるとすると、心は外ともつながっていることになる。

こちらのほうはかなり大胆な推理だが、これまた科学的な仮説を大きくははずしていない。なぜなら、そもそも生命系における脳神経系の出現は非平衡熱力学系という外部のシステムが創り出したものだったからである。一個の個体が死んだからといって、その熱力学システムが途絶えることはない。

かくして先生は平然と、こう綴ってみせたのだ。「私たちが生きていて脳と心がめざめているあいだに、ときどき他の人の心あるいは神の心とのあいだに直接の交信がなされたとしていたら、どうだろう。この場合には私たちの外部に由来するエネルギーがじかに心に達しうることも不可能とはいえない。心が死後に脳以外のエネルギー源にめざめることを期待するのも、あながち不合理とはいえないのである」！

第四六一夜　二〇〇二年一月二二日

**参照千夜**

一〇五九夜：カール・ポパー&ジョン・エクルズ『自我と脳』

物質が意識を帯びているうちに、
心はいつのまに世界の代償性の犠牲になったのだろうか。

カール・ポパー&ジョン・エクルズ

# 自我と脳

西脇与作・大村裕訳　思索社　全二巻　一九八六

Karl Raimund Popper & John Carew Eccles: The Self and Its Brain 1977

世界は三つある。

世界1は物理的な世界である。ここには素粒子、水素、土星、海、すみれ、シダ、リンゴ、啄木鳥《きつつき》、チンパンジー、胃腸が含まれる。

世界2はわれわれの心や意識の世界である。歓喜、食欲、嫉妬《しっと》、生きている実感、疲労、劣情、恋、嘔吐《おうと》感、呆然、死の恐怖が含まれる。

世界3は世界2が生み出した所産のすべて、知識のすべてによって構成されている世界である。すべての科学と技術、すべての記号と言語、人間をめぐる大半の哲学と思想と文学と芸術が世界3をつくっている。バッハもゲーテもカミュもここにいる。

これらのうちのどれかが虚偽だとか虚構だということはない。三つの世界はそれぞれちゃんと実在していて、それぞれ相互作用をおこしているはずだ。ところが、その相互作用のことをまだ誰も説明しきれていないままにある。

われわれとわれわれをとりまく世界を、大鉈《おおなた》をふるって世界1・世界2・世界3に分けたのはカール・ポパーだった。ポパーはウィーン生まれで、一九二〇年代にはウィーン大学で数学や理論物理学をやっていたので、ウィーン学団の周辺にいた科学哲学者なのだが、このムーブメントにはなじまなかった。発見的論理や論理の発見をめぐる「境界設定」(demarcation)や「反証可能性」(falsifiability)のほうに惹《ひ》かれていった。その成果が一九三四年の『科学的発見の論理』(恒星社厚生閣)になる。

ポパーの世界の分け方に疑問がないわけではない。たとえば世界2は世界1がつくりだしたのではないかと見ることもできる。脳が生み出す意識はもともとは神経伝達物質《ニューロトランスミッター》などの脳内物質の分子的作用によるのだろうから、意識や心は世界1がないと成り立たないだろう。

ポパーは物質が意識をつくっているとみなしているようで、ぼくもこれを「物質が意識を帯びた」というふうに表現してきたが、しかしその逆に「意識が物質を帯びる」ということもありうる。また、世界3はその世界1がつくりだした世界2の投影なのではというないかとみなすこともできる。たとえば言葉も脳がつくりだしているはずだろうから、世界3は世界2の反映なのである。

こういう見方を物質要素への「還元主義」だとして片付けるのは容易である。とくに、何もかもを世界1が用意したとは、やはり決めがたい。プリゴジンがあきらかにしたように、生命の誕生は宇宙で平均的におこっていることではなく、熱力学的には宇宙の平均値から遠く離れた非平衡の系にのみ特有された非線形の現象なのである。

ポパーはそうとまでは還元主義的な解釈をこきおろさずに、世界3もまた客観的な実在世界であることを証明しようとしてきた。本書はそのための仮説を、大脳生理学者のジョン・エクルズが脳の科学をあかし、ポパーが世界3を説明することで、この二人の仮説によって「心身問題」のありかたを議論しようとしたものである。もっと端的にいうなら、エクルズとポパーは「世界2を通して世界3は世界1にはたらきかけることができるのではないか」という可能性を問うた。

この世界2に「自我《セルフ》」がかかわるのである。ここで自我といっているのは仏教が問題にするような固定的な自我のことではなく、西洋的な自己(self)のこと、もっと広く動きまわっている自己一般のこと、つまりは「心」のことをいう。

ポパーは「知識は観察から始まる」という立場をとっている。ただしすべての知識が観察を起源にしているのではなく、観察によって修正可能になったり反証可能になったりするような、それ以前の知識もなければならない。

エクルズはそもそも「生きることの全プロセスが学習である」という主張をしているので、あえて学習された知識に前提的な知識と事後的な知識を分ける必要を感じない。この二人のちょっとした見方のちがいが、この本をおもしろくさせた。二人はすれちがったり、歩みよったりして、なんとかして世界2がどのように確立されたかをあれこれ推理した。しかし世界2の確立、すなわち自我《セルフ》の発生がうまく問題にできるためには、世界3とは何なのかがわからなければならない。二人は悩みに悩みぬく。

エクルズのほうは「われわれは何者なのか。このことこそ科学が真に答えるべき唯一の課題である」と確信しつづけてきた脳科学者なので、この悩みにはけっこう嬉しそうだ。けれども、嬉しがってばかりもいられない。面倒な問題は、物理的な脳が世界1にあり、心理的な脳が世界2にあって、その脳の活動がもたらすすべてが世界3に所属するということなのである。

ポパーは世界2としての自己意識は、基本的には「作成《メーキング》」と「照合《マッチング》」をしているのだと考える。つまり推測と反駁《はんばく》をくりかえして知識を編集構成しているのだと見る。それが世界2の外側に世界3としての知識世界をつくってきたのだろうと見る。

エクルズはそのように見る前に、そもそも世界1の生物世界に世界2の意識が到来したプロセスに注目すべきだと考えている。たとえば植物は土地に固着して、生長と膨圧以外のどんな反応もあらわすことなく生きている。それに対して動物はさまざまな刺激に対して反応をする。この「刺激―反応」(S―R)のくりかえしが原始的な神経系を生じさせていったにちがいない。ついで無脊椎動物や昆虫があらわれて少しは神経系を発達させたけれど、むろん意識などまで生じない。たとえば「痛み」は刺激として反応できるけれど、それを動物たちは「痛み」とは感じない。

脊椎動物はどうかといえば、前脳が嗅脳《きゅうのう》である魚にはとうてい大脳が感知しているようなことはおこっていない。ところが鳥類や哺乳類の脳になると、刺激―反応系をこえたしくみがうっすらと見えてくる。ただしエクルズは、これらとてとうていヒトの脳に生じた意識とはまったくちがっていると見る。イヌやサルや類人猿においても神経系はそうとうに発達したとはいえ、ある一点においてヒトの脳がもたらしたものとはまったく異なっている。なぜなのか。それは「脳が言葉をつくりあげた」という出来事がおこったからである。

つまり、ヒトにおける自己意識の発生は、世界1のある段階が言葉をもった瞬間に世界2に飛び移った事件と深くかかわっていそうなのである。自己《セルフ》は言葉がなければできなかったのではないか。そう考えざるをえないのだとエクルズは告げる。しかし、難問がのこった。そうだとすれば、いったい言葉は世界2に属するのか、それとも世界3との関係で確立されたのかということだ。

脳の劇的進化において、「言葉が先」か「意識が先」かということを、二人は結論づけられなかった。よくいえば、むしろ結論づけないようにしたのであろう。そのかわり、言葉の意味を把握する大脳の中枢（おそらくウェルニッケ中枢）は世界3と接触していなければはたらかないことを指摘した。

もしそうならばと、ポパーは次のように考えた。世界1の神経系の劇的変化のどこかで言葉にもとづく自己意識が発生していった瞬間から、世界3がヒトの外部にあらわれて、それよって世界1と世界2が対応するように見えはじめたのではないかというふうに。この「対応するように見える」ということが、実は自己意識の本体ではないかというふうに。

しかしエクルズは注文を出す。世界1の脳には言葉以前から記憶が蓄積されているのだから、言葉の発生は、この世界1の記憶データを〝解釈〟するためのデバイスであったはずで、だからこそそのデバイスにもとづいた記録が外部世界3の知識になっていったのではないかというふうに。記憶痕跡が1から2へ、2から3へとトレードされていったのではないかというふうに。

二人の見解は平行線になったのではない。ここで二人はついに歩みよっていく。世界

1と世界2と世界3は、われわれがまだ気がつかない「共通モジュール」や「複合パターン」のようなもので相互作用をおこしているのだとみなしたのだ。

本書から窺《うかが》い知れる展望はだいたいこんなところまでである。さしものポパーもエクルズもこれ以上の仮説は提案しなかった。しかし本書を読んだころのぼくにとっては、これでも充分だった。なぜなら少なくとも、次の四つの考え方をきっぱりゴミ箱に捨てる気になったからである。

（1）万物は世界1である。
（2）万物は世界2の投影である。
（3）万物は世界3でしか議論できない。
（4）万物は世界1でも世界2でも世界3でもあらわせない。

第一〇五九夜　二〇〇五年九月八日

**参照千夜**

一四七六夜：盛口満『シダの扉』　一五七四夜：フランス・ドゥ・ヴァール『共感の時代へ』　一五二三夜：ポール・デュ＝ブーシェ『バッハ』　九七〇夜：ゲーテ『ヴィルヘルム・マイスター』　五〇九夜：カミュ『異邦人』

## 宇宙が量子重力モデルで説明できるなら、心は量子脳モデルで語れるはず?

ロジャー・ペンローズ

# 皇帝の新しい心

林一訳 みすず書房 一九九四
Roger Penrose: The Emperor's New Mind 1989

コンピュータがわれわれの脳や心のはたらきにどこまで食い下がれるかという年来の問題は、一九五〇年代にまだサイバネティックスに人々が熱中していた当時から、それなりに先駆的な議論がされていた。

ぼくは三十代前半のころ、そのサイバネティックなダートマス会議やらアーティフィシャル・インテリジェントなメイシー会議やらの記録を読んで、おおいに興奮した。そこにはベイトソン、ウィーナー、マカロック、フォン・フェルスター、ハーバート・サイモンらの錚々《そうそう》たる科学者がズラリと顔を揃えていた。そしてそのころすでにグレゴリー・ベイトソンが、「われわれはまだ〝生きているシステム〟というものを一度も覗いたことがないのだから、自然と情報と人間のあいだの〝関係〟をこそ研究すべきではないのか」といった発言をしていたのを読んで、ぞくぞくしていた。
以来、脳と心とコンピュータをめぐる侃々諤々《かんかんがくがく》の議論はひきもきらずに続行されている。けれども人工知能（AI）の可能性が爆発した八〇年代は、ぼくも片っ端からそうした動向を傍目《はため》で観察していたのだが、どうも成熟した問題を議論しているようには感じられなかった。エキスパート・システムなどに傾きすぎたせいでもあった。そこに登場してきたのがペンローズの『皇帝の新しい心』であった。

本書には「コンピュータ・心・物理法則」という副題がついている。そこでついつい「コンピュータは心を表現できるのか」という積年の疑問についにソリューションが与えられたのかと期待したくなるのだが、この期待はあっけなく裏切られる。ペンローズはそのような卑しい関心をもつこと自体に容赦ない鉄槌《てっつい》をくだす。ついでに、たちまちにしてAIを論破する。さらには「人間の脳も心もコンピュータなどでは解けるわけがない」と喝破する。

そのうえで著者は、「量子力学的宇宙像をどのように描くか」ということがわからなければ、脳の未来もコンピュータの未来もありえないという結論を用意する。そのためにくりだす話題は、複素数から複雑性まで、チューリング・マシン批判からゲーデルの不完全性定理まで、ブラックホールからホワイトホールにまでおよぶ。まことにまことに目が眩《くら》む。

では、この数式まじりの分厚い本書を読みおえて、われらの〝皇帝〟がどのような心をもっていたかを知ることができたかというと、これがまたなかなかできないようになっている。そのことがけっこう意地悪な本書の狙いなのでもある。それならそれで「なあんだ、がっかりだ、失望した」という気分にさせられるかというと、そうともならない。逆なのだ。そこがペンローズの第一級の数学者としての腕になる。いま(二〇〇〇年現在)もまだオックスフォード大学にいる。

ロジャー・ペンローズは六〇年代にホーキングとともに宇宙論を研究して、「もし相対性理論が最後までずっと成立していくのだとすれば、物理法則が適用できない特異点がどんなブラックホールにもなければならないはずだ」という推測を打ち出した。ブラックホールはこれですこぶる有名になり、さらにビッグバン理論がここから世間に広まりだした。

その後、ある結晶的な図形の性質を研究し、その図形をエッシャー図形のように平面に並べることはできるのだが、その並べ方は非周期的にならざるをえないという驚くべき法則を発見した。もともとエッシャーの有名な「無限階段図」のヒントをエッシャーにもたらしたのがほかならぬペンローズだったのだから、こういう発見があっても当然だった。

有名な「ペンローズの三角形」という錯視図形も発案した。三本の棒(柱)がねじれて三角形をつくっているのだが、実際にはそんな立体物はつくれない。そのため不可能図形といわれるもので、誰もが一度や二度はお目にかかったものだ。ペンローズはこういうトリッキーなものも次々に考案して、人間の知覚のフラジャイルな曖昧《あいまい》さに強い関心をもってきた。

そのペンローズがコンピュータ万能主義に反旗をひるがえし、さらには人工知能に沸く認知科学者たちを一蹴《いっしゅう》しようというのだから、これは矛先を向けられた連中が不利である。けれどもペンローズは、かれらの自信をぺしゃんこにするのが目的ではなく、量子重力理論によって世界を眺める方法を伝えることが目的なので、ぺしゃんこになった「コンピュータによる心の科学の取り扱い」の後始末には関心がない。

実際にも、本書の議論が本格的に始まるのは第六章「量子マジックと量子ミステリー」からだった。そこで、そこまでの議論を次のようにまとめてしまっている。

たぶん、われわれの心は、古典物理的構造の「対象」なるものが遂行する、何らかのアルゴリズム(計算結果)の特徴にすぎないというよりも、われわれの住んでいる世界を現実に支配している物理法則の、ある奇妙な驚くべき特徴に由来する性質なのであろう。

ここでいう物理法則というのが、われわれの知覚の奥の事情になんらかのかたちでかかわっているかもしれない量子状態を支配している法則である。しかしながら、このことは容易には見えてはこない。そこでペンローズはまず量子力学を説明し、ついで第七章の「宇宙論と時間の矢」で、熱とエントロピーと時間の関係をのべ、第八章で得意の「量子重力を求めて」にとりかかる。

ここまでで、読者は「脳と心」について新しく学ぶべきことが、きっとわれわれの知覚する「時間の流れ」に密接な関係があるらしいと感じるようになっている。その「時間の流れ」には量子と重力がからんで関与しているはずで、それが脳と心を支配する。ペンローズはきっとそう考えたいだろうと予想したくなる。

ペンローズは量子論の枠組みを変更したいのである。それまで、新しい量子論をつくろうとする者は、量子力学が時空構造に関するアインシュタインの理論におよぼす効果を計算に入れてきた。それをペンローズはまったく逆に、アインシュタインの時空理論が量子力学の構造そのものにおよぼす効果から新たに考えようとした。いわゆる量子重力理論の試みではあるのだが、そこに工夫があった。

その工夫のひとつがツイスター理論（twistor theory）で、時空の中の光線の束がツイスター空間の「点」に対応し、逆に、ツイスター空間で「球」に時空の中の「点」が対応するとした。ツイスターがいったい何をあらわしているのかということは、このモデルが複素射影空間の数学に棲みこんだ以上は、取り出して言葉にするのはむずかしい。いくつかのモデルの見え方を視覚化することができるだけだ。

このような「量子重力モデル」を考えたペンローズは、このモデルを大胆にいじりまわして、宇宙の極大にも物質の極小にもあてはめようとした。それがときおり新たな刺戟的な問題とリンクしていった。

うまくリンクできれば、ビッグバンにおける境界条件（初期拘束条件）をどう見るかという問題に関係してこよう。ぼくも十年ほど前にこのことに関心をもち、佐藤文隆さんや津田一郎君らと騒がせてもらったことがあるのだが、ぼくの想像力ではほとんど埒《らち》があかなかった。

それをペンローズはワイル曲率仮説というものに帰着させつつ、冒険をしようとする。これはかんたんに説明できる筋合いのものではない。それこそホーキングとペンローズが死力を尽くして到達した仮説なのでここはスキップすることにするが、それでペンローズが次にどうしたかというと、ここからが本書をつまらなくさせていく。

なんと今度は一転して脳を調べ（第九章「実際の脳とモデル脳」）、そのどこかに量子機能がはたらいているところがあるはずだという話になっていくからだ。本書では一つの例として網膜をあげ、ここにちょっとした可能性を見るのだが、そのくらいではたいした実証性をもたないので、あきらめる。ここからはさすがのペンローズも腰砕けなのだ。むろんペンローズ自身はあきらめてはいない。「量子脳」の仮説に本気でとりくんで、結論だけいえば、「意識はマイクロチューブルにおける波動関数の収縮である」という驚くべき提案をするに至った。

神経系のなかの中空構造をもっている導波管のようなものがマイクロチューブル（タンパク質のサブユニットで構成される）で、そこで量子の動きがおこることが意識をつくっているという「量子脳」仮説である。ペンローズの『〈量子脳〉理論』（ちくま学芸文庫）に詳しい。ここから「クォンタム・マインド」とか「量子意識」といった用語も飛び散るようになった。

こうして終章「心の物理学はどこにあるのか？」にたどりつく。ここも三分の二はつまらない。ところが、あるひとつの示唆がぼくをびっくりさせた。この示唆というか、指摘というか、それがこの終章にあるだけで、本書はやはりペンローズの〝勝ち〟なのだ。

それは、「意識的思考のほうが非アルゴリズム的で、かえって無意識のほうがアルゴリズム的なのではないか」というものだった。かんたんにいえば、意識には計算不可能なプロセスを処理する実行能力があるということだ。もっとも、この示唆がどんな意味をもっているかということは、ペンローズも結論を出せないでいる。

心の正体は皇帝と侍女と臣民で変わるものではないだろう。だからといって、心が平等であるからといって、決して皇帝は生まれない。

第四夜　二〇〇〇年二月二八日

**参照千夜**

四四六夜：ベイトソン『精神の生態学』　八六七夜：ノーバート・ウィーナー『サイバネティックス』　一六五八夜：トマス・リッド『サイバネティクス全史』　八五四夜：ハーバート・サイモン『システムの科学』　一九二夜：ホーキング『ホーキング、宇宙を語る』　五七〇夜：アインシュタイン『わが相対性理論』　一〇七夜：津田一郎『カオス的脳観』　一六四六夜：ジャロン・ラニアー『人間はガジェットではない』

「私」は質感を知っているのか。
「脳と心」はそれを読み解いているのか。

# 脳とクオリア

茂木健一郎

日経サイエンス社　一九九七

モギ君はソニーの研究所の研究員である（二〇〇三年現在の話）。柔らかなハード志向的発想の持ち主で、指揮者岩城宏之の若き日々のような顔をしている。モギ君は青年期から小林秀雄の根っからの愛読者で、思考のクオリア（qualia）に注目しつづけている。

モギ君は東大で物理学を修めたが、生物物理学を専門にした。一九六二年の生まれだからすでにハーケンのシナジェティックスなどは出回っていただろうが、まだ清水博の自己組織論やヴァレラのオートポイエーシス仮説は陽の目を見ていなかったろうと思う。その後、モギ君は理化学研究所で伊藤正男の脳研究の薫陶を受け、ケンブリッジ大学でホラス・バーロー指導のもと、ポスドクのフェローになった。だからというのではないが、英語がめっぽううまい。

モギ君は早口である。その早口がぴたっと止まっているときがある。このときにモギ君の脳は高速回転している。早口であることはその人の思考のごく一部しかあらわさないけれど、黙考時の速度こそはその人の思想の中核なのだ。ぼくにはそれがよくわかるので、ときどきモギ君が十秒ほど黙考したのちに言い淀んで、とりあえずポツンと放った言葉に驚く。こういう会話こそ贅沢《ぜいたく》だ。

モギ君をぼくに紹介してくれたのは薄羽《うすば》美江《よしえ》さんだった。彼女はＭＣが本業で、アメリカ人女性と六本木鳥居坂に住んでいる。

薄羽という苗字にふさわしくヒラメキのよい人で、ぼくがあるとき「松葉ボタンの科学」のようなことを語ってみたい（どうすれば松葉ボタンが咲く瞬間を感じることができるかという科学）とうっかり口走ったのをさっと引き取り、佐治晴夫さんとの対話による「匙塾《さじじゅく》」をプロデュースしてくれた。このときの対話録は『二十世紀の忘れもの』（雲母書房）になっている。薄羽さんはその後、イシス編集学校の「六本木拈華微笑庵」の師範代として活躍をして、すぐれた後輩をまとめて誕生させてくれた。いま編集学校ではこの六本木ミームが随所に躍っている。

その「匙塾」の第二弾がモギ君との対話だったのである。「クオリアのモギさんって知っていますか」と彼女は鈴のような声で言った。すでに本書や養老孟司らとのディベート本を読んで、モギ君の猛者《もさ》ぶりを知っていたぼくは、うん、おもしろい考え方をするねと言った。「匙塾」で連続対談してくれませんか。よろこんで引き受けた。なんてったってモギ君は、『脳とクオリア』の冒頭でアルフレッド・ホワイトヘッドの『自然という概念』（松籟社）を引いていたのだ。ホワイトヘッドの「ポイント・フラッシュ」や「具体者取り違えの誤謬」を引ける科学学徒に、ぼくが惹かれないわけがない。

モギ君の猛者ぶりと言ったが、これは脳科学者やエセ科学派や隘路《あいろ》に嵌《は》まっている認知科学者などと対峙《たいじ》したときだけに示すモギ君独得の explicit なクオリアで（そんなもん、ないか）、ふだんのクオリアは（これも、ないか）、たいそう優しい。けれども話していると、喋り言葉が止まらない。その言葉のシャワーにたじたじとなる人が多いとも聞く。

しかしながらこれはこのあとのべるように、モギ君が挑んでいるクオリア問題の性格からいって当然なのである。クオリアというのは、簡略すれば脳（というよりも発火ニューロンたち）が感知している「質感」のようなものなのだが、いざそれを言葉にしようとしてもたいていは言葉にならないものをいう。

いいかえれば、クオリアは「イワシのイワシらしさ」とか「藤原紀香の藤原紀香らしさ」とか「松の松らしさ」というものである。それをニューロンの何らかの発火パターンが受け持っている。ようするに「言葉になりにくい質感」というか、「脳―俳諧的なもの」なのだ。こういうものは、人が何かを知覚したり思考したりしているときに、そこに思いがけなくひょいとくっついてくる。だからこそわれわれは「イワシらしさ」や「松らしさ」がどういう感じのものかがわかっているにもかかわらず、それをいざとなっては取り出せない。芭蕉もだからこそ「松のことは松に習え」と言ったのだ。

ということは、またモギ君の話に戻るけれど、この「らしさ」としてのクオリアは、それが何にどのようにくっついてくるのかを見逃せば、たちまち見えなくなっていくものなのである。クオリアはまたまた下意識に逃げこんでいく。そこで、そのくっついてくるを感じた瞬間に、できれば勝負を試みたい。そして「いま、ぼくはこういうことを言おうかなと思ったんだけど、そのときね……」というぐあいに、このくっつきを次々に暴露する必要がある。モギ君はそれをいつも怖《お》じけずに心掛けてきた。

こういう人は喋るとシャワー力にあふれるが、思索と表現のあいだは丁寧だ。案の定、モギ君がふだん書く文章は（本書もそうなのだが）、読者にこれから何を書くかということを伝えるために、まずは読者に最前線の知識をかいつまむことを忘れない。しかもモギ君はこの「かいつまみ」がとてもうまく、その「かいつまみ」だけを次の道筋に運んでいくのがもっとうまい。

というわけで、モギ君の本はまことに丹念で、読者がそのように未知の生物物理を辿《たど》れば絶対に理解が可能になるという考え方の道筋をちゃんと書く。こういうふうに書ける科学者は、意外なことかもしれないが、日本にはなかなか、いない。

モギ君が本書で提案していることは、乱暴に要約していうと、「私」の意識や認識は発火したニューロン間の連絡関係によってつくられていて（この発想はロジャー・ペンローズの「量子脳」の仮説をおもわせる）、このときの脳の中のモダリティ（様式性）を決定的にしているのがクオリアではないかということである。

モギ君はこのことをできるだけ論理的に導くために、次の手順をとった。第一には、脳科学と神経生理学上のさまざまな研究事実とそこから組み立てられたいくつかの仮説を検討して、そこから何を切り捨て、何を採用するかということを決断する。コネクショニズムや安直な「理解の科学」は早々にバッサリ切り捨てられる。

第二には、ここがぼくにはおもしろかったのだが、マッハの原理やミンコフスキー時空モデルなどを援用して（これはぼくが青春を費やした原理だった）、ニューロンの反応選択性がもつ本当の「意味」を絞りこむ。これはそこそこ大胆な試みだった。マッハの認識原理もミンコフスキーの幾何学も、そもそもがアインシュタインの相対性理論の下敷きにあったものだから、これらはとびきりマクロな世界観のための材料なのに、モギ君はそれを一挙にミクロのニューロンのしくみの説明に用いてみせたのである。

そして第三に、これらを存分に準備したうえで、発火したニューロンのネットワーク間におこっているであろう「相互作用同時性」と「統合された並列性」こそが、「私」の意識や心を組み立てている最も重要な特徴であることをいくつかの道筋で論証する。

本書は、以上のような考えにもまだまだ多くの限界があるので、これをモギ君がどのように突破していこうかという展望を書いて終わっている。とくに最後に出てくる量子力学上の決定論と非決定論を通して、認識論的な「自由意志」の正体を求めるくだりは、本書全体からいえば勇み足になっているのに、なかなかスリリングなものになっていた。だいたい、モギ君の〝名人芸〟は既存科学の思い込みや隘路《あいろ》を捌《さば》く手際において最も劇的な効果を発揮するので、その「捌き」のためには、多少のオーバーランはやむをえないものなのだ。

本書はクオリアとは何かという問いには答えてはいない。というよりも、正体がわからないクオリアをあえて主語に採用して、「脳と心の関係」「ニューロンとネットワークの関係」「知覚と私と意識の関係」を問いただそうとして、試作的に著されたといったほうがいい。

科学というものは、往々にして仮説を実証した成果だけを誇りがちなのであるが、そういうことができて遜色ない結果が出せる科学なんて、とっくに少数になっている。むしろ答えのない科学をどのように出立させていくかというほうが、科学の新たな冒険になる。「脳が心を見ているのか」「心が脳を見ているのか」という問題は、この冒険的テーマにふさわしい。『脳とクオリア』は、そういう意味では現状の科学的イニシエーションの陥穽《かんせい》を読み取ったうえで、新たな「セパレーション」(旅立ち)のためのリリースポイントを明らかにしようとしたものだった。

こういう科学の試みが、ぼくの読書の醍醐味《だいごみ》にひょいと引っ掛かってくる「書物のクオリア」なのである。

第七一三夜　二〇〇三年二月十四日

**参照千夜**

九九二夜：小林秀雄『本居宣長』　一〇六〇夜：清水博『生命を捉えなおす』　一〇六三夜：マトゥラーナ&ヴァレラ『オートポイエーシス』　一六九六夜：養老孟司『遺言。』　九九五夜：アルフレッド・ホワイトヘッド『過程と実在』　九九一夜：芭蕉『おくのほそ道』　四夜：ロジャー・ペンローズ『皇帝の新しい心』　一五七夜：マッハ『マッハ力学』　五七〇夜：アインシュタイン『わが相対性理論』

脳の情報は体の各処にマーキングされている。
そこに「あたかもデバイス」が派生する。

アントニオ・ダマシオ
# 無意識の脳・自己意識の脳
田中三彦訳　講談社　二〇〇三
Antonio R. Damasio: The Feeling of What Happens 1999

SM　今日のお相手はアタシでいいですか。
MS　アタシ？　いいよ。久しぶりだね。
SM　何でも尋ねていいですね。
MS　まあ、うん。
SM　じゃあ、さっそくいきますよ。松岡さんが一番大事にしているヴィジョンって何ですか。
MS　えっ、そうきたの。ヴィジョン？　うーん、ヴィジョンではなくて、ぼくの場合は方法だね。主題的ヴィジョンなんて、あやしいよ。方法的な思考の行き先のほうがずっとおもしろい。

SM　一番大事なのは思考方法？　でも思考方法っていってもいろいろですよね。

MS　ぼくがずっと考えてきたことは「編集的自己」(editing self) の可能性や役割についてのことです。

SM　ずっと？

MS　三五年間くらいはね。まあ、四、五年おきに集中的に考えている。最近またそのシーズンになっているかな。

SM　その編集的自己ってどういうものですか。松岡さんそのもの？　だったら、たんなる自己や自己意識とどこがちがうんですか。ひょっとして隠れ自己愛？

MS　ハハハハ。でもね、ぼくはぼくの自己や自己意識なんて説明できないと思っているし、それを「私」として説明する興味もほとんどないんだよね。

SM　そういう松岡さんが、どうして「編集的自己」などという難しそうなものだけにはめざめたんですか。自己愛しにくいじゃないですか。

MS　だから自己愛じゃないっていうの。

SM　じゃあ、何ですか。

MS　自分が何かを感知したり認識したり、あるいはそれを再生したり表現したりするにあたって、ずいぶん以前からトレーニングしてきたことがあってね、そこからいろいろなことが積み重なってきただけだろうね。そのトレーニングが編集的だったんです。どこか非線形っぽくてね。そこからぼくが、座敷わらしだか天狗《てんぐ》だか冬虫夏草だか粘菌類のように派生してきたようなもんだね。だから編集的派生自己。それが松岡正剛ですよ。

SM　ちょっとよくわからない。ごまかされているのかも。

MS　わからなくてもいいけれど、それ以前のぼくもむろんあったわけだが、それ以前を含めて、ぼくはそのトレーニングの中で「編集的自己という松岡正剛」になったわけですよ。

SM　ま、本人がそう言うんだから、いいか。じゃあ、そうなったきっかけは何ですか。

MS　いまはまだヒミツだな。ぼくの若いころ、ある知人が脳の障害をおこして、ぼくがそれにかかわったということです。でも、その話はまだしにくい事情があるんでね。

SM　まあ、いいです。じゃあ、そのトレーニングについて話してください。

MS　ごくごく一部については『知の編集工学』(朝日文庫)の一七四ページ以下に紹介してあるんです。そうだなあ、今夜は、そのことをアントニオ・ダマシオの「ソマティック・マーカー仮説」とその周辺をめぐるいくつかの変わった仮説とともに

SM　話してみようかな。

MS　誰？　ダマッチオ？　ダヌンチオ？

SM　ダマシオ。

MS　ゴマシオみたい（笑）。誰ですか、それ。

SM　ポルトガル生まれの脳科学者で、お医者さん。ぼくと同じ歳で、リスボン大学やハーバード大学で脳科学や認知神経科学の研究をして、とくには脳障害者の治療と研究をすすめたのち、いまはカリフォルニア大学の「脳と創造性の研究所」のメインキャラクターになっているのかな。イケメンだよ。

MS　そのダマシオさんのソマチカ・マーカー・カセツ？　マーカーって癌マーカーとかの、あのマーカー？

SM　うん、マーカーはそれに近い医学用語だけれど、ダマシオを有名にした脳の仮説だね。自己意識に関する「ソマティック・マーカー仮説」（somatic marker hypothesis）というもので、ソーマ（soma）というのはギリシア語の「体」という意味だよね。その身体的なものを脳はどういうふうにマーキングしているのかという仮説。だから、これを訳せば〝脳における身体的記譜仮説〟とでもいうものになるのだろうけど、とりあえずわかりやすくは、「自己意識は脳のなかでの身体的なマーキングをともなっている」という仮説と思ってもらえばいいかな。ただし、脳と体は連動してますというような、おおざっぱな話じゃありません。
そのダマシオの提唱した仮説と、ぼくがかつてどんなふうにトレーニングによって「編集的自己」に関心をもっていったのかということを、今夜はちょっと重ねてみようかな、と。それでいい？

SM　はい、いいかどうかわからないので、そっちのほうの話からしてください。

MS　かつてぼくが自分自身に試みたトレーニングには二つの編集的な基本型があってね、それがあいついで重ね合わされていったんです。でも、最初の基本はカンタンなもの。ひとつは、自分のアタマの中で動いている編集プロセスをリアルタイムで観察して、それをちょっとおくれてから再生し、またしばらくたってから再生するというもの。まあ、自分のリアルタイムな意識変化をどのくらいトレースできるか、まありバース・エディティングを複相的にどうできるかというエクササイズだね。

SM　リバースするって、そんなことできますか。だって自分で自分を精神分析するみたいなものでしょ。

MS　むろん、とうていうまくいかないんだよ。ただしこれは精神分析とはまったくちがっていて、むしろ逆で、深層に入るんじゃなくて、出てくるほうのプロセスを見るんだね。途絶えない流れのほうをね。ウィリアム・ジェームズやプルーストやジョイスの「意識の流れ」のほうに近い。

SM　ふーん、じゃあブンガクと同じ?

MS　べつだん作品にまとめたいわけじゃない。発表するわけでもない。

SM　シュルレアリスムのオートマチスムでもない?

MS　あれは学生時代にかなりやったけれど、それこそすぐにブンガクできるので、つまらなかった。

SM　じゃあ、何のためですか。

MS　これを何度もくりかえしているとね、自分の観察や思考といっても、いったい何が肥大して、どこでズレがおこって、どういう語感が曖昧になり、どんな印象がまったく抜け落ちてしまうのかといったことが、だんだんわかってくるんです。たとえば、ぼくはいま珈琲を飲もうと手をのばしたわけだけれど、その数秒間のあいだにいろいろなことがアタマの中を走っているわけだよね。そこには記憶の突出もあるし、次に話す言葉をさがしてもいる。そのような「ためらい」と「暫定的決断」のあいだのことを見てみたかったんだね。

SM　マジに? えぇーっ、わかんない。それって何のためですか。

MS　さっきも言ったような知人の事故に立ち会って、記憶がなくなった人の意識の中に何があって何がないのか、そのサポートを頼まれたのと、あとは空海の言語論やライプニッツの「アルス・コンビナトリア」やホワイトヘッドの「ネクサス」や、禅の公案にひそむ意識論や三浦梅園の「反観合一」の条理に関心があったからかな。まあ、ぼくのアタマの中が見えないままで、何が思想か、何がブンガクかと思ったんだろうね。

SM　そうか、やっぱり何か深いワケアリですよね。で、そういうことをして、それがうまくいかなくていいんですか。

MS　これはトレースだよね。順逆がいろいろのエディティング・トレース。でも、そのトレースさえうまくいかない。けれどもまったくできないのではなくて、あとで気がつくんだけれど、編集的自己にとっては、その「失落」や「誇張」の特徴のほうが大事なんだね。

SM　シツラク？　シツラクエンの？　あ、ごめんなさい。まだ狙いがよくわからなくて。で、二つあるって言ったもうひとつのトレーニングは？

MS　もうひとつは、外から入ってくる刺激や情報を実況中継することをした。街を歩きながらいろいろ試してみるんだね。見えてくること、聞こえていること、感じたこと、その場その時に思い出したことなどを、これもリアルタイムでアタマの中でかたっぱしから実況放送するんだね。

SM　そんなことして、おかしいヒトと思われませんでした？

MS　まあ、ブツブツと声には出さなかったから、なんちゃっておじさんにはならないですんだ（笑）。アタマの中で実況していたから。

SM　ああ、そうか、それって考えてみれば誰だってしてますよね。アタマの中では。でも、信号渡っているときに考えていたことなんて、次々に忘れちゃう。

MS　それもそうなんだけれど、もっと問題なのは、刺激によって知覚されてくる情報の質量とスピードに、言葉が追いつくわけはないでしょう。発話言語だって思索言語だって、すっごく遅いからね。追いつかないだけではなく、それにもまして知覚情報と言葉情報とはほとんどぴったりしない。思いつきの言葉というものは、どうにもだらしないものなんだよね。まったくがっかりする。

ところがね、それでも、言葉をちょっとは意識的につかおうとすることが、そもそも編集的な自分をブーツストラッピングしているのだということだけは、だんだんわかってくるんだね。だからこういうエクササイズをいろいろな場面で徹底していると、自分が選んでつかう言葉や思わずつかう言葉の連結ぐあい（リンキング）、イメージしている事柄のおおざっぱなドメインの範囲（フィールディング）、認識と表現とのあいだのいちじるしい欠損の度合い（ルナティング）というものが見えてくる。

SM　リンキング、フィールディング、ルナティングですか、はい、よくわからないけど。それで、どうなっていくんですか。

MS　おおざっぱな編集的自己の骨格のようなものが見えてくる。これって「心の正体」のひとつかもしれない。でも、まだなんとなくちがっていた。

SM　まだちがうの？　ドリョクしているのにね。

MS　急にタメグチだね。ま、いいか。ちがっていたというのは、この二つのエクササイズには、実は大きな欠陥があったんだね。それはアタマの中での処理に片寄っているということなんです。「心」にしては脳が勝ちすぎている。ヘタすりゃドードーめぐりだものね。

SM　ヘタしなくてもドードーめぐりです。

MS　そこである時期からは、スタッフやゲストと喋っているときに、この逐次トレースの反応を口にしたり、相槌《あいづち》だけにしたり、投げ返したり、感想をすばやく話したり、ノートをとりながら対話してみるということをやってみたんです。それも半年くらい続けてね。またときにはそれらをドローイングにしたり、ラフな図解にしてみるということをしたんだね。

SM　何か変わってきましたか。

MS　自分では気づかずに、あることは繰り返しループに入りこみ、あることは適当な笑いですませ、あることはしっかり語句変換したり、急にアタマの中にラフな図解が浮かんだりしていたことが見えてきた。そしてそれらのことを、またあとで追想し、再生してみたわけだ。

SM　めんどくさいことが好きなのね。

MS　こうしてやっとわかってきたことがあった。情報編集的体験というものはね、アタマの中だけではなく、「アタマの中の何かのしくみ」と「体を含めた何かのマーキング」とが、いろいろ連動しているらしいということだったわけだ。それが口元や手の動きとしてとか、言いよどんだフィーリングとしてとか、口がカラカラになった感じとしてとかね。そういうノンバーバルな言葉以外のものとけっこう結び付いていたんだね。

SM　うんうん、それはわかる。

MS　それから、その日のトータル・エモーションの調子の波の起伏なんかとも関係がある。あるいは相手の気持ちに感応しすぎているとかね。というわけで、自分の現在のトレースというかんたんなことだって、実は脳と体のあいだのさまざまなファクターやファンクションによって何らかのマーキングをうけていたということなんだね。

SM　なるへそ、なるへそ、それでダマシオさんですか。

MS　そうだね、編集自己トレーニングで感じたことは、体との関係のことだけじゃないんです。情報の体験的編集には「場」もおおいに関係があった。当時は体の関与のことよりも「場」との関係やそのコンフィギュレーション（布置）のほうが関心があったかな。で、そうこうしているうちに、ぼくはそのようなマーキングや場とともに編集的自己をもっと拡張しながらトレースしようとしていくわけだね。

SM　まだ懲りてない（笑）。拡張というのは何ですか。

MS　一番わかりやすいのは読書だね。本を読んでいるときにこのエクササイズを同時にやると、とんでもなく多重化してくるんだね。

SM　どうして？

MS　だって、本の著者がリテラルに書いていることがまずアタマに入ってくるんだけれど、それをまたぼくがいろいろ想像したり、とびはねたりするわけだから、その流れをトレースすると、かなり複合的になるでしょう。文脈を追うだけでじゃなくて、ぼくの視点の動きがザイテンになる。

SM　ザイテン？

MS　在点。ポイント・オブ・ビューの視点じゃなくて、ポイント・オブ・ビーイングの在点。ま、ブラウザーが多重になっていくということかな。それをプラトン読んでもやって、湯川秀樹読んでも、江國香織を読んでもやって、ともかくいろいろ読んで、それをまた多重化してトレースするもんだから、どんどん拡張して、複合重層化していくんだね。

SM　そうすると、松岡さんの「編集的世界観」というのは、そういうところからつくってきたんですか。

MS　そうだねえ。

SM　それって知識の積み上げからじゃなかったんですか。

MS　そういう人はいっぱいいるだろうけれど、ぼくは「読み方」という方法のザイテン化から入ったから、結果としては知識もふえただろうけれど、むしろ最初から「関係の多重ブラウザー」をつかっていたということのほうがずっと大きいね。どちらかというと、白川静さんの方法に近い。白川さんは最初から「詩経と万葉集を同時に読む」という方法と、甲骨・金文を関係的にトレースしつづけたわけでしょう?

SM　あれっ、アタシ、急にわかってきた。それって、やっぱりすごいですね。でも、なんちゃっておじさんと紙一重なんだ。

MS　まあ、アンタのアタシにかかると、そうだろうね。

SM　では、今夜の本論、ダマシオさんに行きますか。その前に聞きたいのは、脳の科

MS　学ってつまらなくありません？　だって、人間の本質も心の本質も、生きるも死ぬも、サルもヒトも技能もアーハ体験も、何だって脳だなんて、そんな答え方ってインチキじゃないですか。最近の脳死の問題だって、ちょっと変。

SM　何だって脳の問題だというのは、たしかにおかしいね。脳死で死を決めるのも、おかしい。生命のシステムは連続的でかつ、とびとびで、しかも自律分散系で複雑適応系だからね。ただ、脳でわかることも仮説できることも多少はあるわけで、ダマシオだけじゃないし、それはそれでかつての量子力学や宇宙理論のように、かなりスリリングな分野ではあるんだね。

それに「自己」とか「意識」というのが、そもそもあやしいよね。「私」ってよくわからないものだよね。そのあやしさの原因のけっこう大きな部分は唯脳論にあるんだから、あやしさはあやしさをもって破壊されなくちゃいけないわけで、そういう意味では「脳に勝手なことを言わせない」という仮説も大事なんだ。

MS　多様性を多様性で破るということですか。

SM　そうそう、その責任を脳や脳科学者にとらせなくっちゃ。

MS　それでダマシオさんは、体を持ち出したんですか。

SM　まあ、そうだね。ただし、自己や意識の輪郭的正体や概念的正体を議論するにあたって、身体や身体感覚を持ち出すことはめずらしくないんです。すでにアリストテレスからベルクソンにいたるまで、スピノザからメルロ＝ポンティにいたるまで、かなりたくさんの哲人や思想者たちがそのこと、それを「心身問題」っていうんだけれど、議論してきたよね。

ところが脳科学や脳医学において重視されてきた身体は、その多くは脳の部位やニューロトランスミッター（神経伝達物質）がどのように運動機能や連絡機能と関連しているかというようなことを指摘するにとどまってきたわけだ。脳のどこかに障害がおこるとどこかの運動機能が損傷するというふうにね。だから、身体という概念のモデルや身体の動きの全像のモデルを、脳がなんとかしようとしているというような見方は、ほとんどなかったわけだ。そういうあたりに、アントニオ・ダマシオが脳の中の出来事によってソマティックなマーキングの証拠をあげだしたということです。

SM　で、今夜はダマシオさんの何をとりあげるんですか。

MS　『無意識の脳・自己意識の脳』（講談社）という本だけれど。

SM　なんか、堅いなあ。

MS　いちいちうるさいね。原題は“The Feeling of What Happens”というもので、けっこうカッコいいんだよ。「フィーリングの正体とは何か」というんだね。

SM　それならちょっとおもしろそう。でも、無意識とか自己意識って、その用語そのものがつまらない。

MS　それはね、みんなが「自己」(self)をもっていると思っていること、そんなふうに子供のころから思いこまされていることが、つまらないというか、片寄った見方だからだろうね。それをしかもアイデンティティ(自己同一性)があるとも、パーソナリティ(個性)があるとも言っているよね。これまた哲学的にも科学的にも、またぼくの実感からしてもたいへんあやしい用語なんだけれど、それはひとまずおくとして、その自己は意識(consciousness)で充満している、あるいは意識とその隙間をもって埋められているとも思われているわけだ。それで、それをまとめて「自己意識」(self consciousness)とも言ってきた。だから、その正体に切りこむためにも、いったんはこの用語とぶつかるしかない。

SM　ダマシオさんはマジでぶつかったんですか。「編集的自己」に徹したんですか。

MS　かなりマジにぶつかってはいるね。たとえば、よくフィーリング(感情)とかエモーション(情動)と言うけれど、脳科学はついついフィーリングを個人的なもの、エモーションを類的で本能的なものと分けたよね。でも、これは何かすっきりしない。いろいろ注文をつけたいはずなのに、これまで脳科学はこのあたりをできるだけおおざっぱに見るようにして、責任をとってこなかった。

しかし、それがよくなかったのではないかとダマシオは考えた。そして、そのように自己像や意識像をよくいえば大目に、わるくいえば無責任に見逃してきたのは、この自己意識をめぐる議論に「脳内の身体像」の関与がなかったからだと考えたんだね。こういうところはちゃんとぶつかっている。

SM　それがソマティック・マーカー仮説？

MS　いや、それだけじゃない。ただ、ソマティック・マーカー仮説については『生存する脳』(原題『デカルトの誤り』講談社)という本のほうが詳しくて、最新のものは『感じる脳』(原題『スピノザを探して』ダイヤモンド社)が邦訳されているので、以下、適度にまぜながら案内することにするね。

SM　はい、どーぞ。で、ダマシオさんって有名な科学者なんですか。アタシが知らないだけ？

MS　アメリカやヨーロッパではベストセラーになっている。日本ではまだだねえ。さいわいにも、日本語の訳者はいずれも旧知の田中三彦くんで、この人はね、ぼくが二十年以上も前にアーサー・ケストラーの『ホロン革命』(工作舎)で翻訳をお願いした人だった。勘のいい人だよ。お世話になったのだけど、その後はほとんど再会できていない。こんなところで、どうもお久しぶりでしたと再会するのもおかしいけれど、まあ、千夜千冊で紹介するんだから勘弁してもらおうね。これで

SM　ダマシオ本もちょっとは売れていくでしょう。それではセンセー、ごくごくわかりやすく言ってもらうとすると、ソマティック・マーカー仮説って何ですか。

MS　脳にはソマティック・ブレインともいうべき「脳が身体を表象しているしくみ」があるだろうということだね。これが出発点の発想です。実際にはさまざまな脳障害患者の詳しい事例研究から出発しているんだけれど、そういう研究のなかから、けっこうたくさんの仮想脳をつくりだしていった。また、その仮想脳の説明のために、いろいろ新しい仮説用概念を用意した。そこがちょっとおもしろい。

SM　どういう概念？

MS　あのね、われわれはつねに「注意のカーソル」(cursor of attention) をめまぐるしく動かしているよね。それで何をしているかといえば、次々に決定しなければいけない脳の中のオプションを選択しようとしている。しかし、注意のカーソルがどんなふうに動こうとも、それによって自己意識がすぐにひっくりかえったり、解体したり、おかしくなったりするようでは困るよね。だって連想ゲームをすればわかるけれど、アタマの中の注意のカーソルはいま「リンゴ」と思っても、次には白雪姫になり、札幌になり、大倉山シャンツェになって、骨折の思い出になったりするからね。それでもそういう連想を支える何かが脳のどこかにないと、ヤバイよね。じゃないと、カーソルが飛ぶたびに自己解体がおこってしまう。それでダマシオはそんなふうにならないための一種のホメオスタシス（恒常性を保つしくみ）のような「維持のしくみ」があるはずだと考えたわけだ。脳が、脳によって表象されている事柄や出来事をフレーミング・インしたりフレーミング・アウトしたりするための、小さくて柔らかいだろうけれども、しかしきわめて重要なホメオスタシスのようなものをね。ダマシオはそのホメオスタシスのようなものを支えているのがソマティック・マーカーだと考えたんです。

SM　脳のなかでの身体的なアフォーダンスのようなもの？

MS　うんうん、そういうものに近い。そのモデル化だね。そこにココロとカラダの按配をうまく調整しているマーキングの作用があるはずだと仮説したわけだ。いわば「心の体節」みたいなものだね。

SM　たとえば、どんなふうにですか。

MS　ちょっと専門的になるけれど、ダマシオが突きとめつつあるいくつかの候補のソマティック・マーカーの重要なひとつには、前頭前皮質に始まるマーキングがあるみたいね。

前頭前皮質というのは感覚領域からの信号の大半をうけとっている領域のこと

で、われわれの思考をつくりだしているとみられている。そこには体性感覚皮質も含まれるんだね。これはわれわれの触知感をつくっている。それとともにその前頭前皮質は、脳の中のいくつもの生体調節部位からの信号も同時にうけとっている。ドーパミン、ノルエピネフリン、セロトニンなどをばらまくニューロトランスミッター放出核からの信号とか、扁桃体、前帯状回皮質、視床下部からの信号とかをうけとっているんだね。ニューロトランスミッターというのは神経伝達物質のことで、ニューロンとニューロンがつながる結節点にあるシナプスの袋からパッと出てくるものです。脳内ホルモン。

こういうような任務をはたすことによって、前頭前皮質はわれわれがどんなに注意のカーソルを動かしても、平気の平左で〝自己意識身体〟とも〝自己身体意識〟ともいえるような表象を維持できるようにしているというんだね。

SM　それって、脳の部位をいろいろ刺激してMRIなんかで見るとわかってくるという、例のやつですよね。

MS　それだけじゃなくて、実際の患者さんのデータとかいくつもの症例の重ね合わせとかもあるんだけれど、まあ、脳科学実験で見えてきたものということだよね。でも、それをもって自己意識がソマティックに支えられているとは、まだいえないよね。

SM　はい、そんな気がします。そうすると、どこがダマシオさんはおもしろいんですか。

MS　そこに理論的な仮説も加えていって、一種のソマテッィク・ワールドのプロトタイプをモデル化していったということかな。

SM　そのことのために仮想概念をいろいろ想定したんですか？

MS　そうだね。

SM　たとえばどういう概念ですか？

MS　「原自己」(proto self) とか、中核意識 (core consciousness) とか、延長意識 (extended consciousness) とかね。

SM　なんかリクツっぽ〜い。

MS　またまたうるさいんだよ。あのね、仮想概念は理論モデルだけのためでもあるんだよ。でも、仮想概念といっても、パウリのニュートリノや、湯川さんの中間子じゃないけれど、ほんとうにあるのかもしれない。

SM　その前に、リロンだけでもおもしろくしてください。

MS　じゃあ、ちょっとだけ順序を追っていうと、そもそもダマシオは、これまで脳科学は自己意識については、ほぼ次のことまでをなんとかあきらかにしてきただろうと整理をつけたんです。

第一には、意識のプロセスのいくつかは脳の特定の部位やシステムの作用と関係づけられるだろうっていうことだね。これはまさにMRIなんかで確かめられることだ。第二には、意識と注意や、意識と覚醒を分けることは可能だろうということ。なぜなら信号を渡るときや卵を割ってオムレツをつくるときに動いている注意のカーソルは、そのつどそのつどは意識の全体にはたらかなくてすむようになっているし、眠っているときの意識は起きているときの覚醒感覚とは一応は分離されているだろうからね。だから、意識は注意や覚醒とは異なっている。そこもわかってきた。

それから第三には、けれども一方、意識とエモーション（情動）とは分離しがたいのではないかということも見えてきた。ここをちょん切ってはいけないんじゃないか。だからダマシオはあとでこの問題にとりくんでいく。第四に、意識は単純なものと複雑なものというふうにいくつもに分けられるだろうし、それでいてまた複合しているのだろうということで、これもなんとか技術的にもコンピュータを駆使してわかってきた。そして第五に、意識はコンベンショナル・メモリー（通常記憶）やワーキング・メモリー（作業記憶）に依存するものと、依存しないものとの両方をもっているのではないかということだね。

だいたいはこの五つは見えた。でも、これではとうてい自己意識の形成のしくみには届かないだろうと考えたわけだ。他方、さっきも言ったように従来の脳科学で脳のなかの身体像というものはまったく想定できていなかったから、ダマシオはなんとかソマティック・ブレインのモデルを導入しようと思っていた。まあ、ざっとはこういう手順で、これらのあいだをつなぐものとして、まずは原自己とか中核意識とか延長意識のようなものを想定したわけですね。

SM　うまくいったんですか。

MS　まだまだ実証レベルじゃないから、うまくいったというわけにはいかないと思うけれど、その前に、まずもってはこういう説明概念がうまくつながるかどうかだね。でも、ぼくが「編集的自己」という見方でトレースするかぎりは、ちょっとおもしろい。

SM　どこ？　どこがおもしろいんですか。

MS　まあ、そう焦らない。おもしろいところへいく前に、ちょっと説明しておくと、「原自己」というのは自己意識の前兆のようなものなんです。

SM　ゼンチョー？

MS　前兆。きざしの萌芽《ほうが》。意識そのものじゃない。ニューラル・ネットワークのパターンとして示された生物学的な先駆けみたいなものだね。でも、それがソマティックな信号を最初にマッピングするんだね。

　実際にも脳幹核がその有力な候補であるらしい。信号が脊髄路・三叉神経・迷走神経・最後野《さいこうや》を通ってきて、最初の身体的現在表象をキックするのがここのようなんだね。そこに、モノアミン核やアセチルコリン核や、それから視床下部、前脳基底部、島皮質《とうひしつ》、内側頭頂皮質も関与しているらしい。これはけっこうなレパートリーだよ。

SM　はあ、そういうものですか。

MS　次の「中核意識」は、脳のなかの生物的な現象や作用による意識をさしていると思えばいいかな。だから人間に特有なものじゃない。高等生物にそなわっているもの。したがって、中核意識はコンベンショナル・メモリーやワーキング・メモリーに依存していないほうの底層の意識ということになるね。ということは、この中核意識は仮に人間的な意識が壊れたりしても、生物的な意識として身体を維持しようとすることになるわけだ。

　さっきちょっと話したけれど、ぼくの親しい知人は事故によってほとんどすべての記憶を喪失して、いわゆる植物状態になったようだったけれど、いや、そのように当時の医学では判断されたんだけれど、必ずしもそうじゃなかったんだね。というのは、その植物状態めいたときは、中核意識だけでちゃんと生命活動をしていたわけで、それが作動していたからこそ、その後にふたたびそこに人間的な自己意識の花を咲かせることになったんだね。

SM　なんとなく見当がつくんですけど、それって記憶がよみがえったということですよね。

MS　それもあります。実はその記憶の移植を手伝ったのがぼくだった。大学時代のことだけれど、それがぼくの初の脳科学についての学習体験だったんだね。まあ、さっきも言ったように、いつかこの話をしても許される日がきたら、詳しいことを話したい。この体験があったから、ぼくは「編集的自己」に突き進むことになったんでね。

SM　はい、うすうすそんな気がしていました。

MS　次の「延長意識」はその名の通りでね、脳の中の時間や時制にかかわっているものですね。「いま・ここ」というところに生じた意識や、かつての「いま・ここ」に生じた過去の意識を、その後も「そこ」や「むこう」に持って行っても保持できるデバイスのことです。ぼくなら〝here-there デバイス〟とでも言いたいところだけれど、これによってダマシオは前にも後ろにもアトサキ自在な「自己」が有機的に編集できているんだと考えたんだろうね。

というようなわけで、こういう仮想概念による仮想脳のモデルによってソマティックな脳のしくみの説明を試みたわけです。けれども、まだ何かが足りない。なぜ脳の身体像は維持できるのか。それがなかなか壊れにくいのはなぜなのか。これはけっこう難問だったろうと思うけれど、そこで、ダマシオはここまでのソマティック・マーカー仮説に、ちょっと大胆な脳内デバイスをくっつけた。これが小粋だった。

SM　小粋だった？　あっ、ついに小粋な姐《あね》さんが登場するんですね。

MS　そうそう。これまでもおもしろいところはあったと思うけれど、この仮想デバイスはもっといいね。

SM　何ですか、その可能デバイスって。

MS　「あたかも身体ループ」というものなんです。ぼくはこれにいたく感激した。

SM　あたかも身体ループ？　うーん、小粋というよりナマイキそう！

MS　田中三彦くんがさぞや苦労して翻訳しただろう邦訳用語だろうけれど、もとの英語はね、“as if body loop”となっている。これは、いいよ。「AS－IFデバイス」とでも大文字にしたいくらいだよね。まさにソマティック・マーキングのどこかに出没しているはずだと思わせる「あたかもデバイス」ですよ。これ、かつての雑誌記事などでは「仮想身体ループ」などと訳していたけれど、田中訳のほうがずっといい。

SM　はいはい、あたかもの門ですね。

MS　いや、門というより、擬似モデルとか擬同型モデルといったほうがいい。実際には、この「あたかもAS－IFデバイス」は脳の中の体液的な信号と電気化学的な信号との二重性を処理しているようで、それならぼくにはなおさらありそうに思われるのだけれど、さあ、これでダマシオは一挙にシナリオをひとしとおり描くところにきたわけだ。

SM　やっと流れが見えてきましたね。

MS　まあ、ダマシオは今夜とりあげた三冊の本のなかのどこにも詳しいシナリオは書いていないんだけれど、それはどういうものかというと、ぼくが補ってみるにおそらくはこういうものでしょう。

まず原自己が駆動する。そうすると、この原自己は発生学的に古い脳構造のほうにプロトタイピングされるというんだね。ということは、ヒト以前の哺乳動物の脳機能をつかっているんですね。でも、例のジュリアン・ジェインズのバイキャメラル・マインド（二分心）というわけじゃない。そこには生物的な中核意識が待っている。他方、このとき、トポグラフィカルなAS－IFループが動きだして、これによって基本的な自己意識の母型が維持できるようになっていく。しかし、脳に決定的な障害があると、これらが壊される。そう、見たわけです。

ここまででプロトタイプとしての原自己は何をしたかというと、身体表象を一次的に準形成したということになるわけだ。それとともに、おそらくはAS－IFループをつかってのことだろうけれど、二次的な身体表象を二重、あるいはもうちょっと多重かもしれないけれど、ともかくそれをホログラフィックな〝しくみ〟のように形成して、ソマティックな表象を強化していった。

こうして、われわれが日常の日々において自在に注意のカーソルを動かしても急には壊れない経験自己像にもとづいた自己意識というものが可塑化されていく。

SM　ほう、ほう、ピー、ピー、ついに一気呵《か》成《せい》になってきた。

MS　うん、そうなるとね、ここにダマシオがさらに仮想していた「自伝的自己」(autobiographical self) のようなものが駆動するか生成するか、もしくは形成されるんだね。これも、わかりやすすぎるほどの仮想概念だけれど、ちょっとなるほどと思わせる。だってここまでくると、もう、「自伝的自己」のうえに推論デバイスがどのように動こうとも、どんな刺激によって連想の矢印がどんな動きになろうとも、記憶のなかの情報はまさに編集可能状態になっていくからね。

というわけで、ぼくのかつての編集的自己のトレースは、このソマティックな自己意識をずっと相手にしていたということになるわけです。以上、わかったかな。いろいろつながったかな。

SM　ええーっ、それで話はおわるんですか。それじゃ松岡青年は、ずっとダマシオの手の上でがんばっていただけだったということじゃないですか。

MS　ふっふっふ、いっときはそうだったろうね。

SM　いまはどうなの？

MS　あれ？　またタメグチになったね。

SM　タメグチじゃないけれど、気になるの。

MS　いまはというよりも、こういう仮説は「心の科学」だからね。それなりに科学としてトレースすればいいんです。そもそも世阿弥や梅園や、ウンベルト・エーコやマイケル・ポランニーの翼がはえたような仮説からすれば、脳科学そのものが、まるごと科学ゆえの縛りの中にいるんです。それはそれで科学の宿命。それはそれで香ばしい。

SM　でも松岡さんは、世阿弥にもダマシオにもいる？　そのほかの科学のシナリオの中にもいる？

MS　いなくてどうする？

SM　どんな科学の？

MS　それは「千夜千冊」でもさんざんふれてきた。オートポイエーシスとか、ミームマシンとか、M理論とかね。もう、いいだろ。

SM　ほかにもあるんでしょ？　心のほうだって。

MS　それはまたのおたのしみに待ってなさい。だって「花の御所」には幕間《まくあい》があるでしょう。それが複式夢幻能というものでしょう？

第一三〇五夜　二〇〇九年六月三十日

**参照千夜**

九三五夜：プルースト『失われた時を求めて』　九九四夜：ライプニッツ『ライプニッツ著作集』　九九五夜：ホワイトヘッド『過程と実在』　七五〇夜：空海『三教指帰・性霊集』　九九三夜：梅園『玄語』　七九九夜：プラトン『国家』　八二八夜：湯川秀樹『創造的人間』　七四七夜：江國香織『落下する夕方』　九八七夜：白川静『漢字の世界』　七一三夜：茂木健一郎『脳とクオリア』　二九一夜：アリストテレス『形而上学』　一二一二夜：ベルクソン『時間と自由』　八四二夜：スピノザ『エチカ』　一二一三夜：メルロ＝ポンティ『知覚の現象学』　九四六夜：アーサー・ケストラー『ユダヤ人とは誰か』　一二九〇夜：ジュリアン・ジェインズ『神々の沈黙』　一一八夜：世阿弥『風姿花伝』　二四一夜：ウンベルト・エーコ『薔薇の名前』　一〇四二夜：マイケル・ポランニー『暗黙知の次元』

心はいくつものエージェントで、できている。
そこにはノームやニームや「割り込み」が用意されていた？

マーヴィン・ミンスキー

# 心の社会

安西祐一郎訳　産業図書　一九九〇
Marvin Minsky: The Society of Mind 1985

心とは何かということを説明するには、むしろ「心でないもの」が心になっていくしくみを説明するほうがよい。その「心でないもの」をミンスキーは「エージェント」(agent) とよんだ。

カップを取って紅茶を飲みたいときは、摑《つか》むことを受けもつエージェントはカップを摑もうとし、平衡をとるエージェントは紅茶をこぼさないようにし、喉の渇きをうけもつエージェントは紅茶の温かい液体の潤いを想像し、手を動かすエージェントは口もとにカップを持っていこうとする。

紅茶を飲むという行為には、これをロボットの動きの設計に移すとすぐわかるのだが、おそらく一〇〇回ほどのプロセスが動く。そのプロセスのひとつひとつにエージェントがあるわけではないが、人間の心の動きが適切なパターンを伴うには、いずれにしてもかなり多くのエージェントが連動してインタラクティブにはたらくのだろうと想定できる。重要なことは、その一つずつのエージェントには知能はないということである。しかし、いくつものエージェントが組み合わさっていくうちに知能や心が生じていくらしい。ミンスキーの言う心とは、おおむね「知能をもった心」といった意味である。本能的なものや動物的な反応は対象にしていない。

マーヴィン・ミンスキーは早くから認知科学界のレジェンドだった。専攻はハーバードとプリンストンで学んだ数学だが、一九五七年にMITに来て、コンピュータ科学と人工知能研究のための研究所を創設すると、この分野のリーダーとなった。

これで認知科学や人工知能が記念すべき産声をあげた。クロード・シャノンやハーバート・サイモンらが参加した有名なダートマス会議（一九五六）は、この研究所のための進軍ラッパのようなものだった。

初期の開発としては、世界初のヘッドマウント型のGUIや共焦点顕微鏡があるけれど、シーモア・パパートと組んだLOGO（簡易プログラミング言語）やニューラル・ネットワークの解析回路を応用した「パーセプトロン」が話題を呼んだ。ぼくがいっとき夢中になったものだ。

七〇年代に入って、ミンスキーとパパートは一挙に「心の社会」理論の組み立てに傾注した。これらの動向を見ていたアイザック・アシモフは「自分が出会った人物のなかで自分より聡明な者が、二人いた。一人はマーヴィン・ミンスキー、もう一人はカール・セーガンだ」と言った。よほどめざましかったのである。

心を構成しているだろう「心でないもの」たちがエージェントとして動いているとして、たくさんのエージェントがあるだけでは心や知能は生じない。そこで「心の社会」理論は、こんなふうなことを推測した。

第一にはエージェントにはきっといくつかの階層があるにちがいない。そこでは、下位のエージェントの動きが上位のエージェントに伝えられていく。その階層をまたぐたびに「意味」が見えるのだろう。

第二に、エージェントは自分が何をしているかを知らないという性質をもっているのだろうけれど、そこに「自分が何をしているかを知っているエージェンシー」が組み合わさる必要がある。そのエージェンシーがどこに待ち伏せているかを突きとめるのは容易ではないが、もしそのようなエージェンシーがないと、われわれは自分が何をしているのかとか、何を考えているのかという自覚をすることがないはずだ。

第三に、これらのしくみが動くうちに、おそらく仮りの「自己」のようなものが設定されるのだろう。しかし、心を探究するにあたって、この「自己」を探究してしまうことは避けなければなるまい。なぜなら、この「自己」はあくまで仮設的なもので、それによってエージェントのしくみが作動するための蝶番《ちょうつがい》のような役割をはたしているにちがいないからだ。生物物理学における自己組織化理論やオートポイエーシス理論において想定された「自己」が思いあわされる。

第四に、エージェントには考えを推進するためのエージェントばかりでなく、何を考えないようにしようとか（押さえ込み）、これまで考えてきたことはこれでいいのだろうかとか（点検）というような、つまりは「抑制のエージェント」や「検閲のエージェント」があるはずである。このことは従来の脳科学や心の理論では看過されてきた。

第五に、これらのエージェントは「階層」や「自己」や「抑制」や「検閲」などの機能をフル動員しながらも、何かそのような進み方（これをミンスキーはKラインとよぶ）をすればいいのだという確信をもてるような〝報酬〟を受けられるようになっているのではないかと推測できる。すなわち、心というものは、つねに「もっとの社会」（Society of More）をめざしているにちがいない。

このような説明をしておいたうえで、ミンスキーは（パパートも）「われわれはどのように心をつかって何かを考えようとしているのか」という複雑な課題に少しずつ向かっていった。心がどういうメカニズムをもっているかではなく、すでに機能しているであろう心をつかって、われわれは何ができるようになっているのか、そのことに向かったのである。

本書が、いまだ人工知能の夢が潰《つい》えていないころの試みであることは、読んでいるとよくわかる。ミンスキーの指図にしたがって自分の思索の手続きが順番に見えてくる。つまりは、本書はデキのよい心理小説の構成プランを読んでいるような気分になれるのだ。ぼくはその特徴がよくあらわれていることに感心した。

そのような特徴をもったことについては、おそらくもうひとつ理由がある。ミンスキーは心の社会の成立の仕方を「世界↓感覚↓知覚↓認識↓認知」というふうに順次的に見るのではなく、むしろ「感覚↓〝記述〟↓期待」というふうに見ようとしているからだ。人間というものが脳の中で何をいちいち記述しているのか、ミンスキーはあえてそこに集中して本書を構成プラン的に記述した。シナリオをあかし、ト書や場面転換の特徴や衣裳《いしよう》のことも書きこんだ。小説や映画を構成している監督のような気分で本書が読めるのは、そういうせいなのだ。

そういう本書を読んで影響をうけたことがいくつかあるのだが、ミンスキーがノームとニームという用語（道具）を巧みにつかって思考のなかで動く情報の機能を説明したことに感心した。

心は「心でないもの」をエージェントにしている。「心でないもの」をいろいろ組み合わせて「心っぽいもの」を構成している。これがミンスキーの仮説の根幹にある見方なのである。

エージェントには複数のエージェントがあって、それぞれが「どの情報をどのように処理するか」という役割をもっている。ただし、各エージェントがうまく動くには、各エージェントが扱う情報に「かたち」や「向き」や「性質」を用意する仕掛けが必要になる。その代表的な仕掛けがノームやニームなのである。

ノーム(nome)というのは、その情報を出力したときに一定のエージェントに決められた反応をおこさせるようになっている仕掛けのことをいう。いわば連絡係だ。この連絡係は知能のためのちょっとした制度化を受けもっている。

これに対してニーム(neme)は、その情報の出力によって心のなかの状態がばらばらではあっても、とりあえずは断片的に表現できるようにする仕掛けをいう。まだ十全な知の組み立てができていなくとも、とりあえずの〝試し運転〟ができるようにする仕掛けである。このニームの役割をどのように見るかということについて、当時のぼくも刺激を受けながらあれこれ仮説をめぐらしたものだった。ミンスキーはニームの役割に、さらにいくつかのサブ機能が分担されていると見た。

そもそもひとつながりの情報や知識は、われわれの意識の奥ではつねに多様なエージェントに分配されている。

たとえば「リンゴ」という情報は、色、形、おいしさ、故事、それにまつわる体験の記憶といったいくつもの情報断片としてそれぞれのスタック（棚）に分配されていて、それぞれのエージェントの管理に任されている。そこで、われわれが「リンゴ」と聞いたときは、これらのエージェントたちはほぼ同時に起動する。ということは、このように多くのエージェントを同時に動かす多発型の発信点のようなものが、きっとわれわれのどこかにあるはずなのである。ミンスキーはそういう発信点にあたるものを「ポリニーム」とよんだ。

ポリニームは相手先に確認通信を送る役割をもつ。かんたんなコンファームをする。たとえば「天文学者はスターと結婚した」という文章を聞いたときは、一瞬だけだろうが、スターという言葉が星をめぐるスタックにも配信されているのだということを思い出す。ついで、この迷いを早々に打ち消していく。そういう役割だ。問題はこのようなポリニームが何をきっかけに突出し、逆にポリニームなどを気にしないで思考できるようになるかということである。

ミンスキーもそのことが気になるとみえ、ある情報の文脈がわれわれの前を通りすぎていくときに、われわれがたくみに何かを手掛かりにポリニームを発見したりわざと出没させないようにしているのは、きっと何かの兆候を見きわめる小エージェントの機能もあるのだろうと見て、それを「ミクロニーム」とよんだ。ミクロニームは偵察的な役割なのである。

これらはおもしろい見方だったけれど、このようにニームを分割してしだいに小さくしていくと考えたのは、ミンスキーの失敗だった。ニームはそこにもっと小さなニームをもっているのではなく、むしろなんらかの脈絡でトポグラフィックにネットワークされているはずなのだ。

ところでノームについで、ミンスキーが「プロノーム」(pronome)を提案したのは、ぼくが編集工学を組み上げるにあたっての大きなヒントになった。

プロノームは、われわれが喋《しゃべ》ったり考えたりするときに、心のなかでいままさに活性化しつつある〝あの流れ〟をうまく取り出すために、何か一時的につかまっている思考の手摺りのようなものをいう。バレリーナが練習をするときに摑《つか》む鏡の前の手摺《てす》りバーのようなもの、それがプロノームなのだ。

たしかにわれわれは、何をしているときも何を考えているときも、いろいろなプロノームを使っている。どんなプロノームを使えているかが、思索のちがいをもたらすといってもよいくらいだ。おそらくは跳び箱のようなプロノーム、吊り輪のようなプロノーム、自転車のハンドルのようなプロノーム、そういうものがいくつもあるのであろう。編集工学においても、手摺りとしてのプロノーム、そういうプロノームをどのように独自につくりあげていくかというのが重要になった。

ノームやニームとはべつに、もうひとつ印象に残ったのは「割り込み」(interruption)ということである。

われわれはあることを考えていても、誰かとある話をしているときも、それをいったん中断して、異なる注意を喚起させたり思考したりすることができる。そしてまた、元の思考に戻ることができる。これが「割り込み」だ。

なぜ「割り込み」がおこせるかということは、一つの考えの流れを別の流れが観察しているということを暗示する。あたかも話し中の電話を保留して、回線を変えて別の話をし、また戻るようなものなのだが、われわれの脳のなかでは、その回線どうしが何らかの観察関係にある。ミンスキーはこの「割り込み」が各民族の言語に代名詞を発達させたのではないかと推理している。そうでもあろう。

われわれはどんな言葉を喋っているときも、何かを考えているときも、実は多様な

「言い換えの分岐ネットワーク」の渦中を進んでいるのであって、つまりスイッチをいろいろ入れながら言い換えの枝分かれのうちの一つを選択しているわけなのであって、いざというときは、そのネットワークの枝を別の枝が観察できるようになっているはずなのだ。ここでは説明しないが（詳しくは『知の編集工学』を読んでもらいたい）、ぼくはこのAの枝をBの枝から見るというエクササイズをかなり徹底してやってみたことがある。それで気づいたのは、アタマの中のA視点とB視点の相互関係を観察するのは、そんなに困難なものではないということだった。

つまり、われわれは「割り込み」ができるのではなく、もともと「割り込み」のような分岐性によって思考や認識をしているというべきなのである。これを一言でいうのなら、思考というものは――「心は」と言ってもいいのだが――割れ目からできている、というとなのである。ミンスキーは、遠いリヒテンベルクや寺田寅彦とつながっていたわけなのである。

第四五二夜　二〇〇二年一月八日

**参照千夜**

八五四夜：ハーバート・サイモン『システムの科学』　一七一五夜：リヒテンベルク『リヒテンベルクの

雑記帳』
六六〇夜：寺田寅彦『俳句と地球物理』
一六〇六夜：安西祐一郎『心と脳』

認知科学には「心とトラウマ」をめぐる
全回路がマッピングされている?

安西祐一郎

# 心と脳

認知科学入門

岩波新書　二〇一一

認知科学の入門書や解説書は数多く出回っているものの、なかなか定番がない。本書も二八〇ページほどの新書なので、認知科学が広範に扱ってきた問題や領域のアイテム・仮説・モデルを順序よくとりあげ、できるだけ柔らかく全貌《ぜんぼう》を概観したもので、深くは突っ込んでいない。

けれども類書の入門書とは異なってかなり配慮がゆきとどいていて、この一冊を認知科学のガイダンス(=ステーション)とすれば他の多くの解説書や専門書に入ったり出たりすることもやりやすくなるだろうという、そういう好著になった。こういうことはずっと以前なら北川敏男や渡辺茂が、ついでは戸田正直《まさなお》や佐伯胖《ゆたか》が、そのあとはやはり安西祐一郎が引き受けるべき仕事だった。

安西さんとは北大時代に知り合ってから、ずいぶんがたつ。そのころから認知科学の最前線を走っていた。いつもばったり会ったり、フォーラムで顔を合わせたりで、おまけに慶応の塾長や中教審の会長になってからはお役目ご苦労という印象なので、とくに主題を交わしてはこなかった。時折、ぼくのほうからオンステージをお願いしたりもしてきた。もっとも日本学術振興会の理事長に就任してからのほうが、日本の教育の未来を憂えて互いの相談を交換する機会がふえた。

安西さんは早くから編集工学の方法に関心を寄せてくれていた。ぼくも今後の「高大接続システム」の実現や「日本にふさわしいリベラルアーツ」の提案や「センター入試」の編集工学的な改良などでは、何かをお返ししたいと思っている。

認知科学（Cognitive Science）は「心のはたらき」を解明するための学問である。認知というのは〝cognition〟を翻訳した用語だが、日本の哲学や心理学ではコグニションを長らく「認識」と訳していた。

けれども一九五〇年代後半に向けて勃興してきた〝Cognitive Science〟は、いわゆる「認識の科学」ではなかった。チューリングのチューリングマシン、ホジキン－ハックスレーの神経細胞モデル、マカロックとピッツのニューラルネットの方程式、ローゼンブラットの神経回路網モデル（パーセプトロン）、さらにはシャノンの情報通信理論やウィーナーのサイバネティクスなどを引き連れた認知工学であり、知識工学に近いものだった。「心のはたらき」をめぐるのだから心理学でもあるはずなのだが、もう少し別の風に乗っていた。それ以前の行動主義的な心理学が、S（刺激）とR（反応）で人間の心と行動の因果関係を説明しようとしていた風潮ともちがっていた。

ENIACやMARKⅡなどの巨大電子計算機が登場し、判断や行動をコンピュータが代行できる可能性が出てきたことが、生まれたばかりの認知科学をとても新しいものに仕立て上げたのだ。

脳科学や言語学がめざましく発展し、シェリトンの衣鉢を継いだエクルズによるシナプス結合をあきらかにした理論、レネバーグやチョムスキーの言語生成文法論などが、次々に並びたったことも追い風だった。

こうした新規の流れを背景に、マカロックやローゼンブラットによる電子的な神経モデル（数学モデル）、ニューウェルとサイモンの「ロジック・セオリスト」（プログラム）などが提唱され、これらをミンスキーのようなすぐれた統合力の持ち主が縫い合わせ、「認識」というより「認知」を前面化していったのだ。それにともなって、認識という日本語は新たに「パターン認識」として理解されるようになったのである。

かくして「認知科学」の名称が一挙に内外に定着したのだが、この用語もその方針も急ごしらえのわりにはぴったりだったように思う。しかし、その領域はいまなおひとかたならぬ拡充を続けていて、とうてい手短かには説明できないものになっている。

誰もが実感しているように、「心のはたらき」はそうとう多岐にわたる。そこには「脳のしくみ」が絡んでいるし、「言葉づかい」や「体の調子」も影響する。状況や社会や家族や仕事との関係も反映する。たとえばかなり多くの視点や視角を投入していかないと、「認知」の全貌は見えてはこない。「心」と「意識」と「記憶」はかなり関係しあっているにちがいないけれど、それぞれの役割と相互関係をちゃんと説明しようとすると、これがけっこう難しい。

心と意識は似たもののように感じるものの、意識にのぼらない心の動きもあるだろうし、心の実感を伴わない意識の持続もありうる。

たとえば仏教では八識を数えて、意識とは別の第七識にマナ識、第八識にアーラヤ識をおいた。夢の中身がなぜあのような変なものになっているかなどということも、ほとんどわかっていない。『解明される意識』(青土社)のダニエル・デネットは、夢を見る当事者の、それまでの日々の体験や活動や思考でシナリオ化しきれなかったドラフト群のようなものが、夢の中で未編集状態のまま乱れて散乱しているのだろうと言うのだが、はたしてどうか。

記憶のことも正確には説明しにくい。いったいわれわれは、人の顔や町の様子や会話の内容を脳の中のどこに収容して、どのように取り出しているのか。なぜ似顔絵や電話の声で相手が誰だかパッとわかるのか。

脳の中にフェイスブックがあるのではない（笑）。そこには記憶の「再生」（recall）と「再認」（recognition）の相違、長期記憶と短期記憶とエピソード記憶と手続き記憶の相違、顕在するもの（explicit）と潜在するもの（implicit）との相違など、いろいろ微妙な記憶のメカニズムがはたらいている。

それでも、記憶はきっと記憶情報のアイテムや特徴の違いのようなものによって別々の仕切りに収容しているのだろうと見当をつけたくなるのだが、曖昧《あいまい》きわまりないわれわれ自身の記憶情報の体たらくからしても、どうも小分けされた昆虫標本や鉱物標本のようにきちんと分類されているとは思えない。たとえば「赤」「恐山」「ニューヨーク」「おやじ」と言われて思い出したり思い付くことは、試してみればすぐわかるようにまことに種々雑多だし、また「風」「十七歳の自分」「ジャニス・ジョップリン」というアイテムから想起したり連想できることも、そうとうに自由なものなのだ。

心は「自己」や「私」のイメージとも重なっている。自己意識とかアイデンティティ（自己同一感）とか、自己満足・自己欺瞞《ぎまん》・自己犠牲などという言い方もする。ところがこの「自己」や「私」や「自我」が摑《つか》まえにくい。フロイト以来の心理学だけでは納得がいかないところもある。

自己は、あきらかに「自分の体や目や耳」といった自分自身の皮膚や感覚器官と結び付いているのだから、自己意識は脳科学者アントニオ・ダマシオが主張したようにソマティック（身体的）であるはずなのである。それなら自分の心の状態の特色を自分の体にソマティック・マーキングできているかといえば、これはほとんど実感できない。

知覚される自己の輪郭も突きとめにくいけれど、これをゲノムや細胞や内臓のレベルで見ると、また進化や分化のプロセスで見ると、さらにややこしい。ミトコンドリアの陥入、寄生と宿主、雌雄の発生、サーカディアン・リズム（生理的日内変動）などをどう見るかということもあるし、免疫学では「自己」と「非自己」の出入りを重視するように、生物学的自己ははなはだ相補的であり、相対的なのだ。

ことほどさように、心と体の関係は謎だらけなのである。身近なところでいっても、なぜストレスが抜け毛や胃潰瘍《いかいよう》に関係あるのか、いまだに解明されていない。そのストレスも体寄りなのか脳寄りなのか、見当がついていない。ラマチャンドランの『脳のなかの幽霊』（角川文庫）やガザニガの『〈わたし〉はどこにあるのか』（紀伊國屋書店）などを読むと、いっそう不安になってくる。すべては複合的で、相互作用的だという解釈になりつつあるというだけなのである。

このように「心」もはっきりしないが、その心をつくりだしているだろう「脳」も「神経ネットワーク」もまだまだはっきりしない。一三〇〇グラムの灰色の臓器にすぎない脳には五〇〇億以上のニューロンが張りめぐらされていて、そこでは電気的とも化学的とも計算的ともいえる出来事が一瞬ごとにおこっている。

脳科学はめざましい発展をとげてはいるものの、その研究成果からAという「脳のしくみ」がBという「心のはたらき」に当たっている脳機能だというような、鍵《かぎ》を鍵穴にさしこむような決定打は、いまのところはまだカバーしきれていないのだ。そもそも鍵と鍵穴のような組み立てではないのだろうとも言わざるをえない。それだけでなく「心」と「脳」と「身」の関係もいろいろ観察結果や研究成果がありすぎて、その連動性を説明しにくい。

こうした議論はあまりに複合的で入りくんだ難問なので、哲学や心理学では長らく「心身問題」(Mind-Body Problem)とか「心脳問題」(Mind-Brain Problem)と言って、厄介扱いされてきた。そこでシャンジューとリクールの『脳と心』(みすず書房)、チャーマーズの『意識する心』(白揚社)などが果敢な問題整理に乗りだしたのだが、事態はまだまだ収まってはいない。ケアンズ・スミスの『〈心〉はなぜ進化するのか』(青土社)や、マイケル・ロックウッドの『心身問題と量子力学』(産業図書)などを読むと、かえって難問解説に迷いこまされるということもある。
だからこの手の問題にうっかり入ると深くなりすぎるので、今夜は安西さんのナビゲートに添うにとどめたい。「心身問題」や「心脳問題」に深入りするとどうなるのかについては、山本貴光君と吉川浩満君が巧みにガイドした『脳がわかれば心がわかるか』（太田出版）などを読まれるといい。

というわけで、認知科学の扱う領域はたいへん広範なのである。ヴィジョン、モデル、仮説、実験成果、論争、修正、新説がたえず林立してきた。よほど徹底して入ってみるか、すぐれた案内に従ってみないかぎり、なかなかその醍醐味が伝わってこないかもしれない。インチキ解説で勘違いしてしまうこともある。

本書での安西さんは「心のはたらき」とはどういうものかを問うために、まずは誰が実感できそうな人間像を想定して、その五つの大きな特徴を案内するというアプローチから入るように組み立てた。「コミュニケーションする」「感動する」「思考する」「熟達する」「創造する」という人間像だ。

このような五つの人間像から入るというのはわかりやすく、認知科学をヒューマンにする。認知科学をできるだけヒューマンに扱うというのは、安西さんが三九歳のときに書いた『問題解決の心理学』（中公新書）以来のスタンスだった。あの本では「問題を見つけること」と「問題をたてること」と「問題を解くこと」を、それぞれ丁寧に説明したうえで、われわれが問題に向かっているときには、六つの知的な特色が動いていることを説明していた。①記憶を生かしてはたらかせる、②手段と目標の関係で問題を理解する、③問題そのものを適切に表現する、④知識を動かして使う、⑤そういうことをしている自分を見つめ、⑥問題を扱っているときの感情をコントロールする。

この六つによるアプローチだ。ゆきとどいた点検だった。ぼくは編集力のヒントに使わせてもらった。

さて、本書で安西さんがあげた五つの認知的人間像に通底するのは、広い意味での「共感」である。さまざまな共感だ。喜怒哀楽をともなう共感。感覚器官や意識状態によって変化する共感。感動や愛着だけではなく、フェティッシュ、媚び、傲慢《ごうまん》、嫉妬《しっと》もバージョンになる共感。一人ぽっちの共感と大勢の共感。逆に同意や賛意がなくともおこる共感。失望や期待はずれや方針転換と裏腹の共感……。

認知科学はつきつめれば、この共感の実態を「心」と「脳」と「身」の関係のなかであきらかにしていくことを目標にする。ただし目標にはするのだが、実際には心・脳・身の三つの「あいだ」をいろいろなものが繋《つな》いでいたり遮断したりする。ときにはわかりにくくさせたり、ごっちゃにしたりもする。

そもそも認知には、感知、感情、意識、記憶、注意、イメージ、言葉、意味、意思、概念、行動、状況、察知、社会性などなどが、どんな場面でも「あいだ」に介入し立ちはだかってくるものなのだ。ということは、認知科学はそうした「あいだ」にこそ謎を解くヒントを求めて、裾野《すその》を広げ、てっぺんをめざしていってよかったのである。

こうして認知科学は「心のはたらき」を鮮明にしていくために、いったんすべての「あいだ」の問題を「情報処理モデルのひとつ」と捉《とら》え、そのそれぞれのモデルを提案したり検討したりするという方法を採ることになってきた。心・脳・身の「あいだ」におこる大半の出来事を「情報」のふるまいとして、理解しようとしたのである。

認知科学はさまざまな見方や手法を試みてきた。心の正体に向かうには、あるときは構造から、あるときは機能から、あるときは進化の視点から、あるときは言語処理プロセスとして、あるときはコンピュータに人工知能を詰めていくために、あるときは工事現場に作業ロボットを持ち込むために、あるときは認知症や離人症や失語症を治療するために、幾つもの見方や手法を使う必要があったのだ。

これは「モデル化」が先行してきたということで、それらをモジュール別やシステム別に、またレイヤー別やつながり別の問題に分けてアプローチするという方針が必要だったということでもあった。

念のためにいうのだが、複数の現象・出来事・機能が互いに影響を及ぼしあうことを「相互作用」という。相互作用が組み合わさって自立している系が「システム」である。システムには、そのシステムの各時点の表現として「内部状態」ないしは「変化の状態」が時々刻々生まれている。この状態や変化をつくっている要素や傾向はいろいろあるけれど、それらをまとめていえば「情報」である。

認知科学では「心」を「情報が相互作用するシステムのふるまい」だろうとみなしてきた。この見方によると、「心のはたらき」とはつねになんらかの情報処理をしているシステムの刻々の動向だということになる。そして、このような変化するシステムを〝見える〟ようにするには、情報が出たり入ったりするモデルが、さまざまなプロセスに立ち上がってくる必要があったわけである。〝見える〟ようにするというのは、注意をするということだ。

そこで一言。相互作用する情報がどのように処理されているかを解明するのが認知科学だとすると、ぼくがとりくんできた編集工学もこの方針をほぼ共有するものだということになる。注意とは「意を注ぐ」と書くけれど、この注意のカーソルがどのように「意」や「識」をつくっていくのか、それを再構成するのが編集工学でいうエディティング（editing）なのである。その再構成のプロセスをアナロジー・アブダクション・アフォーダンスの3Aで追いかける。これが編集工学の入口なのだ。以下、「情報処理」というところを「情報編集」と、読みかえていただけるとありがたい。

認知科学がシステム化とモデル化を重視してきたのは、ときどき誤解がおこっているようだが、コンピュータを駆使してきたからではない。脳もまた、ニューロン（神経細胞）・グリア細胞・血管などによってつくられた多様性に富んだ複合システムであるからだ。そのシステムの各部において情報処理（情報編集）がなされている。

ニューロンはネットワーク状に構成され、夥《おびただ》しい数の接点ではシナプス結合をおこしている。シナプス結合ではニューロンの活動電位を上げる興奮性の結合と活動電位を下げる抑制性の結合とがあって、シナプス前細胞からは活動電位を〝解釈〟してさまざまな神経伝達物質が放出される。

他方、脳を構造的にみると脳幹（間脳・中脳・橋《きょう》・延髄）・小脳・大脳に分かれ、大脳はさらに大脳皮質・白質・神経線維・大脳基底核などで構成されている。そのうちの大脳皮質は進化的に新しい大脳新皮質と古い形成部分だった大脳辺縁系をもつ。大脳辺縁系では海馬や視床などが「記憶」にかかわっているとみなされ、注目されている。

このような心と脳という複雑なシステムの探究には、従来から「構造」（しくみ）を分解的に調べていく構造主義的なアプローチと、「機能」(はたらき)に注目してその特徴を調べていく機能主義的なアプローチとがあったのだが、脳科学のシェリントンやサイバネティクスのウィーナーは構造と機能を結び付け、そこにフィードバックの作用(回帰や再帰)がおこっていることをあきらかにした。

構造と機能をくっつけて見るとはいえ、そのさまざまなしくみを、どの説明レベルで解明するかによって、その実験や仮説の意味は変わってくる。

たとえば、ネコが目の前を歩いているのを見ているとして、このとき脳に何がおこっているのか説明しようとすると、いくつかのレベルにまたがる。①脳の視覚神経系がネコの形・色・運動・その他の視覚情報を処理している(神経細胞や神経伝達物質がどのように活動したかという説明のレベル)、②ネコを見ている視覚情報を表現するために何が機能したかを説明するレベル、③視覚系が全体として何をどのように計算しているのかを説明するレベル、などが想定できる。どの説明レベルにおいても、それなりの徹底した実験や研究は必要だが、しかし、これらをまたぐ説明仮説はそれ以上に肝要である。

ぼくがこれは天才だなと思った数理神経学のデヴィッド・マーは、説明を、①物理的実装のレベル、②アルゴリズムと表現のレベル、③計算論のレベルに分けつつも、これらを統合する最適化問題を提起した。ネコの動きのパターンを見いだすという計算問題を視覚系が解いているとみなしたのだ。

われわれは何かを目で見たまま、いろいろな活動ができる。向こうからやってくる人物を見ながら横断歩道を渡ることもできるし、テレビドラマを見ながら柿ピーをあられとピーナッツに食べ分けもする。里芋の煮えぐあいを見ながら大根を切ったり、ガスの火加減を調節したりする。単純な視覚行動のようだが、そこにはいろいろの調整（編集）がおこっている。

こうしたことは感情や心理にダイレクトにかかわってはいないようでいて、知能を成立させている基本的な活動のひとつになっている。こういうことを脳はどのように情報処理しているのか。その突破口を開いたのが夭折《ようせつ》の天才マーだった。マーはこうした小脳の運動学習をパーセプトロンのモデルで説明した。

小脳にはプルキンエ細胞という大きな神経細胞があって、平行線維と神経線維をシナプス結合させている。そこには登上線維もつながっている。マーは小脳ではプルキンエ細胞と平行線維のシナプス結合で生じた情報伝達が、登上線維からプルキンエ細胞に入力される情報によって増強されると仮説して、視覚系は「制約付きの最適化問題」を解いているとみなしたのである。

マーの一九六九年の仮説は大きな反響を呼び、その後は増強だけでなく抑制作用もおこっていることなどがわかってきて、ここに計算論的神経科学による情報処理モデルが次々に提案されるようになった。脳こそは「心のはたらき」に直結する「生きた複合システム」だったのである。

しかし認知科学はここにとどまってはいなかった。コンピュータ科学によって、さらに新たな三つの説明レベルがありうることを提起した。

わかりやすくいうと、①プロセッサやメモリとその関係によってシステムの挙動を説明する物理レベル、②プログラムやデータの構造のしくみによってシステムの挙動を説明する記号レベル、そして、③知識と行為と目標とその関係が定義された要素間の情報エージェントの相互作用によってシステムの挙動を説明する知識レベル、という三つにとりくんだのだ。

情報はいろいろのフォームやスタイルをとり、メディアを媒介にして表現になっていく。文字、音声、音、絵画性、図表性、写真、映像、数式などになるし、身振りやダンスにも、音楽や影絵文芸や演劇にも、笑いやコントにもなる。日常行為の大半、会話の大半が情報のあらわれだ。

これらをまとめて「表象」(representation)と言うとすると、そもそも「知識」(knowledge)というものはこの表象の形成のために、情報をなんらかの組み合わせによって格納してきたものとみなすことができる。こうした〝出番〟を待って貯められてきた知識が示しているもの、あるいは含んでいるもの、それが「意味」(meaning)である。われわれの認知とは、まわりまわって「意味」のしくみを表象してきたものでもあった。

知識がどういうものかについては、プラトンやアリストテレスこのかた、また孔子や荘子以来、さまざまな議論をへてその実態があきらかにされようとしてきた。

フランシス・ベーコン以降は、あらゆる学問、あらゆる思想が「知識のあらわれ」である。ただ、このようなディヴィジョンに向かった知識は分類しやすい。それゆえ知識を系統樹にしたり、鉱物標本や昆虫標本のように区分けしたり、学科や図書分類のようにすることはそんなに難しいことではない。

しかしながら、知覚や想起や行為という動的な認知活動にとって知識や知識群がどういうふうにかかわっているのかということを説明しようとすると、分類知では補えない新たな摑《つか》まえ方がどうしても必要になる。たとえば、知識における概念の役割、知識をしまっておく席や場所の問題、比喩《メタファー》やレトリックの関与、不完全な知識をどう補塡《ほてん》するかということ、知識と言語の基本的な関係とイレギュラーな関係、知識はどのように学習されるのかということ、こういうことがきわめて重要になる。知識は動いてナンボのものなのだ。

こうした知識の認知科学化にあっては、バートレット、ストープル、マッカーシー、サイモン、シャンク、ミンスキー、パパートらが先行してとりくんできた。

知識を分類表に収めるのではなく、変化していくものとして動的に扱うにはどうするか。安西さんは一方では知識の構造化可能性や知識の領域固有性を検討することが必要だが、他方では知識の「収納と想起の関係」や「曖昧性と制約の問題」も相手にする必要があったことを強調する。これらをあきらかにするうえで、コンピュータ科学が強い味方(=見方)になったのだった。

今日のデジタルコンピュータにあっては、情報はいくらでもデータとして収納しておける。しかし、その情報を知識として適確に取り出したり、そのことによって目標を完遂するのに役立たせようとすると(ロボットがまさにその役割をもつのだが)、知識のシステム化にはさまざまな「知識をのせるお盆」が欠かせない。

これらをバートレットやミンスキーは「スキーマ」というお盆、そのスキーマを載せる「フレーム」というお盆、それらをつないだり見守ったりする「エージェント」というふうに、動的に〝載せ替え〟可能なもので組み立てた。まことにうまい分け持たせ方だった。しかもこの分担は、それぞれ数理モデルとして動いてくれる。

ここから先は一瀉《いっしゃ》千里だ。認知科学とデザインを結び付けたドナルド・ノーマンは「メンタルモデル」を、安西さんや横山透はそのメンタルモデルの変化のモデルを、言語学のジル・フォコニエとターナーは「メンタルスペース」や「概念融合モデル」を、ジョージ・レイコフやマーク・ジョンソンはぼくがいっときはまっていたのだが、比喩やレトリックの作用を加味した「意味生成のモデル」を、認知対象との環境の限定力を重視したジェームズ・ギブソンは「アフォーダンス」の作用モデルを、それぞれ提出した。本書はこれらの話題にふれながら、認知科学の特色をまんべんなく炙《あぶ》り出した。

今夜はチューリング・マシンのこと、コネクショニズムのこと、エキスパート・システムや包摂アーキテクチャのこと、認知言語学のこと、クオリアのこと、また認知バイアスを扱ったトゥヴェルスキー&カーネマンのプロスペクト理論のことなどを案内しなかったけれど、本書ではこれらもまことに適材適所で扱っている。とくに「文脈」や「状況」が認知に強くかかわっていることが、随所で強調されている。

十章仕立ての本書は、第九章に「心と脳のつながり」が、第十章で医療・教育・芸術・創造性にかかわる認知科学が「未来へ」として扱われる。九〇年代以降、二一世紀の認知科学を展望した章だ。まとめると、次のようになろう。

今日の認知科学では、(1)まずはfMRI、EEG、MEG、TMS、PETといった脳活動を計測する技術が進展して、神経系の動向がかなり精密に可視化できるようになっている。(2)神経系の相互作用自体を解析するコネクティビティ分解がおこなわれるようになった。(3)これらにともなって感情・不安・ストレス・うつ・離人症などの解明も心・脳・身の「あいだ」をつなぐ認知科学の領域に入ってきている。(4)一方では「意識」(自己意識)にふたたび光が当たり、自己想起意識や自己連想が注目されるようになった。(5)他方では、イメージや創造性や想像力の意義についても認知科学があきらかにしようとしている。(6)ディープラーニングによる機械学習が高速に工夫されて人工知能(AI)が多くのICT領域で応用されている。(7)学習理論や教育問題にどのように認知科学が寄与するかを包括的なアジェンダにしようとしている。(8)SNSやスマホの普及によってネットワーク社会がどのように「認知」に影響を及ぼすかを議論している……。

すこぶるヒューマンな展望だ。安西さんが(8)について、次のような視点を整理していることも参考になる。最後に掲げておきたい。

①ネット社会では、コミュニケーションの中で知覚される情報の質と量がそれぞれ異なるため、その情報をもとにした「心のはたらき」も異なってくるだろう。

②リアル・コミュニケーションには身体からの入力が直接におこるが、ネットでは電子表示に減退されたシグナルばかりが横溢《おういつ》するため、意識下のはたらきが異なってくるだろう。

③リアルとネットでは相手と情報を共有するための判断が、限られた範囲での推測に

偏っていくだろう。それゆえかえって限定された感情移入やエピソード記憶の強度の共有が進行するかもしれない。

④ネットでコミュニケーションを交わす共同体の特質に、リアル・コミュニティとは異なる大きな変化が生じていくだろう。そこでは従来型の社会性を維持するという目標は希薄になるかもしれない。

⑤記憶や思考の方略に変化がおこっていくだろう。メールアドレス、ファイル管理の方策、画像の公衆提示などは、ひょっとすると記憶と記録の文化に新たなステージをつくっていくかもしれない。

認知科学はまだまだ過渡期のままにあると、ぼくは思っている。とくに「意識」「記憶」「自己」「夢」などの正体の見当がつかないままだし（いくつもの説に割れている）、最高度のディープラーニングをした人工知能が「自己めいたもの」を持つかどうかということも、まったく見当がついていない。このままでは「心の正体」の説明はつかない。

とはいえ、それでも認知科学が試みようとしている目標や方法や科学的態度には、これまでの何かの限界を超えるものが萌芽《ほうが》したのだと思う。今夜はそのことについては言及しなかったけれど、認知科学は広義のコミュニケーションの能力（つまりは編集能力）の本質をなんとか説明しようとしているという点で、やはり先駆的なのである。今後ともウォッチングしていきたい。

ちなみに安西さんは二一世紀のコミュニケーターにとって必要なのは、一に想像力、二に構想力、三に集中力、四に並行処理力だろうと書いていた。

第一六〇六夜　二〇一六年四月十四日

**参照千夜**

八六七夜：ウィーナー『サイバネティックス』　一〇五九夜：ポパー＆エクルズ『自我と脳』　七三八夜：チョムスキー『アメリカの「人道的」軍事主義』　八五四夜：ハーバート・サイモン『システムの科学』　四五二夜：ミンスキー『心の社会』　九六九夜：デネット『解明される意識』　一三〇五夜：ダマシオ『無意識の脳・自己意識の脳』　一六二一夜：ケアンズ＝スミス『遺伝的乗っ取り』　一〇七夜：津田一郎『カオス的脳観』　七九九夜：プラトン『国家』　二九一夜：アリストテレス『形而上学』　一二七八夜：老子『老子』　七二六夜：荘子『荘子』　五三五夜：シャンク『人はなぜ話すのか』　一五六四夜：ドナルド・ノーマン『エモーショナル・デザイン』　一〇七九夜：佐々木正人『アフォーダンス』

ココロの絵文字「悩」
「心」と「脳」の二つを両手に持つから悩ましい。

# 第四章 心理学と「私」の間

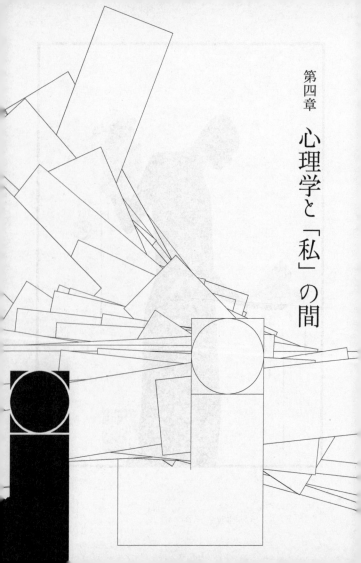

カート・ダンジガー『心を名づけること』

ゲオルグ・グロデック　野間俊一『エスとの対話』

カール・グスタフ・ユング『心理学と錬金術』

R・D・レイン『レイン　わが半生』

ジャック・ラカン『テレヴィジオン』

ディディエ・アンジュー『皮膚―自我』

フレッド・ドレツキ『心を自然化する』

岩井寛『森田療法』

プシュケー、アニマ、情念、意識、欲求もいいけれど、「心づくし」「心付け」「心落ち」はもっといい。

カート・ダンジガー

# 心を名づけること

河野哲也監訳　五十嵐靖博・小松栄一・高砂美樹訳　勁草書房　全二巻　二〇〇五

Kurt Danziger: Naming The Mind—How Psychology Found Its Language 1997

心の呼び名はいろいろだ。たとえば感情、心情、魂、気分、精神、意識、思念、心理、気持ち、情緒などという。だったら、これらは英語のマインド（mind）、ハート（heart）、スピリット（spirit）、ソウル（soul）、フィーリング（feelig）、メンタリティ（mentality）などとは、どこがどう異なっているのか、どう重なっているのかというと、これもはっきりしない。ぼくは同時通訳のグループを十年ほど預かっていたが、話者が「心を鬼にして」とか「心が通じた」と言うたびに、みんな困っていた。心のボキャブラリーはちょっとやそっとではピンとこない。

自分、自己、パーソナリティ、人格、人倫、アイデンティティ、自己意識、自我なども、いったいこれらは心のヴァージョン用語なのかどうか、何と何が関連したり分岐したりしているのかが明確にはされていない。

「心はイシキだ」「心はセイシンだ」と言われても、日本語としてはピンとこない。おそらく哲学用語としても一般用語としても、「心」ほど曖昧《あいまい》で多様な言い方がされてきたものはないように思われる。心理学も同断だ。混乱したままなのである。そこで本書も“Naming The Mind”というタイトルを構えた。「心にはどんな呼称がつけられてきたのか」というタイトルだ。

著者のカート・ダンジガーはドイツ出身の理論心理学者である。オックスフォード大学などで化学・哲学・心理学を修め、オーストラリア・インドネシア・南アフリカなどで教鞭《きょうべん》をとったのち、トロントに移住してヨーク大学で理論心理学の領域の確立に勤《いそ》しんだ。

理論心理学は病状判定よりも研究蓄積にもとづく理知的な心理学で、理論物理学のように理論心理学なのである。ウィリアム・グラッサーの「選択理論」が提起されてからは、たいていの心理行動は本人の選択によるものだという見方に傾いた。

本書は、そういう理論心理学の目から見た“Naming The Mind”の歴史を追っている。ただしサブタイトルの「心理学の社会的構成」は当たっていない。むしろ心理学がどんな概念用語を用意して「心の正体」を憶測してきたかという歴史の一端が描かれているといったほうがいい。読んでいくと、心理学者たちのやや鼻持ちならない矜持《きょうじ》と偏向と傲慢《ごうまん》が出入りしてきたことがよくわかる。ほんとうは「心」のことなんて、誰だって好きな言葉で言いあらわしていいようなものなのに、学問はこれをやたらに面倒なものにしてしまったのである。

少しだけ白状すると、ぼく自身は二十代のころは「精神」が好きで、やたらに精神幾何学とか精神地形学などと言っていた。三十代には「魂」や「意識」を乱用するようになった。魂のありか、外来魂、魂理学、意識を帯びた物質、メタ意識などと言ったりした。慚愧《ざんき》に堪えない。その後はそれらの言葉をとくに重用しなくなり、気分とかアルタード・ステートとか「存在の消息」とかと言うようになった。

心理学者や精神医学者のように「心」を扱うのは、気がすすまなかったのである。「メンタルに強い」や「心が折れない」という言いっぷりも嫌いだった。心はもっとほわほわしていてほしいのだ。つねに「察するもの」や「心ざすもの」のほうに惹かれてしまうのだ。「心おぼえ」「心づくし」「心付け」「心落ち」「心あてに」「心意気」などという和語もいい。

最近になってときどき「おココロさま」という言葉を使う。子供用に使うことが多いけれど、絵本や童話やマンガにあらわされる「心の力」や、その「心の力」を体現しているかのような「魔法をつかう妖精」や「となりのトトロ」の話をするときに、それはね、どこかにおココロさまがいるんだよと言っている。

子供たちには「精神」や「意識」という言葉はわからない。わからないというより、そんな険しくてゴツゴツしたものはいらない。だいたい大人にとっての精神や意識はそもそもが「自己」や「自我」にまつわる自覚的なものだから、こんなものは子供たちにはおヨビではない。子供たちはおココロさまをそんなふうな自分一人の自意識などと、関係づけてはいない。

おココロさまはもっと愉快で、いたずら好きで、出没自在なのである。ときにはずっといなくなることもあるし、コロポックルのように葉っぱの蔭《かげ》やケサランパサランのように机の抽斗《ひきだし》のようなところに隠れていることもある。

心を自己意識に結び付けたのは、あきらかに近世哲学や近代心理学である。デカルトやロックが登場してからのことだ。おかげでとても面倒な議論が勃発しつづけることになった。しかし、かつては哲学も「おココロさま」に近いことを考えていた。

古代ギリシアには「心」(mind)、「意識」(consciousness)、「自己」(self)にあたる言葉はなかったのである。そのかわりプラトンやアリストテレスはこれらをひっくるめて（もっと他のものも入るが)、「プシュケー」(psyche)と捉《とら》えた。

プシュケーには「成長の力」「感覚の力」「運動の力」「欲望の力」「思考の力」が宿ると考えられた。プシュケーはそうした力を宿す「蛹《さなぎ》」なのである。そこからいつかは成長変化した蝶が出る。だから、そこには何かを可能にする力(デュナミス)があるとみなされた。デュナミスというのはダイナミズムのことだから、プシュケーはそういう五つの可能力を秘めた種をもっているということになる。のちのちこの“psyche”がスペルを変えて“psychology”(心理)にまでなった。

一方で、アリストテレスはプシュケーのうちの「思考の力」が動くときは、これが「理性」(reason)や「ロゴス」(logos)を伴うものだとも見た。理性がロゴスをもって相手にするもの、それは「ヌース」(nous)であった。精神的で形のないものがヌースなのだが、ギリシア的なヌースはその後のヨーロッパ的な知性や精神のルーツにあたっていった。アナクサゴラスは世界を支配しているのがヌースだとみなし、プロティノスは万物はヌースから流出していると考えた。

プシュケーにはよくわからないものもまじっていた。これは古代ギリシア人が総じて「フロネシス」(phronēsis)と呼んでいたもので、「思慮」と訳されることが多い。思念・思い・イメージ思考などを含んでいる。

フロネシスはなんとかして「おココロさま」の外に取り出したいものだった。そこでソフィア（叡知・知恵）とテクネー（技能・技術）が重視され、ソフィアとテクネーをつかって掘削や取り出しにとりくむ者があらわれた。詩や演劇や音楽や数学が芽生え、修辞学《レトリック》が工夫された。そういう試みをいろいろくだしてみると、フロネシスとは今日でいう感情（affections）や情動（emotions）や情念（passions）に近いものだった。これはのちにロゴス（logos）に対するパトス（pathos）とみなされもした。パトスはのちのパッション（passion）やペーソス（pathos）になる。

その後、こうしたプシュケーやヌースのさまざまな動きの総体を、ヘレニズム以降のラテン語でまとめて「アニマ」（anima）と呼ぶことになった。哲学的にはプシュケーとアニマは必ずしも同一のものではないが、ひっくるめればアニマなのである。日本語では「魂」になる。

アニマが動き出すことを信じて、そのアニマのままに行動しようとすると、アニミズムが生まれる。アニミズムは「物」にもアニマが宿るとみなすので、物活論になる。その動き出すアニマの動きをそのまま動画化していくと、アニメーションになる。いわゆるアニメだ。このようにいまなお民間信仰を支える各種のアニミズムが各地に動き、映画・マンガ動画をへて発展してきたアニメが沁み出しつづけているわけなのである。アニメーションはアニマ・モーションのこと、今日のアニミズムやアニメーションには、頻繁に「おココロさま」が登場する。「おココロさま」はぼくが子供たちのためにつくりだしたアニマの正体だ。

以上のような見方を発展させようとして、さまざまな難しい提案や分析に走っていったのが、その後のヨーロッパの全哲学である。わかりやすいかそうでないかはべつにして（だいたいはわかりにくい）、すべての哲学が「心」をめぐっていたと言っていいだろう。そこにはキリスト教も神学もスコラ哲学も倫理学も含まれていた。

トマス・アクィナスやスコラ哲学はもっぱら情念（passion）に注目した。希望・絶望・恐怖・勇気・欲望・痛み・愛情・嫌悪などが情念として人の心を占めているものだと考えた。一方、デカルトは『情念論』（岩波文庫）で、驚異・愛情・嫌悪・欲望・喜び・悲しみの六つを重視して、それぞれ原因をもつと考えた。デカルトは、のちの心理学のように運動（motion）と行為（action）とを分けなかったのだ。

そのうち、情念は社会の構成力にも機能しているのではないかと思われるようになっていく。十八世紀イギリスのマンデヴィル、アダム・スミス、ハッチソン、ロック、ヒュームらは情念を情動（emotion）と捉えなおし、「心」の動きと社会の動きを関係づけたのだ。「心」の動きは道具的理性とみなされ、ここからプライベート（私）とパブリック（公）が分けられていった。

こうしてロックが『人間悟性論』の中で、ついに「意識」と「自己」を別々に扱ったのである。「自己」(self)という言葉が一人歩きしたのは、このときだった。ロックは「点的自己」(punctual self)という言い方さえした。ダンジガーはこの時代に、「理性は主人から使用人になった」と述べている。

意識や自己を社会思想から議論するのは限界があった。だいたいそんな社会意識を分析するような思考では「アニマ」の所在がさっぱりだ。近代になって、ここに登場してきたのがアニマの構成物に切りこもうとした生理学と心理学である。新しい切り口である。ヨハネス・ミューラーが先頭を切った。

近代社会がつくった生理学と心理学は「心」の用語を、感覚や知覚の領域を占めるであろう状態用語としてつくりだした。態度(attitude)、動機(motive)、気質(temperament)などだ。また、このような心の状態は「刺激」(stimulus)と「反応」(response)がもたらしているはずだと見て(S-R説)、そこには知覚における「興奮と抑制」がおこっているはずだとみなした。

最初にこのことを言い出したのは、ミューラーの助手をしていたエミール・デュ・ボワ=レイモンである。この見方がのちのちまでニューロンやシナプスのしくみと「心」を関係づけることになる。デュ・ボワ=レイモンには『自然認識の限界について・宇宙の七つの謎』(岩波文庫)というすこぶる興味深い本がある。科学はイグノラムス (ignoramus) ということ、すなわち「われわれは知らない」ということを知るべきであり、知らないことがあったっていいのだと主張した。こういう見方をイグノラビムス (ignorabimus) という。「心のことはほっておきなさい」というのだ。

やがてダーウィンの進化論が波及して、それまでの博物学的な見識がどんどん系統樹的に整理され、分類できないものまで区分けされるようになった。そこで「心」の代わりに「態度・動機・気質」などを持ち出した生理的心理学は、刺激と反応の、また興奮と抑制の出入りをおこしている本体を、とりあえず広く有機体 (organism) という用語でカバーすることにした。

一方、このころから「知能」(intelligence) という得体のしれないものが注目されるようになった。プシュケーやヌースではない。理性や知性でもない。生理学的にその目盛がはかれるような知能だ。ジョージ・ロマーニズの『動物の知能』やハーバート・スペンサーの『社会静学』をもって嚆矢《こうし》とする。

心のはたらきを知能のような才知ぶくみの機能で説明するのは、かなりきわどいことであるが、知能に対する注目はフランシス・ゴールトンの知能検査主義や優生学を派生させた。そして生理的活動や日常的活動にさえ「成績」(performance) という目盛を付加していった。知能は才知のパフォーマンスが高いほうがいいのだ。

ＩＱ（知能指数）などというあやしげな目盛も大手を振るようになり、それがあたかも「心の進歩性」をあらわすかのような過剰な議論がまかり通っていった。ＩＱ（Intelligence Quotient）には言語性ＩＱと動作性ＩＱが設けられて、まるで心の偏差値のような精神年齢さえ算定するようになった。精神年齢の対語は生活年齢である。

こうして二十世紀のアメリカに急速に広まっていったのが「行動」（behavior）と「学習」（learning）の心理学なのである。まずロイド・モーガンの『動物行動』とマーガレット・ウォッシュバーンの『動物の心』が、動物の行動にはなんらかの心のあらわれが読みとれるという前提をつくり、ついでウィリアム・マクドゥーガルがそれをまるまる人間行動にあてはめ、ジョンズ・ホプキンズ大学の若手の比較心理学者Ｊ・Ｂ・ワトソンがこれらを強力な「行動主義」（behaviorism）にまとめていった。

行動主義心理学は「心」の存在を認めなかったのである。大半の心的過程はすべて行動にあらわれるとみなした。あまりに偏った見方であったにもかかわらず、これこそが行動科学だと勘違いされ（つまり科学的だとみなされ）、パブロフの条件反射説の説得力ともあいまって、たちまち「学習」というものは動機付け（motivation）による行動によって培《つちか》われたものだという説明に到達していった。

バラス・スキナーはこの考え方を徹底させ、オペラント(operant)による条件付けが学習の全プロセスであると確信した。オペラントはオペレートするものという意味だ。心はついに操作(operation)の対象になったのである。

オペラント理論はせいぜいネズミにレバーを押させて回路学習させたスキナー・ボックスによる実験結果にすぎなかったのだが、そこがアメリカが実用社会を好む異様なところで、この行動学習理論はすぐさまマネジメント理論や広告理論に採り入れられ、ここに願望(wish)、欲望(desire)、欲求(want)、意志(will)、動機(motive)が「心の動向のインディケーター」であって、そこには必ずや誘因(incentive)と報酬(reward)の関係がくみこまれているとみなされることになったのである。アメリカ人と、そして日本のビジネスマンが大好きなインセンティブ主義の舞台が、こうしてまわりはじめたのだ。

それでは、かつての意識や自己はどこにいったのかといえば、すべてはパーソナリティ(personality)に集約された。ドイツ生まれのイギリス人の臨床心理学者ハンス・アイゼンクが音頭をとるうちに、広まった。なかでもアブラハム・マズローは意識や自己の根拠などを気にするのではなく、自己実現のプロセスをへて至高体験(peak experience)を求めなさいと宣言した。①生理的欲求、②安全の欲求、③社会的欲求(所属の欲求)、④自己承認の欲求、⑤自己実現の欲求、⑥自己超越の欲求という六段階で、心の不安は消えると宣言した。

これらはいまは人格心理学あるいはパーソナリティ心理学として体系化されている。ニーチェがいたら呆《あき》れたことだろう。

いったい、こんなことで「心」は納得できるような名前をもらってきたのだろうかといえば、むろん、そんなことはおこっていない。名付けはしたが、これらは大半が亜種の名付けだったようなのだ。ダンジガーも、心理学は自然種（natural kinds）を指摘しえないと断言している。心理学的カテゴリーはせいぜい関連種（relevant kinds）を列挙するばかりなのである。

つまりは、われわれは「心の別名」ではなく「心の代用品」を見せられてきたのだ。このことについては、ぼくがお気にいりのイアン・ハッキングが、それがそもそも人間の本性や構成についての命名がもたらす「人工種」（human kinds）の宿命というもので、どんな心の代用品もずっと昔からループせざるをえないものなのだと見抜いていた。

本書にはフロイトやラカンらの見方は登場していない。だから「自我」や「エス」は議論になっていない。「アルター・エゴ」や「鏡像自己」も扱われていない。理論心理学はポストモダン思想をカバーする気がなかったのである。

これはあまりに狭すぎた。ぼくとしてはそれどころか、ジョン・C・リリーの「意識の中心」やティモシー・リアリーの「コンテリジェンス」などを、またフィリップ・K・

ディックの「ヴァリス」やウィリアム・ギブスンの「マトリックス」をそろそろ心理学も議論してもいいだろうと思う。けれども、そんなことはまだまだ遠いことだろう。

第一七二三夜　二〇一九年十月二五日

**参照千夜**

七九九：プラトン『国家』二九一夜：アリストテレス『形而上学』一〇二三夜：ニーチェ『ツァラトストラかく語りき』一三三四夜：イアン・ハッキング『偶然を飼いならす』八九五夜：フロイト『モーセと一神教』九一一夜：ラカン『テレヴィジオン』二〇七夜：ジョン・C・リリー『意識の中心』九三六夜：ティモシー・リアリー『神経政治学』八八三夜：フィリップ・K・ディック『ヴァリス』六二夜：ウィリアム・ギブスン『ニューロマンサー』

意識の奥に「エス」という無意識があるという。
そいつは人称的なのか、非人称な奴なのか。

# エスとの対話

ゲオルグ・グロデック　野間俊一

新曜社　二〇〇二

おととい買って、さきほどとりあえず読み了《お》えた。グロデックについての関心をいっこうにもたない日本で、やっと本格的なグロデック批評の書物があらわれたので、渋谷のブックファーストで目にしてすぐに入手したのだが、ドイツ語論文の抄訳（わかりやすい名訳だ）と気鋭の精神病理学者の野間俊一の解説が、時をまたいだコラボレーションのようになっていて、ぼくなりの意を得た。

ゲオルグ・グロデックは「エス」を発見した異能の精神医学者であって、マッサージや温泉治療に率先してとりくんだヒーラーである。フロイトはこの「エス」に興味をもって『自我とエス』を書いた。

グロデックには「名状しがたい現象」にはたらく独得の勘のようなものがあった。それが言葉にも及んで表現者としても、一風変わった異能を発揮した。哲人ヘルマン・カイザーリングの「知の学校」に参加したり、「サタナリウム」「方舟《はこぶね》」といったハイパーコミュニティ・マガジンを編集した実績もある。風変わりな名称「サタナリウム」とはサナトリウムにサタンを混ぜた奇妙な造語である。

だいたいグロデックの主著『エスの本』(誠信書房)の原著のサブタイトル「ある女友達への精神分析の手紙」にしてから、ヤーコプ・フォン・ユクスキュルが『生物から見た世界』(岩波文庫)につけたサブタイトル「ある女性への生物学の手紙」をそっくり共鳴させていた。さらに『魂の探求者』(未訳)という小説すら書いた。精神分析小説と銘打ったもので、おかげでグロデックは学界から白眼視されるにもおよんでいる。このときグロデックを擁護したのがフロイトだった。

こういうグロデックを、はたしていまどのように受けとめればいいのかというのが本書の内容になる。


グロデックは一八八五年にベルリン大学医学部に入って、エルンスト・シュヴェニンガーから「医者がかかわるのは疾患ではなくて患者なんだ」という姿勢を教えられた。全人的医療者なのである。そのシュヴェニンガーはつねづねラテン語で「自然が癒し、医師が治す」(Natura Sanat, Medicus Curat)と言っていたそうで、グロデックはそのラテン語のイニシャルをとって「ナサメク」という、これまたかなりへんてこりんな言葉をつくり、市民向けの医療講演にもその名をつかった。こういうあやしい趣向ばかりを好んだのだ。

その後、グロデックは「エス」(es)を思いつく。人間の精神や意識の奥にはたらくものがエスで、フロイトが「無意識」とか「イド」(id)とよんだものに近かった。けれども、これは正確な説明ではない。グロデック自身が「エスは曖昧な概念だからこそいい」「Xなどというよりいい」と書いているように、実はエスには明確な定義はなされていない。あえてしなかった。

ちなみに「エス」(Es、ESとも)という、これまたちょっと風変りな呼称は、ぼくが大好きなゲオルグ・リヒテンベルクが「人間に考えを始まらせる主体を非人称にしたらどうか。"es denkt" のように言ったらどうか」とメモをしていたことにもとづいている。さすが、リヒテンベルクだ。

エスは心の奥に想定された用語だから、もちろんニュアンスはある。堅くはない。解釈もいろいろ変化した。たとえばフロイトはエスをいささか否定的な意味でつかったのに対して、グロデックはエスをあくまで肯定的なものとみなしていた。グロデックにとってのエスは生命が成立するうえでの根本的な動向をさしてもいるし、われわれが「生きていられる」ことを支えているものでもあり、それを安易に「心はこれだ」などと指摘するわけにはいかないものなのでもある。

歴史的には、グロデックのエスはフロイトによって評価され、また多少とも批判された。しかし一九一七年、フロイトはグロデックと出会い、エス仮説をとりこんで自身の理論化をさらに飛躍させるようになっていった。

グロデックの治療法やエス仮説をとりこんだのはフロイトばかりではなかった。時代が重なるオットー・ランク、エルンスト・ジンメル、カレン・ホーナイ、禅に関心をもったエーリッヒ・フロム、ニーチェの恋人のルー・アンドレアス＝ザロメもグロデックを評価した。かれらはグロデックが実際に患者に施した治療効果もさることながら、病気にひそむ象徴性（意味論）に着目したことに驚いたのだ。おそらくグロデックの先駆性はかれらが等しく認めたように、「病気」と「心」と「意味」とを初めてつなげたことにあったのだろうと思う。

フロイトも多少はそういう意味論をもっているのだが、精神治療では治療者と患者のあいだに「転移」がおこるとみなしたグロデックの先見性には、さらに評価が集まった。この「転移」の発見は、いまでも精神医学界の〝常識〟になっている。

すでに察知されたように、グロデックにはかなり風変わりなところがあった。アナグラムめいた言葉づかいや小説すら書いていたことを紹介したけれど、どうもそれ以上の才能というのか、奇妙な癖のようなものがある。

本書には合計八本のグロデックの論文が翻訳されているのだが、とくに冒頭に掲げられた「身体疾患に対する精神の関与と精神分析療法」に、ぼくは目を剝《む》いた。文章の全体が比喩《ひゆ》や連想に富んでいて、自身の疾患や体験の話を説明のなかにとりこんで、しかもそれをそのまま精神分析の方法としてしまっている。まるでギョーム・アポリネールの詩かルネ・マグリットの絵のようなのだ。

ぼくはとりわけ「シャルロッテ＝シャルラッハ」という連想が気にいった。「シャルラッハ」は猩紅熱《しょうこうねつ》という意味なのだが、そこから「シャルロッテ＝猩紅熱」というメタストリームがあらわれている。実はぼく自身が中学生のときに猩紅熱にかかって隔離病棟での日々を送った経験がある。このときの体験はなんとも奇妙な連想に満ちたものだった。そんなことが思い出され、これはなんら学問的な評価とつながらないのではあるけれど、グロデックに対する親近感がさらに増してしまったのである。

本書はこうしたグロデックの硬軟とりまぜた論文のあいだに、野間俊一による精神医学の変遷史を含む〝グロデック思想〟の明快な解読がさしはさまれて進んでいくという叙述スタイルになっている。退屈な精神医学史を読むよりよほどわかりやすく、またさまざまな示唆に富む。

とくにユクスキュルの環境世界論を足場に、マックス・シェーラーの「世界開示性」やハイデガーの「世界内存在」がグロデックの思想と関連があることをのべるくだり、また、ヴァイツゼッカーが提案した「ゲシュタルトクライス」やメルロ＝ポンティの知覚論との比較をするくだりは、のちに〝心身医学の父〟とよばれたグロデックの今日的な位置を説いて十全だ。

著者はこうした分析を通して、グロデックのエスがゲーテの「神なる自然」(Gottnatur)に起因していると結論づけた。さもありなん、だ。たしかにグロデックのエスにはゲーテやハイゼンベルクのウルマテリアの雰囲気がある。そうだとすると、エスは古代史が生んだ神に代わる現代史の「心の神」なのである。しかしそれはそれ、いろいろ読んでいるとグロデック自身が心地よい混乱をたのしんでいるとも感じられてくる。

〔後記〕野間俊一は二十年ほど京大の付属病院で精神科の医師を務めたのち、ごく最近、京都の嵯峨さくら病院の院長になった。摂食障害治療のトップランナーである。『身体の哲学』(講談社選書メチエ)、『解離する生命』(みすず書房)など、読みごたえのある著書も多い。一方、二〇一〇年、互盛央《たがいもりお》の『エスの系譜』(講談社→学術文庫)が刊行された。「沈黙の西洋思想史」とあるように、グロデック＝フロイトのエスの周辺やハイデガー存在学やそのルーツ思想のみならず、ブーバー、シュタイナー、ブラヴァツキーなどの神秘思想にも目を配った浩瀚《こうかん》な一冊だった。今後、エスは沈黙を破って饒舌《じょうぜつ》になっていくにちがいない。

第五八二夜　二〇〇二年七月十七日

**参照千夜**

七三五夜：ユクスキュル『生物から見た世界』 八九五夜：フロイト『モーセと一神教』 一七一五夜：リヒテンベルク『リヒテンベルクの雑記帳』 一〇二三夜：ニーチェ『ツァラトストラかく語りき』 一二六五夜：ルー・ザロメ『ルー・ザロメ回想録』 九一六夜：ハイデガー『存在と時間』 七五六夜：ヴァイツゼッカー『ゲシュタルトクライス』 一一二三夜：メルロ＝ポンティ『知覚の現象学』 九七〇夜：ゲーテ『ヴィルヘルム・マイスター』 一一二〇夜：ハイゼンベルク『部分と全体』 五八八夜：ブーバー『我と汝・対話』 三三夜：シュタイナー『遺された黒板絵』

この人は心理学者というより、ユングという「連想心理装置」そのものだった。

カール・グスタフ・ユング

## 心理学と錬金術

池田紘一・鎌田道生訳　人文書院　全二巻　一九七六

Carl Gustav Jung: Psychologie und Alchemie 1944

ずっと以前のこと、「フロイトとユングの心理学のちがいって何ですか」と何かの会で読者から聞かれたことがある。「うーん、そうねえ。ハリウッドの映画でカウンセラーが患者を長椅子に寝かせていたらフロイト派、患者と椅子を向き合わせて腰掛けながら話していたらユング派かな」と答えた。

質問者は不満そうだった。その後、このだいそれた冗談を、これも何かの会のおりにそのころは文化庁の長官になっていた河合隼雄さんに言ってみたら、このユング派の領袖《りょうしゅう》は「松岡さん、そりゃ御名答だねえ」と大笑いした。河合隼雄という人はよほどの大物か、もしくは無責任な人なのだろう。それにしてもユング心理学のことなど、人に聞かれたからといって急いで説明したり解説したりするものではない。ユング心理学の特徴があるとすれば、それは「布置」(コンフィギュレーション)なのだ。心を占めるものたちの置きぐあいなのだ。

心を占めるものたちは、みんなシンボルである。だから、ユングはカウンセラーとして物語を始めるためのマザーシンボルが必要だった。

一九二三年にユングの母親が死んだ。ユングはチューリッヒ湖畔のボーリンゲンに土地を入手し、そこに塔を建てはじめる。自分で石を積むようにもした。古風な塔である。ユングは休日をできるだけそこで過ごし、思索の成熟を待った。一九五五年に夫人のエンマが死んだときも、塔に手を入れ拡張し、そこに行きたがった。マザーシンボルは塔だったのである。

ユングはなぜフロイトと親しみ、フロイトと別れたのだろうか。一八九八年、二三歳のユングにちょっとした事件がおこる。古いテーブルがバーンという音とともに割れたのだ。十日後、今度は食器棚の中のナイフの刃が四つに割れていた。

やがてユングはこの奇妙な現象が従妹《いとこ》のヘレーネの霊能力と関係があると確信するようになる。ユングはヘレーネが霊媒になっている降霊会に頻繁に出入りした。その後もユングはUFOに関心をもったり、グノーシス主義に心酔したりする。一九一三年にフロイトと訣別《けつべつ》することになったのも、ユングのオカルト好きが原因になっている。これもちょっとした冗談だが、性欲に関心をもっているのがフロイト派、オカルトに関心をもっているのがユング派だ。

ユングの父親はプロテスタントの牧師で、言語学の博士号をもっていたが、慢性的に不満をかこっているようなところがあった。神経質だったらしい。祖父はバーゼル大学医学部の教授から、のちに総長になっている。

そういうことだけならユングは名家の生まれだったということだけなのだが（その後は没落して貧しい一家になっていく）、この祖父はゲーテの私生児だという噂もあって、さらにフリーメーソンの会員だとも言われてきた。母親もバーゼル地方の牧師長の娘で、その家系には何人かの霊能者がいたらしい。

こうした子供時代の生活環境のなかでユングが何を感じていたかというと、おそらくはイエス・キリストを恐怖しすぎていたか、さもなくば疑問視していたのではないかと想像される。聖餐式《せいさんしき》で葡萄酒《ぶどうしゅ》をイエスの血として飲み、パンをイエスの肉体として食するというようなキリスト教に、かなり不気味なものを感じていたにちがいない。ぼくはそう感じている。それなのに父親がキリストの存在を信じているフリをしていたのがユングの疑問だったのだ。

　こうして少年期のユングは村人たちが制止するのも聞かずに水死体を覗《のぞ》いたり、洞窟《どうくつ》にファロス（男根神）が鎮座していることに興味をもったりする、そして、友人に突き飛ばされたというだけで半年もの不登校をしてしまうというような、そういうトラウマを抱えるようになっていた。

　のちにユングは、自分の中には「牧師の息子」という第一の自分《ファースト・セルフ》と、「古い時代のことを知っている老人」という第二の自分《セカンド・セルフ》がいたと言っている。ユング心理学の中味は、だいたいこうした二つ以上の自分自身のトラウマとの「対話」から成っている。その一方の片割れが古い塔であって、他方はオカルトだったのだ。

　一九〇〇年は、プランクの量子定数の発見や新渡戸稲造の『武士道』日本版の刊行をはじめ、いろいろの意味で象徴的な年だった。ニーチェが死んだ年、フロイトの『夢判断』が刊行された年としても象徴される。

　フロイトの著書に最も影響をうけたのがユングである。二人はすぐさま文通を始め、ユングがフロイトに会うためにウィーンに行ったときは、玄関で顔を合わせた瞬間から旧知の間柄のように十三時間も話しこんだ。二人をここまで結びつけたのは人間の心の奥に動く「無意識」の存在だったろう。

　しかし、ユングにとってのフロイトは「擬似的な父親」との逢着《ほうちゃく》でもあった。こういうことは歳の差のある研究者仲間ではよくおこることで、代父の役割をもてない研究リーダーなどいないといってよい。一九〇九年、二人はアメリカのクラーク大学に招かれて一ヵ月の日々を共有する。蜜月だった。このとき、フロイトはアメリカがすでに巨大な誤謬《ごびゅう》に陥っていると感じたのだが、ユングは混沌《こんとん》の魅力を感じていた。

二人のアメリカ旅行はアメリカ社会に精神分析学を植え付けることになり、しかも二人によって世界の心理学界が動き出すことになる契機となったのだが、このあとの二人は逆に衝突してしまう。ユングがフロイトのリビドー論（性欲シンボリズム）を批判したのが亀裂《きれつ》の直接の原因だ。意外にも（意外でもないが）、フロイトは怒りに震え、ユングは自分自身の内に蹲《うずくま》っていた父親コンプレックスを見る。

一九一三年、ユングは絶縁状を書く。ユングがしばしば幻覚を見るようになるのは、このあとだった。そこにはときどき老人エリアと盲目の少女サロメが登場した。

ユングは心理学者というよりも、一個の「生きた深層心理」あるいは「断絶のない連想心理」そのもの、あるいはそういう受発信装置そのものだったというべきだろう。『ユング自伝』（みすず書房）を読むと、すぐわかる。このことについてはずっと前に『遊学』（中公文庫）のなかでも書いておいた。

したがってユングという一個の人間像はそれ自体が精神医学の偉大な「生きた装置」

ともいうべきで、それはそれでたいへん興味深いのだが、それ以上に興味がそそられるのは（それ以上に大事なのは）、ユングがどんな「心についての見方」をしていたかということだ。三つに絞りたい。

第一には、心の様子は「元型」(archetype)をもってあらわれてくるということに着目したのが大きい。ユングの言う元型《アーキタイプ》は「像」としてあらわれる。グレートマザー、老賢人、童子、トリックスター、英雄などがある。夢の中では像たちのそばに「意識中心としての自我《エゴ》」や「心理中心としての自己《ゼルプスト》」が見えることがある。

第二には、「集合的無意識」(collective unconscious)を発見（あるいは強調）したことだ。言葉による連想実験によってコンプレックスのはたらきを研究していたユングは、そこには個人を超えた集団や民族がもつ無意識がはたらいていることに気がつき、それを集合的無意識とみなした。この仮説はその後のユング派たちの研究によって、人間が類としてもっている普遍的無意識であろうという見方と、人々が集まって心を合わせるときにも動きだすものであろうという見方に、それぞれ発展していった。

第三に、「変容」(metamorphose)のプロセスに分け入ったことである。フロイトとユングの比較でいえば、症例の定位的な解釈の〝深化〟に才能を発揮したフロイトにくらべて、ユングは症例そのものの解釈の〝変化〟のほうに目を向けたのである。

ユングの言う変容は広くて深く、またあやうい。元型による変容もあれば、不安な心の変容もある。メタモルフォーゼであってトランスフォーメーションで、モディフィケーションでもあるが、精神分析学的には、分裂病の前駆症状が変容なのである。そういう心の変容は放置していれば症状が悪化することがありうるのだが、ユングはその前に変容（変化）のプロセスに注目し、その観察から独特の人間像を探りだそうとしていったのだった。

変容は男性性と女性性にまたがっても、あらわれる。男にひそむアニマ（男性のなかの女性性）と女にひそむアニムス（女性のなかの男性性）の変容である。男はその内なる女性性を、①肉体的なアニマ、②ロマンティックなアニマ、③スピリチュアルなアニマ（たとえば聖母マリア志向や女神志向）、④知的なアニマ（モノセクシャルな女性）というふうに変容させる。これに対して、女は自身の内なる男性を、①力のアニムス、②行為のアニムス（行動力としての男性感覚）、③言葉のアニムス（表現された男性性）、④意味のアニムス（意味の指導への憧《あこが》れ）というふうに変化させていく。

ユングはこうした「変容」が個人の心理に影響を与えているとともに、むしろ文化そのものの本質的動向にもあらわれているとみた。元型や集合的無意識のはたらきは文化そのものの変容だろうとみなしたのである。ぼくがユングをさかんに読み始めたのも、この見方に惹かれてのことだった。

これについては『変容の象徴』（ちくま学芸文庫）が詳しいのだが、この本の解説に秋山さと子さんが書いているように、かなり難解なところがある。

　ユングが着目した「元型」「集合的無意識」「変容」は互いにつながっている。それぞれが心的容器としてのコンテイナー(container)に乗り合わせているからだ。

　この見方はメラニー・クラインやウィルフレッド・ビオンも重視したもので、すこぶるおもしろい。容器《コンテイナー》がたんなる「入れもの」ではなく、そこに何かが「乗ってくる」ことによって、容器そのものが変容しているとみなされているのである。わかりやすくいえば、考え(thought)は考えること(thinking)によって進んでいくのではあるけれど、その考えに容器性があるから進めるわけで、いわば考え(thought)は考えること(thinking)に先行しているはずなのである。

　この先行性のことがわかれば、ユングがどうして「元型」や「集合的無意識」を鬼の首を取ったかのように大切にしたかが、見えてくる。ユングの深層心理についての思想には、未飽和なものが飽和していくのだという見方があったのである。

　未飽和は何もないということではない。そこには、未飽和を未飽和なりに包み込んでいる容器《コンテイナー》があった。

　本書は、ぼくが杉浦康平さんに頼まれて講談社の『ヴィジュアル・コミュニケーション』（「世界のグラフィックデザイン」第一巻）の文章を書いていたころ、夜中ごとに読んだ。かなり懐かしい。そのころはテームズ＆ハドソン社の〝Art & Imagination〟シリーズや藤沢衛彦《もりひこ》の図説日本民俗学シリーズを片っ端から調べていた。そうしないと杉浦さんが選んだ図版のキャプションが書けなかったのだ。そんな時期の読書である。

ユングはこの本で新しいことを加えようとはしていない。人間の歴史の中でイメージやイマジネーションがどのように変容していくのかということを、主に錬金術を通して執拗《しつよう》に追いかけている。これはそうとう参考になった。杉浦さんと試みてみたかったことも、まさにイメージとイマジネーションの起源と変容のプロセスであったからだ。逆に名著といわれてきたホグベンの『コミュニケーションの歴史』（岩波現代叢書）などが、まったく役に立たないことも教えてくれた。

ユングが錬金術に関心をもったのは、友人の中国研究者のリヒャルト・ヴィルヘルムがマンダラの本（『太乙金華宗旨《たいいつきんかしゅうし》』）を送ってきてからのことだった。ユングはたちまちマンダラと道教《タオイズム》に熱中し、そこから中国錬金術に、そして西洋錬金術に入りこむようになった。西が東に目を向けたのではなく、東に向けた目が西へ戻っていったのである。

正直な感想をいうと、ユングの東洋神秘に対するのめりこみはあまり当を得ていなかった。書いていることもあまり参考にならない。しかしさすがに西の神秘主義や錬金術に対する取り組みには、唸《うな》らせるものがある。なぜそんなふうになったのかといえば、西に詳しかったからではない。東の「元型」にふれたことが、西を解かせたのだ。

こうしてユングは錬金術を調べるなかで、錬金術師たちが「プリマ・マテリア」(第一質料)や「賢者の石」を想定しているとき、それらがおおむね「ニグレード」(黒化)、「アルベード」(白化)、「ルベード」(赤化)の順番をとって変容すると考えていたこと、これらの変容の結末にたいていは「輝きとしての黄金の生成」や「理想としての王と王妃の結合」がメルクリウスの蛇のように予定されていることに注目した。なぜこのような不可能がめざされたのか、なぜ古代中世の人間がそんなことに執着したのかに考察の時間を費やしたのだった。

考察のすえにユングが得た構図は、錬金術のみならずいっさいの神秘主義というものがつねに「対立しあうものの結合」をめざしていること、そこに登場する物質と物質の変化のすべてはほとんど心の変容のプロセスのアレゴリーであること、また、そこにはたいてい「アニマとアニムスの対比と統合」が暗示されているということだった。このことは「無意識の世界」のサブタイトルをもつ共著『人間と象徴』(河出書房新社)ではさらに自信に充《み》ちたものになっている。

ユング派の精神医学がもつ治療効果については、ぼくは何も語れない。その知識も体験もない(なかで「箱庭療法」にはコロンブスの卵を感じた)。一方、ユングが六九歳のときの『心理学と錬金術』によってスタートさせた「文化にひそむイメージの変容のプロセス」の析出については、もっと評価されたほうがいいと思っている。心の問題はイメージの変容の問題なのである。

こうした析出の研究はその後、『アイオーン』（人文書院）、『ヨブへの答え』（みすず書房）、八十歳のときの『結合の神秘』（人文書院）、最後の『現代の神話』（紀伊國屋書店）というふうに連打された。その成果の全貌《ぜんぼう》からは、いまなお低迷しつづけている神秘主義思想や神秘的宗教が入手すべき数多くのヒントが見つかるはずである。

あらためて言うのだが、ユングがこのような視点を自在に文化の奥に介入させることができたのは、ユングが個人の無意識の内側に「自我の中心」を見ずに、むしろ自我がほしがっている「心の補償作用」に注目するという見方をとったことによるのだろうと思う。そこにコンテイナーという方舟《はこぶね》を用意できたからだろうと思う。

けれども、このことが現代の思想や今日の宗教にほとんどまったくといってよいほど生かされていないのは、まことに残念だ。これは、いまなお思想や宗教を「補償作用」とみなしたくない思想家や宗教家の自我が禍《わざわ》いしている問題である。「心」は何かのついでの補償作用かもしれないと思っていたほうがいい。

第八三〇夜　二〇〇三年八月四日

**参照千夜**

八九五夜：フロイト『モーセと一神教』　一四一夜：河合隼雄『中空構造日本の深層』　九七〇夜：ゲーテ『ヴィルヘルム・マイスター』　六〇五夜：新渡戸稲造『武士道』　九八一夜：杉浦康平『かたち誕生』

ココロの絵文字「悒」
「うれえる」という字は、心が糸にからまって憂鬱だ。

レインは「自分という心理学者」に抗して、「反精神医学」という運動をおこした。

R・D・レイン

# レインわが半生

中村保男訳　岩波書店　一九八六

Ronald David Laing: Wisdom, Madness and Folly 1985

ぼくは学会にも学界にもほとんど縁がない。二年前に東大の客員教授になり、いまは帝塚山学院大学教授になって教えているが（注：二〇〇一年現在）、学会や学界にはかかわらない。ゲストとしてそういう場に呼ばれて講演などをすることがあっても、必ずその場かぎりにする。アカデミーを嫌っているのではない。多くの成果には敬意を払ってきた。けれども、ぼく自身はいっさいかかわりをもちたくない。

学界には公式見解という妙なものがある。これにかかると評価の高低の如何《いかん》にかかわらず、どんな者も精彩を欠く。公式見解によって研究者の評価が一時的に確定してしまうのだ。そのため、よくあることなのだが、もし公式見解が見誤りをしているばあいは、しばらくその研究者とその研究の全貌が忘れ去られることになる。R・D・レインの精神医学はこの十年ほどのあいだの公式見解によって、ほぼ否認されていた。

われわれはときどき痛ましい本に出会うことがある。バーネットの『小公子』(岩波文庫)のような物語や金子光晴の『絶望の精神史』(講談社文芸文庫)のような告発的自伝のことではなく、その本を読む者の心が痛ましくなる本のことで、たとえば本書がそんな一冊だった。

ロナルド・デイヴィッド・レインの書きっぷりには痛ましいものはない。どちらかといえばスコットランドに生まれて厳格なイギリス式家庭環境に育ったエリートの半生がふつうに描かれている。それにもかかわらず、この本は痛ましい。

ひとつは精神医学者が自分の精神の病跡の遠因にふれようとしているからであろうけれど、もうひとつはレインが最初から人生と研究を一緒に進めようとして、後戻りできなくなっている精神科医としての経緯がひしひしと伝わってくるからである。あろうことか、自分の研究対象である精神病に、その精神病にとりくむべき医者が疑問をもってしまったのだ。

そのような精神医学者が世間にけっこういるということは、ぼくも知っている。名前は出さないが、実際にもぼくの知人の精神医学者や治療者には似たような怖れを少なからずもっている者が何人もいる。こんなふうに言ってよいなら勇んでそう書くが、精神医学者のなかには、御当人こそ精神医療をうけたほうがいい学者や医師が少なくない。だから、レインが精神医学に疑問をもったとしても、その治療に戦《おの》のいたとしても、また周囲の仲間や批判者から「反精神医学」のレッテルを貼られたとしても、そのこと自体はレインの不幸ではないし、痛ましいことでもない。

そうではなくて、レインが本書を憤然と綴《つづ》り、しかも赤裸々ではないのにその行間で自身の何らかの破綻《はたん》を告げてしまっていること、そこがレインの後戻りできない治療者としての人生を感じさせて、痛ましく思うのだ。

つまり、似たようなことは精神治療者の多くが感じてはいても、レインのようにその事情を「医者自身と自分自身とのあいだ」で揺らしつづけた者は少ないし、そのようなやばい少数者になってしまうことを、レインがうすうす感じていながらその溝の深みに入っていくことを躊《ため》らわなかったことに、そしてついでにいえば、そのことを語るのにあえてマルティン・ブーバーやアントナン・アルトーを引用することに、何か異様なものを感じるのである。

こういう痛ましい印象は作家やアーティストではしょっちゅうお目にかかれることではあるが、学問の系譜に属する者の著述にはめずらしい。しかし、レヴィ＝ストロースの『悲しき熱帯』（中公クラシックス）がそうであったように、実は心をゆさぶる学問の端緒には、しばしばこのようなことがおこるのだ。

本書の前半はレインの少年期や青年期に納得できなかったことが綴られている。人生には納得できないことなどゴマンとありそうなのだが、なかにはどうしても釈然としないことがあって、このことにこだわると、いつも忿懣《ふんまん》がよみがえってトラウマになる。たとえばレインは、サンタクロースの正体が両親だったことにものすごく失望した。そのことで肉体的なパニックに陥っていきさえする。

こんなこともあった。子供時代に母親が風呂《ふろ》に入ってきてレインの体をこすることを、母親はレインに約束させたらしいのだが、レインの股間《こかん》にわずかな陰毛が生えたとき、レインがそれを見られるのを恥じて母親の侵入を拒否しようとして風呂に鍵《かぎ》をかけたことがあったらしい。このときドアの外で母親が怖ろしい形相で「開けなさい」と怒鳴りつづけたこと、その母親を父親が力まかせに引きずっていったことが忘れられないでいるというのだ。

両親とのあいだの亀裂《きれつ》感は長く続いたようである。その父親は最後の十年間を老年精神科の病棟でおくった。絶対音感があるといわれ、自分もそう感じていたのに、そのテストをさせられたときに「君には絶対音感なんてないんだ」と言われたことも忘れられない。トラウマになった。それならカンニングをしたかウソをついたということになるのだが、はたして自分がカンニングしたのかどうか、はっきりしなくなった。その虚実の皮膜が自分ではっきりとめられないのだ。

グラスゴー大学医学部に入って、ナチスがユダヤ人を対象に行った実験の映像を見せられたときの戦慄《せんりつ》も、消えない憤懣《ふんまん》をのこした。そのことを本書のなかでもまだ納得していない。人体というものが生きたまま変質したり、失速したり、二度とよみがえらなくなっていくことに、どのような理解も示せなかったせいだった。

医者の卵となって本物の精神病の患者に会うことになった初期、ある患者が二週間にわたる緊張性の不動状態に入ったことを目撃したことも、レインは納得できない。その患者が何かの催眠にかかっているのか、心因性のものなのか、仮病なのか、そんなことは絶対に見分けはつかないと決めこんでしまったからだった。

このようなことはけっしてめずらしいことではない。医者になろうという者ならば一再ならず多くの者が体験していることで、レインだけが特別にナイーブだったというわけではないだろう。

しかしレインは自分が納得できないことにこだわっていく。その負担を引き取ろうとする精神医学者だったのである。真剣にこのような体験を克明に綴《つづ》りつつも、なんら論評を加えない。まるで、これは自分の体験なのだから誰も介入できないことで、このようなことに文句をつけてもらっては困る。そして、そのようにこれらの忘れられない体験を自分が引きずっているのは、自分が精神医学のために治療にあたったせいではなく、精神医学を通して人間のコミュニケーションの本質を考えたかったからだと、そう、言わんばかりなのである。

いや、レインはそんなふうには書いてはいない。ただ、そのように受け取られてもしかたのないように書いていて、そこにまともな記述をしたことを自分で認めているわけなのである。このような姿勢がレインを「反精神医学者」にしたのであり、学界のメジャーがレインを葬ろうとした原因になったのだろうと思う。

ということはレインは失格者をめざしたのだ。けれども、ぼくははっきりいうが、今日の精神医学はここから、レインの痛ましさから再出発すべきなのである。

レインには、一九六〇年に三二歳の若さで発表されたセンセーショナルな若書きの『ひき裂かれた自己』をはじめ、話題になった『自己と他者』、および『狂気と家族』『経験の政治学』（いずれもみすず書房）などの著書がある。

どれも飛躍に富んだ問題作ばかりであるが、ところが、レインは一九八九年に六一歳で死ぬのだが、熟年以降の著作がまったくない。人生の後半は寡黙に沈潜してしまったのだ。それがまた精神医学界の〝公式見解〟によって無視される原因にもなっている。

無視されたままで、いいはずがない。

少し、いきさつを紹介しておく。レインの先生は、小児科医で精神分析医だったドナルド・ウィニコットだった。フロイト理論をもとにメラニー・クラインらの児童精神の分析仮説を「対象関係論」にした。

レイン自身は一九五〇年代から六〇年代にかけて、分裂病(統合失調症)の患者を対象関係論で看るうちに、患者たちを入院させ、隔離して回復させるのはムリがあるとみなすようになった。心が閉じるばかりだとみなしたのだ。生まれた地や住みなれた地に患者を〝解放〟し、地域の側もそうした「心の病気」を理解するようになったほうがいいと考えたのである。

さいわい裕福な家に生まれ育ったので(そのため変わった幼少期をもったのだが)、私財を投じて医者と患者の共同住居を設け、新たな治癒共同体を実験したり、デイヴィッド・クーパーとともにフィラデルフィア・アソシエーションや現象学研究所をつくったりした。これらの活動は当時から「反精神医学」(anti-psychiatry)と総称された。命名はクーパーによる。

精神分裂病(統合失調症)に確たる生物学的な原因を指摘するのは不可能である。また、人間に正常な「心」や「自己」があると見るのはおかしなことだ。レインは、そう考えた。

精神疾患はおこる。その症状も多様である。けれどもそれは、たいていは他者とのかかわりの中でおこることであって、自己が自分自身を歪曲《わいきょく》したわけではない。レインはこの「他者とのかかわり」を「境地」として名づけ、その境地は自己の中にあるのではなく、他者の中に発見できるものなのだとみなした。他者の中に境地が発見できなくなって、精神疾患がおこると考えた。

この考え方は、グレゴリー・ベイトソンの「ダブルバインド」の見方と近いものをもっていた。昼間、親が子供に「おいで」と言っておきながら、夕方に子供が体にさわろうと近付いたとき「だめよ」と言えば、子供はダブルバインド（二重拘束）状態になる。レインが風呂の件で「やさしい母」と「怒る母」を同時に体験したのは、ダブルバインド状態をもたらしたのであろう。こんなことが何度かおこれば、大人だってダブルバインドになる。

ベイトソンはこの心の状態は、第一次のメッセージと第二次のメタメッセージが相反していたり矛盾していたりすることで惹起《じゃっき》されると見て、これによって次のような心の偏向が誘発されると想定した。①言葉にあらわされていない意味ばかりに偏執するようになる（妄想型が進む）。②言葉の文字通りの意味にしか反応しなくなる（破瓜型《はかかた》が進む）。③

日々のコミュニケーション全体が厭《いや》になる（緊張型が進む）。

レインはダブルバインドが分裂病（統合失調症）を促すとは言っていないのだが、コミュニケーションの自他関係が心を分裂させる可能性は高いと見て、精神疾患をもつ者が病院に隔離されるのに反対し、家族や住まいや町に戻ることを提案したのだった。

レインやクーパーの「反精神医学」には、まずサルトルが反応し、ついでドゥルーズやガタリが賛意を示した。レインが精神をどんな器官にも限定せず、どんな機能障害にもあてはめようとしなかったことが、気にいったのだ。またフーコーは、レインが患者を病院から解放しようとしたことにエールをおくった。

一方、レインらの反精神医学には批判も殺到した。精神医の努力を果たしていない、精神医学の科学性を理解していない、精神科病院を監獄のようにみなすのは誤解もはなはだしい、薬剤治療を試みもしないで否定するのはおかしい、そもそもレインやクーパーには精神疾患の原因をさぐろうとする意志がないのではないか……。

批判には当たっているところも含まれる。また、批判をした学界が目をつぶったところもある。それは「精神病のレッテルは社会統制である」とレインが強調した点だ。レインは精神医学がくりだす病名が、社会のスティグマとして機能し、心にトラウマを刻印させることに、闘いを挑んだのだった。

それならレインは精神疾患にどんな原因も認めなかったのかといえば、そうではない。レインは心に去来する二つ以上の意図をめぐる解釈の結び目が絡まったり、解《ほど》けなくなったりしたときに「心の病い」が動き出すように見えるのだとみなし、この「結ぼれ」(knot)を疾患の分岐点とみなしたのである。

佐野元春に《R・D・レインに捧ぐ》という歌がある。「そこにいてくれて、ありがとう」という歌だ。どこかで聴いてみてほしい。ジンとくる。

第二四五夜　二〇〇一年三月八日

**参照千夜**

一六五夜：金子光晴『絶望の精神史』　五八八夜：マルティン・ブーバー『我と汝・対話』　三一七夜：レヴィ＝ストロース『悲しき熱帯』　八九五夜：フロイト『モーセと一神教』　四四六夜：ベイトソン『精神の生態学』　八六〇夜：サルトル『方法の問題』　一〇八二夜：ドゥルーズ＆ガタリ『アンチ・オイディプス』　五四五夜：フーコー『知の考古学』

ラカンは無意識にも鏡の間があって、
そこには「他者の語らい」も交わされていると見た。

# テレヴィジオン

ジャック・ラカン

藤田博史・片山文保訳　青土社　一九九二

Jacques Lacan: Télévision 1974

今宵はクリスマスだ。キリスト教がオシリスとイシスの伝説とミトラス教の教義にヒントを得て、そこに冬至伝説と「油をそそがれた者」のイコンを加え、イエスの誕生日をつくりあげたクリスマス。けれども、独学のクリスマスもあっていい。今宵はそんな気分になっている。

一九七三年のクリスマス前後、ジャック・ラカンはフランス放送協会の要望に渋々応《こた》えて、テレビでの質疑応答に出演した。いつもの通りの晦渋《かいじゅう》な受け答え。インタビュアーはジャック＝アラン・ミレール。テレビだということもあって、視聴者を意識して質問を絞りこんでいる。本書はそのテクストの再現だ。ルビの多い翻訳もなかなか工夫されている。

ぼくはかねてからラカンの紹介にあたっては、いったい何をどのように料理しようかと何度となく迷ってきた。料理が決まったとして、味付けはどうするか。皿はどうするか。なぜかラカンをラカンの流儀で紹介したくなかったのだ。

そんなことで、最初は『エクリ』全三巻（弘文堂）を持ち出そうとしてごった煮になりそうになり、ついではセミネールの何かの一巻、たとえば『自我』や『精神病』（岩波書店）などをとも思ったのだが（ラカンは長期にわたるセミネール＝ゼミ様式の討議によってその思想を深化させていった）、これは学校の講義になるような気がして、〝超学校〟が大好きなぼくとしては躊躇《ちゅうちょ》した。

そのうちに、ふと『テレヴィジオン』こそおもしろいと考えなおした。そのきっかけが何だったかは忘れたが、きっとカトリーヌ・クレマン（ラカンの伝記著者）の娘がラカンの雑誌特集について何かを言っていたのを読んだとき、はっとしたのだとおもう。その雑誌の表紙の服装の模様をクレマンの娘が〝すごい！〟と言っていたのである。

これで何かがふっ切れた。一年半ほど前のことだった。これなら皿も思いつく。本書の翻訳をしている藤田博史がラカン直系の精神医学者で、かつフランス語の和訳に長《た》けているという好条件も揃っている。これならラカン得意の流儀ではなく、かえってラカンをファッショナブルに伝えることができるかもしれない。

そこで以下、『テレヴィジオン』での発言を切り出しつつ、ぼくの解説ならぬ感想を交えることにした。ぼくの読者へのクリスマス・プレゼントには、このくらいがふさわしいだろう。ジャック・ラカンがまさしくそうだったのだが、独学者こそ真のクリスマス・プレゼントを受けるにふさわしい。

ラカンは、世界のあれこれの情報の渦中から〝最も大事な類比関係〟だけを摂取しつづけた編集的独学者だった。それでは、この一夜だけのジャック・ラカンを独学のクリスマスを送るすべての者に捧《ささ》げたいと思う。ちょっとばかしハードコアなクリスマスになる、かな。

**わたしのディスクールは、人は何を知りうるかという問いを認めません。**

精神科医ラカンは患者に何をどのように伝えればいいかということを、よく知っていた。その方法は意外だろうけれど、なんと「中断」である。

知る人ぞ知る、ラカンの患者セッションではしばしば突然の中断によってセッションがぷっつり終わっている（これを短時間セッションともよんだ）。この投げやりとも見える大胆な方法が意味するのは、ラカンには「中断された活動は完結した活動よりも連想的な素材を生み出す」という考えがあったということだ。ちなみにダンサーの土方巽から言われたことがある。「松岡さん、中断はすばらしいですよ」。僕が「遊」を中断して休刊宣言をしたときのことだ。

ぼくも確信しているのだが、中断のみならず、未完成な部分を残すこと、あるいは負の部分をあえて提示することは、かえって全体の輪郭と内容を深く暗示することが多い。とくに触発的連想を引き出していく。ともかくもラカンとはこういうことを意図的に実験しつづけた異才だった。

**人間は、ランガージュの構造が身体を切り分けることによって思考しているのです。**

ラカンを有名にしたのは、「無意識はひとつのランガージュとして構造化されている」という乱暴なテーゼである。ランガージュとはもともとは言語活動一般をさすが、ラカンがいうランガージュはもう少し厳密で、独創的だった。

ここでいうランガージュは、誰かが何かを言語を用いて「話す」ことではなくて、任意の寄《よ》る辺《べ》なき誰か（主体）のことが、他者たちによって「話される」という言語活動なのである。そして、それが当人の無意識をあらわす根源的なランガージュそのものにあたっているということを暗示的に意味していた。

ラカンのいう無意識は少しわかりにくいかもしれないが、「他者の語らい」としての無意識である。自分の中だけにある無意識ではなくて、他者たちとともにある無意識だ。無意識が他者と連動するだなんて、これはラカンを知らない者には意外なことだろうが、けれどもラカンは、そう考えた。では、無意識が「他者の語らい」のなかにあるとすると、どういうことになるのか。ここからは、ちょっとややこしい。

そもそも自己としての誰かは、いつも自分で自分のことを語っているつもりになっている。しかしながら自分のことを語ろうとすればするほど、そのランガージュはいつのまにか他者を語っていることが多い。なぜなら自己というものは、もともと他者との比較においてしか芽生えない。

一方、他者は他者で勝手なことを語っているようなのだ。けれども、その「他者の語らい」は、ラカンによれば、自分のことを語っているらしいという他動的なランガージュの印象になる。これをいいかえれば、「語られている他者としての自己」にこそ無意識があるということになる（らしい）。そうすると、どうなるか。自己と他者の〝切り分け〟の具合にのみランガージュとしての無意識があるということになる。これがラカンによると「人間は、ランガージュの構造が身体を切り分けることによって思考しているのです」という意味になる。

**思考というものは魂に対して不調和なのです。**

誰だって自分を知りたい。自分の「心」を覗《のぞ》きたい。しかし、いまのべたように、自己への接近が他者とのあいだの無意識によって介在されているとなると、たんなる思考が自己に近づくなどということは、とうていムリだということになる。むしろ「他者の欲望」に接近することこそが自己に接近する近道だ。

この「他者の欲望」とは何なのか。たとえば性欲や憎悪なのか。たとえば親近感や所有欲なのか。まあ、いろいろだ。いろいろあるけれど、なかで大事なことは、それらもたいていは言語意識によって表明されているということだ。何かがほしければ、何かを言うか、その欲望にもとづいた行動をおこさなければならない。友人に「ごはんを食べにいこう」と言わなければならず、ティファニーで「二〇万円ほどのネックレスがほしい」とカラカラの喉《のど》で表明しなければならない。表明や行動をしなくとも、これらはアタマのなかでの言語意識になっている。

これは、ネックレスをもっていない自己が「ネックレスをもっている他者」に近づいたということだ。すなわち、ラカンにおいては「自己に近づくには他者になる」ということなのである。そうだとすると、この「自己接近」と「他者欲望」とのあいだには何らかの意味のつながりがありそうだ。

ラカンにはかなり初期から、これまた面倒な言いっぷりなのだが、「シニフィアン連鎖」という見方があった。意味するものと意味されるものの連鎖だ。ラカンは患者の言葉にひそむそうした意味の連関をずっと探査しつづけていた。またそれを「グラフ」(欲望のグラフ)にあらわそうとしていた。心や魂というものが、どんな見取り図からもはみ出しているだろうことをラカンが見抜いたためだった。

ラカンが「グラフ」を思いついたのは、フロイトの『機知—その無意識との関係』の文章に注目してからだった。機知というものは、自分の意識の見取り図をはみ出して他者に向かっている。ジョークや軽口を思えばいいだろう。あれは、あきらかに他者のためにあるもので、しかも、自己と他者をつなぐためにある。その機知のありかたをヒントに、ラカンは自己と他者のあいだにつながるシニフィアンの連鎖を辿《たど》ろうとした。そして、自己は「他者の欲望」を媒介にしてやっとこさっとこ自立するのだということに気がついた。まあ、そう言われればそういう気もする。「思考というものは魂に対して不調和だ」というのは、以上のような意味をもつ。

**欲望が姿をあらわすときに要求している反復性にこそ、無意識があるのです。**

文章としてはわかりにくいかもしれないが、これはそれほど説明することもないだろう。誰かの意識のなかで欲望がかたちをあらわすときに、その欲望に向かう要求が何度もくりかえされ、その反復の周辺こそが他者とつながっている無意識のゾーンだというのである。

ただしここでは、反復性というところがミソだ。人間の言動というもの、気がつかずに反復していることのほうが断然多い。その反復性こそが諸君の「自我の輪郭をもった本体っぽいもの」なのだ。

**無意識？　語る存在《エートル・パルラン》にしか無意識はありません。**

ラカンは師のガエタン・クレランボーの「精神自動症」(automatisme mental) という考え方から出発した。思考奪取、思考吹入、させられ体験、幻聴、妄想などのことをいう。この見方でいけば狂気の大半を「外から押し付けられたもの」というふうに解釈できるからだ。

これは、精神科医フロイトが神経症を出発点にしたのに対して、ラカンがもともと狂気を出発点にしたこと、とくにパラノイア(偏執的な妄想にとらわれる疾患症状)の分析を出発点にしたことを強調しているもので、このことがのちのちまでラカンの思想に濃厚な色彩を与えた。パラノイアとは理想主義の墜落の現象のことで、そこにつねに「自罰」がともなう症例のことだったのである。

**魂は、身体に対する無意識の機能の総計による仮説なんです。**

ここでラカンの「鏡像段階」をめぐる仮説をごくかんたんに紹介しておく。鏡像段階という見方は、一九三六年に自己(自我=私)の機能を構成するものとして〝発見〟されたもので、生後一年前後の乳幼児が「鏡」ととりむすぶ関係から推察された。《去年マリエンバードで》というアラン・レネのモノクロ映画があったものだが、そのマリエンバードの学会での研究発表のときだった。こういうものだ。

乳幼児はまだ神経系が十全に発達していない。身体感覚が全身に届いていないので、自己受容知覚も統合されていない。そのため乳幼児は、いわば「寸断された身体」の状態にある(ぼくは必ずしもそう見ていない。むしろハイパーボディ状態にあると見ているが、まあ、それはさておいておく)。で、乳幼児は全身感覚が未発達なのにくらべて視覚がけっこう発達しているため、鏡に映った自分の映像と対面した乳幼児は、ラカンの言い方によれば「彼自身の映像と世界の映像の光学的な関係による諸知覚を処理して、彼自身の像を世界の中での特権的な地位を占めるものとして認知する」(難解な言い方だねえ)。こうして視覚が先取りした映像の上に、あとから自己の能動性の中心が仮託され、そこに「私」という自己中心が発生してしまう。

これが有名な「鏡像段階」仮説だ。この仮説をラカン自身は次のように意味づけた。三つに絞っておこう。

第一には、われわれは幼児期のみならず、つねに身体的な未統合状態にいるということだ。これは誰しも心当たりがあるだろう。六八四夜のデイヴィッド・ホロビン『天才と分裂病の進化論』(新潮社)で、しきりに「統合」が話題になっていたことを思い出してほしい。

とくに幼児期の知覚のアンバランスから生じた自己映像性の漠然とした確立は、その後の自己形成のモデルとして大きく作用して、よくいえば、自分の欠陥やアンバランスを克服して理想的な自己像を求めるという意識を発達させるというふうになる。けれどもこれは実際の自己像とのあいだに亀裂《きれつ》があることを確認することにもなるので、そうとうな緊張を強いられる。この緊張を維持しながらも亀裂を突破していければよいけれど、それで何度も挫折《ざせつ》しているうちに、かえって自己像そのものを喪失しかねない。これも誰もが心当たりがあることだ。

ここで、「鏡」とは実はひとつの例示であって、実際には母親の体との相対的な比較や、両親兄弟親戚《しんせき》の言葉による自己映像の予想なども次々に加わって(つまりいろいろな鏡像が加わって)、自己鏡像はますます虚の次元に確立されていく。

第二にラカンは、このような鏡像段階があるということは、結局のところ、自己(自我)というものは最初から社会関係にくみこまれているものだとみなした。つまり、無垢の自己なんてものは最初からありはしないとみなしたのだ。もっとはっきりいえば、そのような社会的関係によって疎外されるということが自我をつくるのだと考えた。このことはラカンに言われなくとも、みんな知っている。

第三に、以上のことは他者との関係が自己像の本質だということを説明していることになる。ラカンが、そうみなしたのだ。が、そうなってくると、その一方、人間というものは他者に見えているだろう自分自身の像を否定したくなって、「実は、私は……」と言いたくなる自分がしばしば浮上してくる。いわば〝真実の自己〟の復権要求とでもいうものだ。

むろん、「実は、私は……」というような本来的な自己なんていうものは、めったにありえない。だから、この復権にはムリがある。自己像はそもそもにして他者との関係の中以外にはない。それゆえ自己像の過度の復権要求は、その当人にパラノイア的な苦悩をつきつけることになっていく。しかもそれが幼児期このかたの鏡像段階をスタートにしているがゆえに、ついつい虚像として出てしまうのだ。本人にとってはまことに苦しいことである。

けれどもラカンは、その「虚像としての自己」の出現にこそ注目したわけだった。以上、詳しくは『エクリ』Ⅰの「〈わたし〉の機能を形成するものとしての鏡像段階」を読むとよい。

意味というものは、多義《エキヴォック》か、隠喩《メタフォール》か、あるいは換喩《メトニミー》なのです。その連合《アソシアシオン》なのです。

隠喩《いんゆ》や換喩。ラカンはこういうイメージの表現変化の中にこそ意味の本質を見いだした。もっとも隠喩や換喩にもいろいろある。おなじみ編集工学の六四編集技法でも示しておいたが、省略・冗語・転置・兼用・逆行・反復・同格などはシンタックスの移動によって、隠喩・濫喩《らんゆ》・換喩・諷喩《ふうゆ》・換称・提喩などはセマンティックな圧縮によっておこる。

ラカンはこういうメタファーをつかって精神分析学にアプローチしていった。だからラカンを読むことは、精神分析学を活用してみたいというような思いだけでは、あまりおもしろくない。正直いって、ぼくはラカンの精神分析学はそんなに凄《すご》いとは思っていないのだが、しかしながら、ラカンがそのような思想を表示するために駆使してきたメタファーに対する努力と工夫には、しばしば舌を巻く。学問などというものは、そっちのほうが重要なのだ。

これも有名なことだが、ラカンは象徴界と想像界を区別した。ユングのように一緒くたにしなかった。そのうえで、独特の「スタイル」を作り出した。引用と暗示を華麗なほどに駆使するというスタイルだ。『エクリ』にはこう書いている。「スタイルとは人間そのものである。もっぱらこの定式を拡張して、ここでいう人間とは言葉をさしむけられる人間であるという定式に賛同しようではないか」。

言葉を心底考えようとする人間にこそスタイルが生まれるというこのラディカルな定式は、ラカンの思想の全域で徹底して表示されていった。そしてそこからは、これも『エクリ』のなかでの言いぶんなのだが、次のようなメッセージが生まれてきた。「言語においては、メッセージは他者からやってくる。これを徹底的につきつめれば、言語は逆転した形でやってくるということになる」。こんなこと、たんなる思いつきなどでは言いえない。

**大事なことは、暗号化されるものがあるということではなくて、暗号を解かれるものがあるんだということです。**

ラカンが精神科医として出発をしていたころ、精神分析はとっくに危機的状況に陥っていた。ラカンはそこでフロイトに戻れと言うのだが、フロイト解釈のありかたにも疑問をもっていて、とんでもないことを考えた。精神分析から「情動」をはずしてしまうという、モーセの脱出に似た計画だ。

ぼく自身はフロイトにも責任があると思っているけれど、ラカンはフロイトではなくてフロイト解釈者たちが誤読しすぎているとみた。フロイト主義というもの、ついつい暗号になったもののほうばかりを気にしすぎる。ラカンはそうではなくて、暗号が解《か》かれる方向に何かの本来の問題があると直観した。リリースされる方向に本質を嗅ぎとったのだ。これは当たっている。まさに、その通りだ。たしかに意識も無意識も、エンコードよりデコードをするときのリリースの方向がずっと重要なのである。

**つまり、情動は置き換えられ《デプラセ》ている、ということです。**

ラカンは「言い換え」こそが意識と無意識の橋掛かりであることが十分にわかっていた。そのうえで、フロイト主義者がこだわった「情動」をそこで固定せず、自在に言い換えた。

このあたり、ラカンはうまい。編集工学的でもある。ラカンの文章や理論はまことにわかりにくいのだが、またそういう評判ばかりが目立つのであるけれど、ここはラカンの読み方を知ればとくに難しいわけではない。その読み方というのはラカンの読み換えのスピードに自分を合わせることである。考えてみれば、スポーツだってそうだ。サッカーやラグビーやテニスを見るのに、そのスピードでそのゲームを見ないかぎりはおもしろくもないし、だいいち、何もわからない。文章だってそういうものだ。とくにラカンにおいては、ラカンの置き換えのスピードに乗って読むことだ。

**わたしは、科学のディスクールとヒステリーのディスクールは、ほとんど同じ構造をもっていると結論します。**

これはラカンに指摘されて初めて納得したことだった。なるほどと合点した。だからといって、ここから、科学者はたいていヒステリー患者なんだと短絡する必要はない。まあ、そうだけれども……。それよりもここで重要なのは、合理というもの、理屈というものを整合させるということには、それをそうさせている科学者や理屈屋が、放っておけば自身がそうなりかねないヒステリーをその合理の手前で消化させているせいだという、そのことだ。

かなりの科学批判だが、科学そのものに文句をつけているのではない。科学的な言説の出方はヒステリックになりがちだと、そう言ったのだ。

**抑制を生じさせているものが抑圧であるということから、問題を立ち返らせねばなりません。**

この言いまわしもまた、絶妙だ。それとともに、ここには抑圧も無意識も、主体を構成しようとする作用の痕跡《こんせき》が生んだものにすぎないという言明が隠れ見えている。この主張はロジェ・カイヨワにおいても雄弁に語られた。人間というものは〝イメージの虜《とりこ》〟になるものだということを説明しているのである。ここまではだいたい理解できることだろう。が、ここからちょっと飛躍する。言葉そのものも抑圧なのだという主張に飛んでいく。

言葉が抑圧だとは、どういうことなのか。ある言葉を選べば他の言葉を抑圧したことになることを意味している。言葉はアタマのなかではつねに多数の並列状態になっている。そのオプションの群れから何かを選んで発話するということは、それ以外の言葉を抑圧しているわけである。

言葉は、アタマのなかでたえず意識化されているわけではない。大半はどこかに貯まってストックされている。そこでは言葉の多くが休んでいるか、死んでいる。そのうちのいくつかは夢で喚起されたり、精神病で暴発したりするものの、だいたいは無意識に近いところに貯められている。ということはつまりは、ランガージュそのものが無意識としての構造をもっているということをあらわしている。すでに何度も説明したことであるけれど、無意識は言語のように構造をもっているわけなのである。

この主張をもうすこし思いきって発展させると、精神医学者としてはフロイトとラカンだけが喝破した〝あること〟につながっていく。それは「負の存在」に対する感覚の作用こそが存在の証明をなしとげるであろうという予測だ。ぼくはこのようなラカンには、今夜も脱帽する。

では、ジャック・ラカンが最もジャック・ラカンらしくなっていくクリスマス・ツリーの頂点の章句を最後に掲げておくことにする。

**解釈《アンテルプレタシオン》は、貸借《アントルプレ》を満たすために、快速でなければなりません。**

そうなのだ。解釈とは貸借なのだ。貸したり借りたりするときの、つまりはいろいろ精神の出し入れがおこるときの、その加速装置のことなのだ。つまりは「心」とはそういう「抜き差し」があるときに見えてくるものなのだ。それにしてもラカンはよくぞこういう芸当を欠かさずに、精神分析という退屈な分野を突き抜けたものだった。ジャック・ラカン、からんからん、言っていいかしらん、メリーからん・独学からん・クリスマスからん！

第九一一夜　二〇〇三年十二月二四日

**参照千夜**

八九五夜：フロイト『モーセと一神教』　六六三夜：ルソー『孤独な散歩者の夢想』　六八四夜：デイヴィッド・ホロビン『天才と分裂病の進化論』　八九九夜：カイヨワ『斜線』

「私」も「心」も「脳」も、外胚葉の「皮膚」につながっているはずだ。

## ディディエ・アンジュー
# 皮膚―自我

福田素子訳　言叢社　一九九三
Didier Anzieu: Le Moi-peau 1985

皮膚は体を包むズタ袋ではない。傷ついたり、皺《しわ》になったり、鳥肌がたったりするし、汗をかいたり匂ったり、吹き出物が出たり引っこんだり、愛したり嫌ったり、萎縮《いしゅく》したり怒張したり、あるいは蚊に刺されたりすると、勝手な発情を始めたりもする。

いったい皮膚や体表とは何なのか。皮膚には、脳と分有しているものがある。それは「皮膚―自我」なのである。皮膚はわれわれにひそむ「たくさんの私」のうちの何人かぶんの自己そのもの、自己群なのだ。

この本は本屋で見つけてすぐに読み（芦澤君のブックデザインが目立っていた）、そのころ資生堂のミネルヴァ塾で一緒に講師をしていたいとうせいこう君に、そういえばフロイト派のディディエ・アンジューにね、「皮膚―自我」という見方があるんだけれど、あれはちょっとおもしろいよと勧めた。当時のいとう君はフロイトやソシュールのアナグラムっぽい問題設定について、自分なりの新解釈にとりくんでいた。

ディディエ・アンジューの本職は精神分析医である。文化人類学に明るく、民族精神医学の端緒もひらいた人物の一人だった。分厚い『ミシェル・フーコー伝』(新潮社)によると、アルチュセール、ドゥルーズとともにエコール・ノルマルを出身し、三人が同期で哲学教授資格試験に合格したらしい。ちなみにフーコーはかれらの三つ年下だった。そのアンジューがフロイト的精神分析に欠けているものとして「皮膚―自我」というすこぶる斬新な概念を創始した。なかなか興味深い。

周知のようにフロイトは、三つの心的装置を用意した。エス、自我、超自我だ。心はこの三つが仕切っていると見た。

五八二夜のゲオルグ・グロデックの『エスとの対話』であらかた説明しておいたように(グロデックはアナグラム心理学の名手だった)、ヒトの精神や意識の奥ではたらくものが「エス」である。フロイトはこのグロデックの用語を使うまでは「イド」「無意識」などと呼んでいた。エスは心の一番奥にある。

一方、「自我」(エゴ)は本能的なエスに対してこれをなんとかコントロールする自己意識のことで、エスの欲望(短期的な利益衝動)を制約し、ときにあきらめさせる機能をもっているとされた。「超自我」(スーパーエゴ)は、幼児からの発達心理の順でいえばエスや自我の芽生えよりずっとあとから形成されるもので、善悪の判断や禁忌力をもつ。いわば理性的で倫理的な自己である。

フロイトはこれらのエス・自我・超自我に、さらに現実原則、快・不快原則、反復原則、恒常原則、ニルヴァーナ原則などをあてはめようとした。フロイトの精神分析は、この強引なマトリックスから成り立っている。

たしかにわれわれには、「たくさんの私」や「変な自己」がある。幼児の頃からさまざまな快感や不快、陶酔や安定感、拒否や包摂のフィーリングをもってきた。そういうことは必ずしもフロイト理論を知らなくとも、この感じってきっと自意識なんだろうな、これって潜在意識なんだろうな、こんなに欲情するなんて、これはきっと本能なんだろうなどと思ってきたものだ。

けれども、これらがはたして自分の心身の発達や転換の、いったいどのあたりから芽生えてきたのか、それとも途中で加速したのか移植されてきたものなのか、あるいは何かのきっかけで心が歪《ゆが》んだので快感や不快というものに変じていったものなのか、そのあたりはいまひとつわからないままになっている。せいぜい、精神に異常をきたした者が告白することや感情の起伏で判断するしかないものとみなされてきた。つまりは脳の中の心的現象と結びつけるしかないと思われてきたのである。

しかし、それではエスであれ自我であれ超自我であれ、「自分」の発生の起点や快不快の出どころがなかなか突きとめられない。心の正体のアドレスが脳にあるのだとしても、脳の中なんて容易に覗《のぞ》きこめるはずがない。ようするに「自分」の中の自分という奴は、いつもいつも適当に扱われてきたわけだ。

といって、心の変調を訴えでもしないかぎり、われわれは自分のことを誰かに精神分析してもらえるわけじゃない。仮に病院に通ってみたとしても、その分析医の治療が当っているかどうかわからないし、たいていはすぐさまクスリを与えられるのがオチである。そこでアンジューが「皮膚－自我」を持ち出したのだ。

脳の中で感情や知性を決定づけているのは、おそらく大脳皮質に張りめぐらされているニューロンのネットワークによるものだろうということになっている。ニューロンとニューロンの間のシナプスで交わされるニューロトランスミッター（神経伝達物質）というケミカルメッセージのせいだとも思われている。きっとそうだろう。脳の中の神経ネットワークが駆動して、意識を動かしているのはまちがいない。

この脳の化学的なネットワーク構造は、発生学的には受精卵の外胚葉から生じてきたものだった。しかし、外胚葉から発生してきたのは脳だけではなかった。実は皮膚も外胚葉から派生した。脳と皮膚とは同一の原郷をもっていた。外胚葉は中枢神経系と感覚器官と表皮となったのだ。

このことは何か重大な相同性を告げている。おそらく皮膚は脳に似た何かが機能しているにちがいない。われわれの感覚も思考も、脳が感じるとともに皮膚でも感じてきたにちがいない。それなら皮膚は、ひょっとすると「心的外被」とでもいうべきものなのだ。心は全身の皮膚で覆われているということだ。ということは、脳のコルテックス（皮質）に生じた神経ネットワーク組織は皮膚の表面と表面との「かかわりあい」が内化したものなのである。

このように考えたアンジューは、そのようにしてできた皮膚にはきっと「自我の前駆性」がひそんでいるだろうと推理した。身的自我と心的自我は脳と皮膚との両方で補完しあっているのではないかとみなしたのだ。

あらためて皮膚の性能を点検してみると、そこには接触・温度・痛み・かゆみ・異和感などを感知する複数の感覚能力がある。それらは目とも耳とも鼻とも口とも連動して、生体の微妙なバランスを複合的に管理する。

皮膚は知覚の先兵であり、またそれらを統合するためのイニシアティブなのだ。それだけではない。皮膚はそのなかのどの一点がちょっとだけ刺激されても、たちどころにそれが全身のどのような部位に当たっているかを感知するスクリーン機能をもっているし、かつまたその刺激を別の知覚の閾値《いきち》につなげる連合機能をもっている。

誰にも経験があることだが、床屋で髪を切ってもらったあと、肩筋や背中の肌のどこかに髪の毛が一本でもひっかかっていれば、どうにも落ち着かなくなるものだ。蚊がチクリと一刺ししただけでも、かゆくてたまらない。ましてバッタやサソリがもぞもぞ背中を動いていれば、信じられないくらいに跳び上がる。

皮膚はのべつまくなしに異物と闘ってくれている戦場なのである。嫌いになった男に触れられただけで、ぞっと鳥肌がたつ女性も少なくない。いやいや、そういうフィーリングのことだけではない。皮膚にはもっといろいろな機能がひそんでいる。

皮膚は皮膚呼吸(cutaneous respiration)をしている。生物学や内科学では皮膚呼吸のことを「体表による外呼吸」と呼んでいる。われわれはカラダ全体で呼吸をしている生物なのだ。金粉ダンサーが皮膚呼吸ができないために死んだという事件が報道されたこともあった。

皮膚にはまた、汗腺《かんせん》や脂腺も満ちている。われわれは汗の分泌身体であり、臭いや汚物の排泄《はいせつ》身体なのだ。紫外線や洗剤や刺激とも、しょっちゅう仲たがい(トラブル)をおこしている。このせいで、シミにもアセモにもニキビにも悩まされることになる。香水をつけすぎることもある。何でもないようなホクロだって、れっきとした皮膚信号であり、十八世紀のヨハン・ラヴァターらの観相学がしきりに主張したように、ホクロやシミは存在の暗部の情報なのである。日本では室町時代の天山阿闍梨《てんざんあじゃり》の『先天相法』が人相学をまとめた。

つまりは皮膚はかぎりなく表層的であって、かぎりなく深層的なのだ。もっと言うのなら界面的なのだ。こんなに多機能で敏感な皮膚に「自分」の何かが動いていないはずがない。

こうしてアンジューは自信をもって書く、「皮膚感覚は、人間の子供を出生以前からかぎりなく豊かで複雑な世界へといざなう。そして知覚―意識の系をめざめさせ、全体的でかつ付随的な存在の感覚の基礎を形成していっただけでなく、心的空間形成の可能性をもたらすものなのだ」。

皮膚には脳が、脳には皮膚が連合する。脳がもつ自分という自己の気配は、皮膚もそれを分有する自己なのである。そうだとすればエスや自我や超自我は、脳にも皮膚にもあるはずだ。まさに皮膚とは「皮膚―自我」なのだ。

われわれはこのような「皮膚－自我」をどこで、どんなふうに実感できているのだろうか。床屋の帰りに首すじで感じる毛髪の異和感を感知しているだけで、皮膚的自己の発生にまでさかのぼれるだろうか。好きな相手と肌を合わせているだけで、誰もが体表に包まれた自分を感知できるのだろうか。そもそも人類の歴史には、そのような「皮膚－自我」をめぐる体感の痕跡をのこしてきた記録があるのだろうか。あるいは皮膚や体表が主人公になった物語があったのだろうか。少なくともこれまでのフロイト主義者たちはそのあたりの証拠をあげようとはしなかった。

かくてアンジューが例示してみたのが、ギリシア神話のなかのおぞましい物語だったのだ。マルシュアスの神話だ。

ギリシア神話のモチーフはたいてい繰り返されている。ローマ神話にもゲルマン神話にも少しずつ形を変えてあらわれる。そこにはしばしば土地と信仰の力関係が反映される。そのひとつにアポロンとマルシュアスの楽器をめぐる物語がある。この物語はギリシア人が周辺民族を制圧した物語のメタファーになっている。アポロンの竪琴《たてごと》がマルシュアスの笛に勝ったことは、プリュギア人やセレネー地域にギリシア型のアポロン信仰を認めさせたことを暗示する。

マルシュアスの笛（二管フルート）をめぐる物語マザーは、その後にギリシア人がパーン

（パン）の信仰を制圧した物語に転位した。牧神パーンは一管フルート（シュリンクス）の名人で、その音楽によってニンフやサテュロスを踊りに誘うほど陶酔させていたのだが、あるときリュディアの音楽祭でアポロンの竪琴が勝ったため、その後は追われる身になった。

これがパーンがもたらした有名な混乱というもので、その後の「パニック」（パーンの狼《ろう》狽《ばい》と混乱）の語源になっていく。パーンの敗北はプリュギアやアルカディアがギリシアに屈したことと、さらには管楽器が弦楽器に主導権を譲ったという音楽上の覇権の歴史をあらわしていたわけである。

が、話はここでおわらない。アポロンとマルシュアスの物語にはもうひとつ、身の毛もよだつ恐るべきナラティブ・マザーが作動していた。アンジューによる「皮膚―自我」の例示はそこから始まる。

ある日、アテナは鹿の骨から管が二本のフルートを作り、神々の饗宴《きょうえん》で演奏した。おおかたの神々はその音色にうっとりしていたのに、ヘーラーとアフロディーテはその演奏姿を見て笑いをこらえている。

アテナが不審に思ってひそかに水面に自分の演奏する姿を映してみたところ、頰をふくらませ目を充血させた自分の様子がおかしかった。アテナはフルートを投げ捨てた。

やがてこのフルートをマルシュアスが拾って吹くようになった。持ち前の芸当があったのか、これに聞きほれるプリュギアの者たちは大いに浮かれ、誰彼となく「アポロンの竪琴もここまでうまくはあるまい」と噂するようになった。アポロンの気分がいいはずはない。

こうしてアポロンとマルシュアスの楽器決戦が、オリンポスの神々の前でおこなわれることになった。審判をまかせられたムーサ（ゼウスとムネモシュネの娘＝ミューズ）たちはアポロンに凱歌《がいか》を上げた。アポロンは勝ち誇ってマルシュアスを裸にして木に吊《つ》るし、両腕を枝にくくりつけた。さらに体の数箇所を切り裂き、傷口から血をしたたらせた。すでに『金枝篇』のジェームズ・フレイザーが喝破したように、このように木に吊るされて傷口をもつ者は「吊るされた神」である。しかしながらマルシュアスに施されたのは磔刑《たっけい》だけではなかった。さらに皮を剝《は》がされ、その皮が木に釘《くぎ》付けされることになった。この惨状にニンフやサテュロスたちはおいおい泣いた。その涙があまりに大量だったので、マルシュアス川となり、新たな命の流れをつくりだしていった……。

たいそうおぞましい話だが、この驚くべき物語から目をそむけるわけにはいかない。いったいマルシュアスはなぜ皮を剝がされたのか。いいかえれば、殺すだけなら、首を刎《は》ねるだけでいいのに、なぜわざわざ皮膚を剝がされたのか。これはイエス・キリストの磔刑にもつながる謎である。イエスも首を刎ねられなかったわけだが、そこには何かが暗示されているはずなのだ。

アンジューは、ここには「皮膚―自我」のヒントがひそんでいるとみなした。全身の皮や衣には「再生」の神秘が宿っているとみなしたのである。

マルシュアスの物語に似た話はほかにもある。

幼児ゼウスはクロノスに呑《の》みこまれるのを逃れて、ニンフたちが飼っていた山羊《やぎ》のアマルティアの乳で育つのだが、アマルティアはゼウスをこっそり木に吊るして隠し、自分が死んだらその皮を剝がして武器にしなさいと諭した。この「皮の楯《たて》」に守られたゼウスの娘アテナは巨人パラスを倒して、その皮を手に入れた。ゼウスの楯にはゴルゴーンが取り付けられていて、その恐るべき頭部を見た者はみんな石と化した。

生まれたばかりのオイディプスは両方の踝《くるぶし》に穴をあけられ、一本の棒に吊るされた。それでも長じてのちに王になったオイディプスは、紐《ひも》で首をくくってぶらさがっている王妃イオカステーの死体を見てわが目を刳《く》りぬいた。聖セバスチャンの体は木に縛り付けられたまま矢で射ぬかれ、聖バルトロメオ（聖バーソロミュー）は生きながら皮を剝がされたのである。

こういう話はいろいろ伝承されてきた。日本にも因幡《いなば》の白兎《しろうさぎ》の出雲神話が有名だ。白兎が皮を剝がされることに、日本の子どもたちは納得できなかったにちがいない。神話や伝説で語られてきたばかりではない。バルザックは『あら皮』(藤原書店)で個人の皮膚こそその人間のエネルギーの消費力をあらわしていると書き、ザッヘル・マゾッホは『毛皮を着たヴィーナス』(河出書房新社)で男性の欲望が母親の皮膚に向けられていると書いた。

これ以上くわしく説明することもないだろう。アンジューの示す「皮膚―自我」はエロスとタナトスの両方の意識の深奥にまたがって、脳による自我を超える役割をはたしてきたわけなのだ。そうなのである、「皮膚―自我」は自己的なるものの、あらゆる意味における展延なのである。

当然、このような「皮膚―自我」には発生学的な構造の反転や逆転がおこっているだろうし、ルネ・トムのいうクレオドによる特異点の関与もあったろう。あるいは、これはアンジューが指摘していることではないのだが、ここにはメルロ＝ポンティのいう「かかわりあい」や、フォン・ヴァイツゼッカーがゲシュタルトクライスに覗きこんだ「からみぐあい」も関与しているに決まっている。ぼくはホワイトヘッドの「抱握」もここに出入りしていると見た。「皮膚―自我」においては維持と抱握と内包とは同意義なのである――。

それでは、以上の話から「心は皮膚にある」と言えるだろうか。「私は皮膚で考える」と言えるだろうか。かんたんではあるまい。われわれはとっくの昔から「裸の自分」のままでコミュニケーションしなくなってしまったからだ。被服をし、恥部を隠し、男女の混浴は禁じられたのである。そうだとすると、「心の正体」の議論は、これからはサウナで、しかも男女が一緒のサウナで探究されるべきだということになる。

ところでディディエ・アンジューは、本書のあとに『集団と無意識』（言叢社）を著して、一〇人前後の小グループと、そのメンバーの何人かを含む拡大グループの両方で、集合的自由連想を試みた経過と結果を報告した。

この集合的自由連想のしくみははなはだ編集工学的で、①思いついたことを話す、②その話から連想できることを話す、③それらがどのくらい理解できたかを確認する、④連想の転移を相互に解釈しあう、⑤とくに飛躍と退行に注意して、どのように連想の中に古層があらわれたかを確認する、という五つのプロセスを経験させるというふうになっている。

自由連想をただやるのではない。アンジューはここに二つのルールを徹底させた。「何でも話す」（non-omission）と「慎みを保つ」（abstinence）というルールだ。これはこのエクササイズが意識や表現力の「相互転移」（インタースコア）を重視しているためで、何かの結論をめざしたり、自我の欲望を発露させたりするものではないからだった。アナロジカル・シンキングの参考になりそうだ。

いやいや、参考になりそうだどころではない。アナロジカル・シンキングこそ「心の傷」の正体を炙《あぶ》り出す。

第一五〇一夜　二〇一三年三月二三日

**参照千夜**

八九五夜：フロイト『モーセと一神教』　一〇八二夜：ドゥルーズ&ガタリ『アンチ・オイディプス』　五四五夜：フーコー『知の考古学』　五八二夜：ゲオルグ・グロデック『エスとの対話』　一一九九夜：ジェームズ・フレイザー『金枝篇』　六五七夜：ソポクレス『オイディプス王』　一五六八夜：バルザック『セラフィタ』　五八六夜：マゾッホ『毛皮を着たヴィーナス』　一二三夜：メルロ＝ポンティ『知覚の現象学』　七五六夜：ヴァイツゼッカー『ゲシュタルトクライス』　九九五夜：ホワイトヘッド『過程と実在』

「脳」を外から調べるしかないのなら、
「心」だって外に取り出せるインターフェースだ。

フレッド・ドレツキ

## 心を自然化する

鈴木貴之訳　勁草書房　二〇〇七
Fred Dretske: Naturalizing the Mind 1995

自分という自己を知るには（つまり自分で自分の自己知を相手にするには）、内側を覗《のぞ》きこむ場合と、外から攻めていく場合とがある。哲学史はめんどうくさい用語をつかうのがたいそう好きなので、内側から覗きこむ方法を「内観主義」といい、外から攻めていく方法を「外在主義」という。

内観によって自分を覗きこむことを奨励してきたのは、修行や沈思黙考を重視する宗教、内省的な思索の記述を好む省察哲学、プルースト以来の「意識の流れ」を扱う文学、および数々の心理学などである。だが、これらはなかなか科学にならない。実証的ではない。

言語的な思索における論理的実証を心掛けようとしたヴィトゲンシュタインは、心がそれ自身に注意を向けるという想定は「ありうるとすれば、きわめて奇妙なこと」だとみなした。ここに登場してきたのが、実験心理学や脳科学や認知科学だった。けれども、これらをどのように解釈するかは、われわれに任せられている。

われわれはさまざまな感覚や経験や思考によって「自分」をかたちづくってきたと思っている。そういうふうにかたちづくられた「自分がある」とも実感している。その自分が、生まれついてこのかたいろいろなことを体験し、友達や金魚やスイトピーや歴史の教科書やユーミンの歌や仕事と出会い、さまざまな感情や知識をもつようになって今日に至っているとも、思っている。そういう現在自己には、いくつもの過去自分や他人がまじっている。

けれどもそう思ったところで、自分がどういうものか、自分の心がどういうものなのかはなかなかあきらかにならない。

自分の正体や心の本質などというディープなことはともかくも、いったい自分は何を体験したのか、何を獲得したのか、どんな知識とまぜこぜになったのかと問うてみると、履歴書ふうのことならいろいろ列挙できそうなのに、これまで生きてきたあいだに「自分にくっついたあれこれのこと」がどういうものだったかを示そうとすると（自己知の特色を示そうとすると)、あまりに素材が多すぎて、うまく言いあらわせない。
自分の正体もわからないけれど、「自分化している体験や知識」の正体がわからないことも多い。金魚やスイトピーや歴史の教科書やユーミンの歌や営業や制作の仕事は、自分以外の者も体験しているはずだが、それらはおそらくそれぞれ各人の経験のなかで独特のものになっていると想定できる。それなら、それらを各人が取り出すにはどうすればいいのだろうか。

認知哲学や認知科学は心にひそむものの「取り出し」に挑んできた。欧米の学問だから、出発点は残念ながらデカルトである。デカルトが物と心を分けて心身二元論を説いたことを批判的に問うところから始めた。物と心を分けたから心の中味を取り出せなくなったと詰《なじ》ったのだ。

どうしたら取り出せるのか。第二次世界大戦の渦中にひとしきりチューリング・マシンとサイバネティクスと情報通信理論の議論がピークを迎えたあと、最初にギルバート・ライルの『心の概念』(みすず書房)が「取り出し問題」をぶちあげた。デカルトのように「心は自然界や物質界とは別の独立したものだ」というふうに機械論的にみなすと、心が体という系に包まれているという相互関係の説明がつかなくなり、心が「機械の中の幽霊」のような様相になってしまう。

デカルトは心を実体的に扱いすぎた。心は機械の部品ではなく、おそらくは可変的な傾向のようなものなのだから、メカニックな説明では扱えない。デカルトはカテゴリー・ミスを犯していると言ったのである。

ライルの影響はさまざまに広がった。スマートやファイグルのように心と脳を同一視する者、パトナムやアームストロングのように心は知覚機能の因果化がもたらしているものだとみなす者（心脳同一説）、デイヴィッドソンやデネットのように心にはもっと合理的な説明がつくはずだと考える者（機能主義）、いろいろ出た。

逆にデカルトに戻って心や言語を部品から説明できるようにするべきだというチョムスキーやサイモンのような立場の者もあらわれた。

いやいや、「取り出す」のではなく「作り出す」のはどうかという一群もあらわれた。この連中は「心のモデル」や「意識のロジックモデル」を作っていった。

こうして「プログラムとしての心」の候補が次々に提出された。それらは「パーセプトロン」とか「フレーム」とか「電子神経方程式」とかと呼ばれつつ、しだいに人工知能として、またロボットとして構成され、その機能や作用がナマの人間と比較されるようになった。

そこに、脳科学、言語認知学、実験心理学によるデータが次々に加えられていった。

そうなると自己知の森に対する大きな方針も問われることになってきた。

こうしたなか、ウィルフリド・セラーズのような内観主義とジェリー・フォーダーの表象主義が大きな潮流の分岐点になっていったのである。そして、これらに続くフレッド・ドレツキは『行動を説明する』『心を自然化する』（いずれも勁草書房）で、外在的に「外」から自己や心に出入りする表象を捉《とら》える方法を模索した。

いったい心身を「外」から攻めて、外在的に（外側から）自己や心を見るとはどういうことなのか。そんなことができるのか。

にわかに想定しにくいだろうが、ドレツキはそのための「表象主義テーゼ」というものを考えた。そしてこのテーゼには、譲れぬ前提があって、そこには、①「すべての心的事実は表象的事実である」、②「すべての表象的事実は情報的機能に関する事実である」が含まれていると仮定した。勝手に仮定したのだ。

最初に言っておくが、ドレツキは少し古いタイプの認知哲学者である。ミネソタ大学卒業後、ウィスコンシン大学、スタンフォード大学で教鞭《きょうべん》をとりながら、認識、心、意識、自己知、情報、表象などとどとりくんで思索の成果を理知的にまとめてきた。『行動を説明する』では、いったい生物の信念や欲求があるとしたら、それはどんなものであるかを議論した。生物の信念や欲求を意味論的な特徴をもてるように説明する方法はあるのかと問うた。

生物の行為や行動を子細に説明するというなら、エソロジスト（動物行動学者）の粘り強い観察でもそこそこのことがわかる。生物医学的なデータを継続して収集してその変化を見るという手もある。ドレツキはそれでは満足せずに、生物としての人間がそのような行動をしているときの「内部表象」のようなものを想定した。

生物に内部表象があるなどというのは、もちろん勝手な想定だ。哺乳《ほにゅう》動物ですらキリンやシマウマやサルにそんなものがあるかどうか、あやしい。まったくないとは言えないかもしれないが、あるとも言えない。

しかし、あるだろうと想定してみたらどんな特徴があらわれてくるかというふうに、ドレツキは仮定した。そのうえでそれを人間にあてはめて考えた。そういう思考法なのだ。

ドレツキは、取り出しにくい「自分にくっついたあれこれのこと」をこそ内部表象と呼んだわけである。あらかじめ、そう呼ぶことにしたのだ。しかし、ふつうに考えていては内部表象には手がつけにくい。そこで外側からこれに手を入れていく。この方法が外在主義だ。

ここには、「あるシステムSが性質Fを表象するのは、Sがある特定の対象領域のF

を表示する機能をもつとき、そしてそのときのみである」という考え方が貫かれる。「Sがある特定の対象領域のＦを表示する機能をもつとき」というのは、「Ｆについての情報を与えるとき」ということだ。もしも「自分という心のシステム」があるのなら（みんな、あるだろうと思っているわけだが）、それは知覚器官や脳機能によってなんらかの情報化がおこっているからで、それ以外ではないというふうにみなすということだ。

このようにみなせば、われわれの知覚的表象は体温計や速度装置やラップトップコンピュータやテレビの表象状態やカラオケで歌うこととはちがって、その表象を有するシステムが表象される対象を意識することを引きおこしている（引き出している）、とみなせるはずである。

つまりドレツキは、経験はシステムに内属しているのだから、それ自体が表象なのだとみなしたのだ。これが一見乱暴な表象主義テーゼというものだった。

このテーゼは、われわれがディズニーランドで経験したものを心のどこかで表象としていたとしても、脳の中の電気的活動や化学的活動をいくら精密に観察しても、その当のものは見えてはこないことを主張する。

それがディズニーランド経験にくっついたものであるかもしれないと感じるのは、その活動記録にどんな「読み取りラベル」を付したかということにかかっているのである。このことは脳のクオリアさえ「読み取りラベル」がないかぎり言い当てられはしない。

もっとありていにいえば、表象とは「内なるもの」を「外なるもの」によって置き換えないかぎりは言及できないものなのだ。自分という自己知の範囲のなかで内部表象を問題にするには、このような方法でしか一人称権威を損なわせないようにする手はないはずなのだ。そういう見方だ。

人類にはいろいろの概念的資源が貯まっているが、個人にはそれらを活用する能力が備わっているとはかぎらない。個人という自分ができることは、概念的資源がなんらかの置換的知識に転出されていて（教科書とか写真とか噂話とか）、それらの転出トークン（象徴）によって自分の記憶を類的なものとして補綴《ほてい》することである。この補綴行為のときにメタ表象性が登場する。

われわれにメタ表象性があるということは、実はクオリアを機能的に定義することはできないということを示す。ネッド・ブロック、ジェリー・フォーダー、S・シューメイカー、E・ビジャッキらが同じ見解を述べていった。

このような見方は、エトムント・フッサールが「超越論的現象学」として提案した方法にも、どこか似ていた。認知科学はふたたび哲学に回帰しつつもあったのである。

われわれが自分の心を想定するとき（つまり自分を自覚しようとするとき）、そこにはたいてい

「志向性の立ち上がり」(intentionality) のようなものと、われわれの心のどこかをのべつ流れたり滞留したりしている「意識のあいまいな動向」(consciousness) のようなものとの、二つを感じる。志向性はフッサールが師のブレンターノから継承した考え方だった。

しかし「志向性の立ち上がり」も「意識のあいまいな動向」も、同じく自分の経験がもたらしているのだから、これらが別々に感じられるとしたら、それは内部表象の扱いを分別しているからなのである。

そこでドレツキやその賛同者たちは、表象の中に内在的特徴と志向的特徴が一緒くたになって作用しているのだと仮説した。知覚と経験の質のようなものを感じるクオリアのようなものがあるとしたら、それはこれらの特徴を一緒くたにした表象によるものなのだとみなしたのである。

そんな程度のことで心の特質やクオリアの本体に迫れるとは思えそうもないが、しかしそれを担う内部表象に「取り出しラベル」がくっついているとしたら、いや、「取り出しラベル」によってしか内部表象を観察できないのだとしたら、この見方には多少の可能性があった。

ざっとは、ドレツキによる「心を自然化する」という試みには、以上のような考え方や見方がはたらいた。本書のタイトルにもなった「心を自然化する」とは妙な言い方だが、心や自己知をできるかぎり自然主義的な解釈のなかで処理するという狙いを言いあらわしているのだと思えばいいだろう。むろんのこと、こういう見方は一種の哲学的理科主義である。

さあ、この試みをどう見るかだが、いくつかおもしろいところがある。表象を知覚が反応した「情報のタグ」が外部に出てきたところでのみ扱うというところは、それなりに冷たく《クール》ていい。内観主義の介在を避けるには必要な作業仮説だった。しかし、ここには問題もある。

そもそも心の自然化には、思考の自然化と経験の自然化があるはずで、その両方が表象によってのみ担われていると見るのは、ムリがある。いっとき日本でも話題になったトマス・ネーゲルの『コウモリであるとはどのようなことか』(勁草書房)が指摘したことだが、コウモリの感覚器官や脳についてどれほど詳細な知識を得たとしても、コウモリがコウモリであることの説明や理解にはならないように、われわれは自己をめぐる表象を、われわれの実在性や心因性から独立する自然科学の方法によって記述することは、なかなかできない相談なのである。

できない相談なのだが、それならぼくはどうして今夜の千夜千冊にドレツキの外在的表象主義の一端をとりあげたのかというと、それは、心や魂の問題は「外に出す」ことによってしか議論できないだろうと、あるいは、「内」を外にするときのインターフェース（膜的なるもの）そのものに心や魂の特性の一部を付与しないかぎり議論にならないのではないかと、ぼく自身が昔から考えてきたからなのである。

すべてを脳の中にとじこめていてはしょうがない。脳から何かを引っぱり出して、それからそれを脳のどこかに戻してやらなければならない。だから認知科学の試みの半分くらいは、フランシス・クリックやクリストフ・コッホのNCC（特定の意識的知覚が生じるために必要なひとまとまりの最小神経メカニズム）のようなものを、あえてわれわれの内部性と外部性の境界（膜があるところ）にまで、まずは引っ張り出してくることなのである。では、その「外」とは何なのか。部屋なのか、絵画なのか、文芸作品なのか、仮想空間なのかといえば、この問題はまだのこされている。

もうひとつ、付け加えておきたい。それは、だからといって内観主義を葬り去ってはまずいだろうということだ。内側を覗くばかりの内観主義には限界があるが、内側に紛れている外側を観照する方法だって、あるはずなのだ。内観は少し残しておくべきなのだ。さらには荘子やホワイトヘッドや湯川秀樹がそうしたのだが、そもそも内側にはいろいろ隙間や非局所性や外部痕跡があって、それらを含めてネクサス状態が広がっていると見ることも可能なのである。

内側に残る痕跡を見つめて、これを外在化するためのインターフェースを想定していくこと、これがぼくの「心」が好むやり方なのである。

第一六九八夜　二〇一九年二月十九日

**参照千夜**

九三五夜：プルースト『失われた時を求めて』　八三三夜：ヴィトゲンシュタイン『論理哲学論考』　九六九夜：ダニエル・デネット『解明される意識』　七三八夜：チョムスキー『アメリカの「人道的」軍事主義』　八五四夜：ハーバート・サイモン『システムの科学』　一七一二夜：フッサール『間主観性の現象学』　七二六夜：荘子『荘子』　九九五夜：ホワイトヘッド『過程と実在』　一二六七夜：中村昇『ホワイトヘッドの哲学』　八二八夜：湯川秀樹『創造的人間』

ココロの絵文字「罹」
罹は網状。網にかかってしまった我が心が痛ましい。

心は「あるがまま」だと、どうなるのか。
岩井先生が死の前に証してくれようとしたこと。

岩井寛

# 森田療法

講談社現代新書　一九八六

岩井先生をとりあげるなら『エロスの関係学』(主婦の友社)や『境界線の美学』(造形社)、あるいは『ヒューマニズムとしての狂気』(NHKブックス)や『美の翳りと創造』(造形社)や『人はなぜ悩むのか』(講談社現代新書)あたりにしようかとも思っていたのだが、あるきっかけで、やっぱり本書にした。あるきっかけについてはあとで記す。

多少迷ったのは、本書の冒頭には「最後の自由——追悼・岩井寛先生」というぼくの序文がわりのような文章が特別に入っていて、千夜千冊としてはさすがに気がひけるからだ。

岩井先生が腹腔内の癌(ニューロ・エンドクライノーマ)に罹《かか》っていたことが判明し、しかも検査認定後まもなくぶどう膜炎で半ば失明状態になったのは、一九八五年の夏のことだった。しばらくして先生から電話をもらった。声はいつものように太く、低かった。何度か飲み会で聞いた、あの、お得意のカンツォーネのような響きわたる声だ。ところが中身はただならない。「癌にかかりましてね、いつ死ぬかわからない。ついては頼みたいことがあるんです」。

すぐに吉祥寺のお宅に駆けつけたところ、「松岡さんからいろいろ聞いてもらい、ぼくはせいいっぱい答えるので、その言葉を記録してほしい。途中でぼくが死んだら、あとは松岡さんの裁量にまかせます」。なんということなのか。先生が死に向かって語りたい？　それをぼくが受け止める？　最後のインタビューをしてほしい？

たくさんの著書のある先生であり、日本を代表する精神医学者であるし、自分の意識の奥を観察して文章にすることはふだんの先生からすれば難しいはずがなく、まして自身の死と立ち会うのは先生自身なのだから、ぼくなどが関与しないほうがいいに決まっている。

けれども、体が急変したこと、失明状態が始まっていたこと、死を覚悟した語りをもって自身を見つめたいということなどがそれぞれ重なり、しかも一刻の猶予もないという判断をされたのだろう。それにしても、そのお相手にぼくを選ばれたことには心底、驚いた。ときどきお目にかかっていたいさみ夫人にも「これでいいんでしょうか」と聞いてみたが、「岩井が松岡さんを選んだのはよっぽどです。どうかお受けになってください」と言われてしまった。

こうして先生の「最後の言葉」を記録することになった。いろいろお世話になってきた先生の、ひょっとしたら臨死や終焉《しゅうえん》に向かうかもしれない依頼を断ることはとうていできない。生死を託した依頼だったのである。ぼくはすぐさま自宅と事務所の電話に録音機をとりつけ、どんなときも呼ばれれば病院（聖マリアンナ医科大学病院）にも吉祥寺の自宅にも出向ける準備をととのえた。

先生が自分の死を見つめてどのような話をしたのかは、その後の『生と死の境界線』（講談社）に詳しくまとめた。

本にする予定などまったくなかったのだが、ちょうど本書『森田療法』のゲラ校正の進行中に亡くなられ、その「序文」めいたものをぼくが書くことになり、それに注目したNHKの深堀一郎ディレクターが、岩井先生の番組をつくりたいと言い出して、それが放映されたところ大変な反響となった。それを見た講談社がぜひに先生の告白テープを本にしたいと申し出てきたという経緯だ。それまでごく一部の関係者を除いて、岩井先生が「最後の声」をぼくを相手に残していたことなど、まったく知られていなかったのである。

それにしてもテレビ化も、出版化も、ぼくにとってはそうとう重かった。そもそも深堀ディレクターがテレビ化を申し出てこられたときも、「えっ、ご本人が亡くなったばかりなのにどのように作るんですか」「そこを松岡さんに埋めてほしいんです」「どういうふうに？」というやりとりで、何をどのように番組にするかなど、まったく決まらなかった。結局、ぼくがそのナビゲーター役をすることになったのだが、反響が大きかったからいいようなものの、ぼくに何ができるかまったく見当がつかなかった。

出版はもっと大変だった。当時の講談社学芸部長の阿部英雄さんからの申し入れだったのだが、さすがに心身ともにダメージを受けていたぼくは、とうていこれを活字にする気力も編集構想も生み出せない。だからなかなかテープおこしにも、構成にもとりくめず、着手するまでまるまる一年がかかった。それが『生と死の境界線』である。最終ゲラを戻したときは、脱力した。その余韻はいまでもときどき思い出すもので、そのため、この本を開くのがいまもって辛《つら》い。自分でつくっておきながら、よほどの高感度のコンディションか、よほど落ちこんでいないと開けない。それほどに、ぼくにとっても重い内容になっている。

まとめて言えば、ざっとこんな事情がつづけざまにあったので、岩井先生の著書を千夜千冊することには何かただならないものをずっと感じていて、いろいろ躊躇《ちゅうちょ》があったわけである。

それが、そうか、あえて絶筆の『森田療法』をすなおにとりあげればいいんだと思えたのは、今年(二〇〇九)二月のある会合で姜尚中《カンサンジュン》さんを呼んで話をしたおり、姜さんが「ぼくは森田療法がずっと気になっているんです」と言ったせいだった。「あれは何なのでしょうか。日本人にこそふさわしいですよね」。

その場で詳しいことは交わさなかったのだが、それが気になっていた。日本人の精神療法は、今日なおかなりの紆《う》余《よ》曲折や議論がやまないままにある。姜尚中にもそれが気になっていたのであろう。そんなわけで今夜は『森田療法』にすることにした。あとで記すと言ったのは、このことだったのだが、いまになって岩井先生の本をとりあげるのは、ごくごく最近の心境によっている。それについては、いまは綴《つづ》らない。

というわけで、本書にもとづいて森田療法がどういうものかをざっと案内してみることにするが、実は本書『森田療法』は新書という制約と先生の病状悪化が重なったおりの執筆だったので(口述筆記が大半だった)、森田療法の誕生の経緯と歴史的変遷についてはそれほど詳しくはない。

そこで今夜は本書のほかに、全七巻の『森田正馬全集』(白揚社)、野村章恒《あきちか》の『森田正馬評伝』(白揚社)、藍沢鎮雄・岩井寛・熊野明夫ほかの『森田正馬精神療法入門』(有斐閣)、岩井寛・阿部亨の『森田療法の理論と実際』（金剛出版）、さらには森岡洋『よくわかる森田療法』（白揚社）、田代信雄『新版森田療法入門』（創元社）、北西憲二・中村敬『森田療法で読む「うつ」』（白揚社）、慈恵医大森田療法センター編集『新時代の森田療法』（白揚社）、北西憲二監修『森田療法のすべてがわかる本』（講談社）などを参照する。

これまでいろいろお世話になってきた本たちであるが、今夜はとくにどこからの引用とは断らない。そのほか、参考図書はいろいろあるけれど、あとは大同小異だろう。

それにしても、ぼくが岩井先生の講談社現代新書をお手伝いしたときは、こんなにも森田療法は知られていなかった。姜尚中も言っていたけれど、それが最近はそこかしこでけっこう話題になっているらしい。これは新たな日本の問題である。

森田療法とは森田正馬《もりたまさたけ》が開発した療法のことをいう。森田は明治七年に高知県の野市《のいち》に生まれ、東京帝国大学で呉秀三《くれしゅうぞう》のもとで精神医学を学び、催眠療法や犬神憑《いぬがみつ》きの調査や社会精神医学の研究をしつつ、いくつかの困難を乗りこえ、しだいに独自の精神療法を確立していった。

なぜ日本精神医学の黎明期《れいめいき》にそのような独自なものが確立できたのか。それを実感するには森田正馬の生涯にまつわる出来事を覗く必要がある。それが明治の初期中期から始まっていることに驚く必要がある。いずれそうした森田の開物成務《かいぶつせいむ》の生涯は、山本周五郎や藤沢周平を継ぐような作家によって物語になるといいと思うのだが、さあ、どうか。

まず、森田が生まれた土佐の野市に注目するのがいいだろう。香美《かみ》郡富家《ふけ》村の兎田《うさえだ》が生家のあった所在地なのだが、このあたりは野中兼山が長宗我部《ちょうそかべ》氏の遺臣を野市百人衆として選んで開墾させたところであった。大胆果敢な藩政改革に着手しながら、讒言《ざんげん》によって半ばで倒れた兼山の無念については大原富枝の『婉《えん》という女』を千夜千冊したときにあらかたのことを書いておいたので、そちらを読んでいただきたい。きわめて改革革新の気《き》っ風《ぷ》が強く、またきわめて厳格な土地柄だった。

野市や野市から少し離れたところには郷士がごろごろしていて、そこから坂本龍馬・中岡慎太郎・板垣退助・中江兆民・岩崎弥太郎らが出奔し、幕末維新と自由民権運動を推進した。その後、このあたりから牧野富太郎、大町桂月、幸徳秋水、そして森田正馬が輩出した。この四人の顔ぶれは注目だ。

だから正馬の父親の正文もそういう気っ風をうけついだ郷士の次男で、幕末維新の熱い空気の中にいた。郷士はふだんは農耕を営み、事がおこれば武士として活動をするというデュアル・スタンダードを地でいくような日々であったから、祖父も正文もそうした覚悟ができていたのだが、正文が活動するころはすでに維新に突入したあとだったので、明治五年の学制の施行に応じて、臨時に富家村の小学校の教師を引き受けた。

母親は亀女。世話好きで人情に篤《あつ》く、男まさりだったというのだから、龍馬の姉さんのような気質だったのだろう。十九歳でいとこと結婚したがうまくいかず、別れて塩井正文を養子として迎えて再婚した。四歳年上の姉さん女房である。

だいたいこういう空気のなかに森田正馬が生まれてきたわけである。明治七年といえば、板垣退助が立志社をおこした年、前年には明六社が設立されている。

森田の少年期のことは、野村章恒の『森田正馬評伝』にもそれほど詳しくない。かなりおとなしい子供だったようで、阿呆《あほう》じゃないかとも言われた。しかし手のかからない子でもあって、一人で玩具をいじっていればそれでよかった。五歳で小学校に入ったときは成績もそこそこだったようだが、父親が新制度の学制にはりきっていた教師だったため、厳格な要求をして学校嫌いになっている。

弟とは仲がよく、いつも遊んでいた。そこにいとこの久亥《ひさい》が加わると、森田はとても嬉《うれ》しそうだったという。この久亥がのちの森田の妻になる。九歳のときに村の寺で見た極彩色の地獄絵には衝撃をうけたようだ。絵金《えきん》の濃絵《だみえ》のようなものだったろう。森田の一歳年下の柳田國男がやはり少年時代に見た寺の地獄絵が一生忘れられず、そこに日本人の原型をおいていたというが、森田の場合は地獄絵から「生の欲望」と「死の恐怖」の同時性を感じていたらしい。今日の寺にはそうした〝マイナスの衝撃〟を伝えるものがとんとなくなって、明王像の憤怒《ふんぬ》の意味さえろくに説明されないままになっている。

明治二十年、高知の県立中学校に入り、五年級を七年かけて卒業した。七年もかかったのは、二年生のときに心臓の不調を訴えて二年間を医者かかりつけになって留年したからで、これをのちに森田は「自分の神経症の発症」だとみなした。

五年生のときには腸チフスにかかった。当時の衛生行政は最悪で、エルヴィン・ベルツが「馬も治せないニッポンの病院」と言ったほどだった。コレラ、チフス、天然痘はいったん流行したら止まらなかったのである。

こうした中学時代の森田のあれこれを知ってみると、いろいろの面でのちの森田療法の背景になっているとおぼしいことが埋めこまれている。チフスにかかって病院事情を知ったこと、また不安発作を抱えるようになったことに加え、笑い顔がバカのようだと言われて、笑顔を見せないようになったという「笑顔恐怖」のトラウマ体験も、見逃せない。

ところが一方では、俠客《きょうかく》のような恰好《かっこう》をして歩きまわるとか、酒呑み競争で四合を一気に呑みほしてみせるとか、そうした突飛な行動もしている。森田には何かが穏やかに分裂していたのである。

日清戦争が始まって、日本は活気づいてきた。明治二八年に中学を卒業した森田は第五高等学校に入った。五高はぼくが大好きな明治の熊本の高校で、ここには狩野亨吉《こうきち》も夏目漱石も、また徳富蘇峰も関与して、ジェーンズ英学校や大江義塾や宮崎滔天《とうてん》の熱風をとりこんでいた。が、ここは先を急いで、五高時代の森田が宗教や哲学に関心を寄せたこと、居合抜《いあいぬき》をたのしんだこと、久亥と結婚したこと、三年生のときに精神医学に興味をもったことを記すにとどめる。

いずれにせよ成績優秀だった森田は明治三一年に東京帝国大学医科大学に入るのである。二五歳になっていた。ところが大学ではさんざんだった。父親の援助をうけての上京だったのだが、仕送りは遅れがちで、友人のつてでドイツ語を家庭教師したり、寄宿舎に入ったり下宿したりしているうちに、またまたノイローゼになってきた。大学病院で診てもらうと「神経衰弱兼脚気《かっけ》」と言われ、そうなると持病の頭痛もひどくなる。それならこれで気が滅《めい》入っていくかというと、そうでもない。期末試験が近づいて猛勉強をしてみると、ノイローゼも脚気も頭痛も気にならなくなっている。けれども試験がおわると、また調子が悪くなる。何かに夢中になると、また治る。どうして、こんなことがおこるのか。

のちに森田はこのときのことを考えて、自分が陥った悪条件をほったらかしにする気持ちになれたことに注目した。また、こんな自分になったのは、父や母がこういうふうに生み育てたのだからと諦念《ていねん》のような気持ちをもっていたことにも気がついた。のちに「あるがまま」による精神療法を発見するきっかけになった体験である。

森田はしだいに自身の思わず知らずのアクティヴィティに「意味」を感じるようになっていく。土佐同志会の幹事となり、雑誌編集に精を出し、土佐出身の作家の大町桂月のところに遊んで囲碁や宴《うたげ》に興じるようにもなった。そういうときは、少年期からそんな癖があったのだが、料理を便器に入れたり酒を尿瓶《しびん》に入れたりの、けっこう奇矯なこともしてみせている。

卒業が近づくと、森田は決断をした。精神医学に進もうと決めたのだ。そのころ東大の精神科の教室は巣鴨の東京府立巣鴨病院と同居していた。そこで呉秀三教授をたずね、助手として採用してほしいと頼んだ。明治三五年の精神科志望者は森田一人だったこともあって、助手および巣鴨病院勤務に採用された。

当時の日本の精神医学の状況はまだまだまったくお粗末だった。明治十六年から二八年にかけての相馬事件がなかったら、この状況はもっと遅れていたかもしれない。相馬事件というのは、相馬藩主の相馬《そうま》誠胤《ともたね》が明治九年ころから精神変調をきたし、精神分裂病の診断によって座敷牢《ざしきろう》に入れられたのだが、これが当主を陥れた〝のっとり騒動〟ではないかというので、元の家臣が訴えた事件のことをいう。この事件がきっかけになって、日本に初めて精神衛生に関する法律「精神病者監護法」ができた。

これが明治三三年のことで、呉秀三はヨーロッパで精神医学を鋭意修得中だったのだ。呉は明治三四年に帰国すると、東大の精神科の教授と巣鴨病院長となり、ここにいよいよ日本の精神医学の道がひらかれた。森田はその呉の最初期の助手となった。

ちょうどフロイトがシャルコー流の催眠療法から独自の自由連想による精神分析を確立しつつあった時期にあたる。呉については、斎藤茂吉の「呉秀三先生」があり、夢野久作の『ドグラ・マグラ』や埴谷雄高の『死霊』にも、その面影が綴《つづ》られている。

大学と病院に勤めるようになった森田は根津に家を借りた。医院の開業もしてみたが、これはすぐにやめた。久亥は女児を死産した。そんなおり、かねて日本の精神病調査研究の願書を出していたのが許可された。土佐の犬神憑きの調査研究だった。

森田は一ヵ月を土佐に戻って調査した。土佐には犬神家とよばれる家系のようなものがあり、そこの娘がどこかに嫁にいくと、犬神もついていく。形はネズミほどの小さいもので、これが憑くと人が変わったようになり、ときには犬のように吠《ほ》える。家族も周囲も腰を抜かし、医者はお手上げになる。治すには祈禱《きとう》がいちばんで、祈禱者が犬神と話をして出ていくように説得するらしい。

森田が都合三六人の犬神憑き患者をヒアリング調査してみると、多くがヒステリー性の精神病や神経症であると診てとれた。ここには「日本人の病気」があると森田は静かに確信した。

東京に戻ってみると、忙しかった。慈恵医院医学専門学校の教授の仕事が待っていた。卒業してわずか一年たらずの抜擢《ばってき》である。森田は自分に「社会」がひたひたと押し寄せているのを感じる。四つ年下の徳弥が日露戦争で戦死したのもこのころだった。旅順総攻撃の中での壮絶な戦死である。正馬は与謝野晶子の「君死にたまふこと勿《なか》れ」に心を動かされた。

明治三九年、このあとずっと生涯の棲家《すみか》となる本郷の蓬莱町に引っ越し、さまざま活動を始めた。午前中は根岸病院で診察をし、午後は巣鴨病院で勤務し、週二回は慈恵や日本女学校で講義をした。東京高等師範学校の満州旅行の校医をしたり、呉教授ととも に衆議院に「精神病科設立建議案」を通すように陳情をしたりもしている。そのくせ浅草の見世物が好きで、とくに玉乗りには三度も足を運んだ。

どんな印象の男だったのだろうか。このころの森田について、早くに森田の才能を認めた九州帝国大学の下田光造《みつぞう》は、「森田の話は奇抜で独断的だったが少しも嫌みがなかった。話の内容は理屈っぽく、他人の話の揚げ足をとることも少なくなかったけれど、そこに悪気や衒《てら》いはなかった」と回顧し、三九歳のころの風貌は「枯れ木のようで寒々としていたが、超然たるところがあった」と述べている。

そういう森田を呉は千葉医専の教授の席にも推薦してくれたが、森田は悩んだすえ、慈恵にとどまることにした（このことが、のちに慈恵医大が森田療法のセンターになる起点となる）。同じころ、フロイトはウィーン精神分析協会を設立し、アドラー、ユングらの弟子筋をつくりつつあった。

森田の治療は催眠術を用いたもので始まっていた。しかしながら、いくつかの症例はそれで治癒できたものの、満足できるものではなかった。たとえば排尿恐怖の女性は催眠術で治ったのに、赤面恐怖は何度やっても治らない。

森田の治療にはまだまだ大きな成果がなかったのである。催眠術のほか、説得法、生活規正法などを試み、近所に何人かの患者を下宿もさせて努力をしてみたが、思わしくなかった。そのうち作家の中村古峡と交流するようになって、社会精神医学に関心が移ってしまった。古峡は弟が精神分裂病で病院で死ぬという体験から、精神病と社会の関係に強い関心をもっていた。そんなとき、あるきっかけでセレンディピティの一端が森田におとずれる。「やってくる偶然」だ。

巣鴨病院に永松婦長がいた。森田とは親しい関係で、彼女が派出看護会を始めたときは顧問ともなった。その永松婦長が神経衰弱になって相談にきた。知人の治療というのはやりにくい。そこで二階に同居してもらい、家の掃除でもしてもらえばいいくらいに思って、とくに治療らしいことをしなかった。相手をしたのは久亥のほうだった。それが一ヵ月もたたないうちにすっかりよくなった。

何かを感じた。そこで近所に下宿させるのではなく、患者を自宅に下宿させるということを少しずつ試みるようにした。あきらめていた患者の赤面恐怖が治った。いったい、これは何なのか。なぜなのか。日々を生きようとする活力が心の病いを払拭《ふっしょく》していくように思われた。のちに森田はこれを「あるがまま」の「生の欲望」のせいだと見た。このあたりはR・D・レインのかなりの先取りだ。

大正六年、森田は中村古峡と「日本精神医学会」を創設しながら、自分がさしかかってきた治療の新展開を観察する。けれども大正九年に血便と発熱ではじまった病気がなかなかよくならず、チフスだ、結核だと診断されるにいたった。森田はこのとき「死」を覚悟したようだ。さいわい病気は友人の広瀬医師の適切な診断と治療で快方に向かった。この病中で、森田は次から次へと読書を重ね、大きな本棚一箱ぶんを読破する。大きな体験になったようだ。

大正十年、森田の最初の主著『神経質及神経衰弱症の療法』が出版される。いよいよの森田療法の誕生だった。四八歳になっていた。大病にかかったことは、森田のセレンディピティのもうひとつの片割れ、「迎えにいく偶然」だった。

昭和に入ると、森田療法は強力な味方をつける。倉田百三《ひゃくぞう》である。倉田は『愛と認識の出発』（岩波書店→角川文庫・岩波文庫）や『出家とその弟子』（岩波書店→角川文庫・新潮文庫ほか）ですでに有名になっていたが、三四歳のときに強迫観念《オブセッション》にとらわれて仕事ができなくなっていた。

最初は外界の出来事がピンとこなくなる「離人症」のようなものがおこり、それがしだいに強迫観念に転じていった。まったく小説も書けない。かなりの困難と辛苦だった。それが森田療法をうけることで治った。そのことを倉田は「主婦の友」に書いた。たちまち森田療法が注目されるようになった。

フロイト派の精神治療家からすると、この倉田の告白は眉《まゆ》をひそめるものだった。昭和前後の状況というと、フロイトはアドラーやユングといった弟子に去られ、自身の上顎の癌の徴候も出ていた時期なのだが、その名声はますます高く、日本からフロイト精神分析療法を学びに留学する者もふえてきていた。フロイト全盛期の到来は間近になっていた。

フロイディズムはアメリカにも広がっていた。そのアメリカから勇躍帰ってきた一人、東北帝国大学の丸井清泰は森田の考え方に反対し、昭和二年と三年の学会で森田と大論争を交えた。しかし、森田も譲らなかった。

幼児期の人間関係に心因の重点を見いだすフロイト学派（精神分析学派）の治療法と、現在の生活態度のなかから生きる力を引き出そうとする森田療法では、その理念も方向も方法もまるで逆である。衝突するのは当然だった。ぼくはこの論争がその後の日本の精神医学にどのような影響をもたらしたかは寡聞にして知らないのだが、森田の周辺の記録を読むかぎり、当時、森田派の力はかなり漲《みなぎ》っていたようだ。

さきほど引いた下田光造は、大正十三年の『最新精神科学』第三版の序文に、森田について、こう書いている。「物質万能のドイツ医学界にあってフロイトの精神分析学派は大きな波紋を投げかけているが、森田教授は思索と鋭い観察によって東洋哲学を基礎におく神経質治療の体験療法を作った。この快挙は我々精神科医のためにこの上ない勇気をふるいたたせるものである」。

これらに自信をえた森田は、昭和五年に神経質研究会をおこして、雑誌「神経質」を創刊させた。このときの同人の高良《こうら》武久・古閑義之・野村章恒らこそ、今日の森田療法の基礎を確立した中心メンバーである。

そろそろ説明しておくほうがいいだろうが、森田療法の治療対象は森田が言う「神経質」なのである。神経症のなかのある特徴をそなえたものをいう。のちに「森田神経質」

（森田神経質症）というふうによばれる。

一般的にいうと、神経症というのは、環境に適応できずに対人関係や仕事上に支障をきたすほどの症状のことで、軽度な精神障害をおこしているとみなされる。家庭や仕事場や友人関係などの環境条件との適応がうまくいかなければ、多くの者は心因性の神経症への入口をうろつくことになる。

病状は多様で幅広い。頭痛、嘔吐《おうと》感、胃腸の不快感、めまい、不眠、体の揺動感、脱力感、呼吸困難感などが主な症状で、これらにともなって人前での極度の緊張やぎこちなさが目立つことがある。総じて、完全を求めるあまり（完全を想定しすぎるあまり）、ささいなことにこだわる。それゆえ、確かめ行為や気休め行為が多く、日常生活も仕事面でもはなはだしく効率が悪い。幻覚や妄想は少ない。

こうした神経症の患者は、一般社会での適応能力は他の精神障害にくらべるとずっと保たれている。症状も重くない。特定集団では適応力を欠いても、巷間《こうかん》ではふつうの日々を送っているように見えるため、一般にはフツーに見えるのだ。にもかかわらず、本人の抱く異常感となると意外に強く、自分が致命的な「心身の病」に冒されているのではないか、自分が属している集団は自分に被害をもたらすのではないかという危惧《きぐ》が強い。そのためもっとひどい精神病になるのではないかという不安も激しい。

このような神経症は、内科的診断をうけても、その症状の裏付けとなる検査の結果が出てこない。主観的で自覚的な症状なのである。それでも本人の苦痛はハンパではなく、自分ほど苦しんでいる者はいないと感じている。しばしば「主観的虚構性」などという医学用語があてはまる。

森田療法はこの神経症のうち、いわゆる神経衰弱とよばれてきた症状を対象にした。長らく「神経衰弱」（ノイローゼ）と名付けられていた症状は、明治・大正・昭和を通じて「心の病気」の代名詞のようにつかわれていたが、いまでは精神相互作用・自己暗示・思想矛盾などの心的機制がもたらした症状だとみなされている。だから、ここにはヒステリーを含む精神障害や意志薄弱がもたらす障害や、反社会的な異常性格者は含まれない。これらが森田がとりくんだ森田神経質の特色なのである。

このように見ると、森田神経質は神経症のうちのごくごく一部を相手にしていると思われがちなのだが、そうではない。実際にはヒステリーをのぞく神経症の多くの症状が森田神経質の対象となってきた。とくに「うつの時代」の今日、森田療法の対象者はべらぼうにふえている。

話を戻して、森田はこのような神経症の特色ならば、新たな治療体系によって治癒できると考えたわけである。

森田はさまざまな発症をとりあえず「素質」「機会」「病因」に分け、これらが組み合わさって「普通神経質」「発作性神経症」「強迫観念症」をおこすとみなした。このうち、「素質」というのは当人の性格的なもので、神経症になるときはその素質がヒポコンドリー（心気症）をともなうと見た。ヒポコンドリーは〝hypo（下部）〟と〝chondor（軟骨）〟のこと、すなわち「みぞおち」にあたる。患者が精神的な不安を感じるときにしばしばみぞおちに異様を感じるところから、このように名付けられてきた。実際は自律神経の作用であると考えられている。

森田は「病因」については何らかの「精神交互作用」がもたらしているとみなした。われわれはふだん感覚と注意を交互に作用させて日常活動をしているわけであるが、ときにその交互な状態に過敏になりすぎることがある。ちょっと頭痛になるとその原因を考えすぎたり、脇腹が痛くなるとその理由を何かに求めすぎたりする。最もわかりやすい例は、誰かが心臓病で苦しんでいるのを見て、自分もそのようになるのではないかと思って心悸《しんき》亢進《こうしん》するような例である。

このような過度の精神交互作用がしだいに悪循環を生み、神経症を促進させる。「機会」というのは、このヒポコンドリーと精神交互作用を強くたたみこむ機会が当人のそばでおこっていることをさす。

ざっとはこのような見方で森田神経質症の特色が明示されるにしたがって、森田はこれを治癒するには、患者が何かの「執着」や「とらわれ」に陥っていることから解放されることが最も重要だとみなした。

さまざまな患者を観察すると、そのような症状の持ち主は自分の理想と現実のギャップにばかり気をとられている。あまりに自分の症状にとらわれてばかりいる。そのため、たいていは他人に対する同情や共感の気持ちをかなり失っている。森田は、神経症患者が訴える頭痛・不眠・強迫観念による苦痛は、その多くが患者自身の「自己判断の誤り」から生じていることをつきとめた。

この自己判断の誤りを森田は「思想の矛盾」とも名付けたが、これはわかりやすくは心理的葛藤《かっとう》のことである。患者の多くは自分で勝手につくりあげた妄想にも近い葛藤に悩んでいる。そこから抜け出せなくなっている。そうならば、どうしたらこの「とらわれ」（とらわれの機制）を解除することができるのか。

森田は、たとえ現実的な自己に不満があっても、むしろ「あるがまま」の自分を受け入れるほうがいいと判断した。理想の自分や理念の自分と現実の自分を比較しすぎることが葛藤をつくってきたのだから、むしろ現実の自分から出直したほうがいい。それには「あるがまま」の気持ちになることだと判断したのである。

森田療法の理論と思想と方法論は、『精神療法講義』『神経質の本態と療法』『生の欲望』（いずれも白揚社）などに著わされている。

それらの著作の医学的記述をべつにすると、そこには人間論的な言及や東洋哲学的な見解が横溢《おういつ》している。たとえば、「身心は単に同一物の両方面である」、たとえば「吾人の身体及び精神の活動は自然の現象である。人為によりて之を左右することは出来ない」というふうに。「不安常住」「不安心即安心」といった言葉もしばしば使われる。昭和初期に流行した禅思想の影響が認められる。とくに「吾人の血行も心の中に起こる感情や観念連合も、皆、法性《ほっしょう》であって、常に必ず自然の法則に支配されている」には、禅的仏教観が強く反映した。

森田は昭和十三年の四月に六四歳で亡くなった。肺炎だった。いささか暗示的なことであるが、翌年、フロイトが亡くなっている。

晩年の森田は森田療法の進展や拡張とはうらはらに、いくつかの哀しみを背負った。子供の正一郎を失い、妻の久亥を失った。心痛はそうとうのものだったようだ。「亡児の思い出」には、暑い夜に病弱だった正一郎を二人で団扇《うちわ》であおいだことや、久亥が亡児のことでしきりにうなされることなどが綴られている。それでも森田は、思い出を書きすすむうちに、そういった悲喜こもごもの人生そのものに対する感謝に自分が包まれていくことも綴った。

他方、昭和七年には不眠症の患者に頼まれて熱海の旅館を引き受け、森田館を開いたり、禅に傾倒したり、弟子たちの育成に励んでもいた。エラン・ヴィタール（生の飛躍）を標榜《ひょうぼう》したベルクソンの流動哲学や、空海や親鸞の思想、また古神道にも学んだ。森田はこうした自身が開発した治療法の根底にあるのは「事実唯真」であると確信するようになる。

晩年の森田は禅語録の章句、「心は万境に随《したが》って転じ、転ずるところ実に能《よ》く幽」をとくに好んだようである。まことに森田らしい。また、「つりあい」ということもよく口にしたようだ。「総て宇宙の現象は悉《ことごと》く相対関係、調節作用、つりあいから成り立って居る。精神現象も決して此の法則から漏れることはない」という一文には森田思想が如実に言いあらわされている。

森田が亡くなったあとの森田療法は高良武久が統括し、ここに野村章恒、竹山恒寿《つねひさ》、古閑義之、鈴木知準といった精鋭が活躍していった。水谷啓二や長谷川洋三は「生活の発見会」を開き、患者自身が森田療法を学んでいくという方法を実践するようになった。下田光造や長谷川虎男は森田神経質の概念の修正やその解釈の発展を試み、増野《ましの》肇や岩井寛は森田神経質と家族との関係に分け入り、近藤喬一は森田療法と分裂病（統合失調症）との関係の解明に乗り出した。

いまでは慈恵医大に森田療法センターがリニューアルされて（二〇〇七）、かなり広がった森田療法が実践されている。なかでも北西憲二の「うつ病」治療などが、新たな柔らかさを整えて注目されている。

以上が、おおまかな森田正馬と森田療法確立についての拙《つたな》い概観である。では、岩井先生はこの森田療法をどのように受容し、実践していったのかというと、精神医学上の問題においては、岩井先生は森田療法よりもさらに広くて深いホリスティック・セラピーを志向して、志半ばで倒れられてしまった。森田療法は自我形成をしようとしている患者を対象にしているのだが、それは逆にいえば、自我形成が試みられて失敗していないと森田療法があてはまらないところもあるということで、岩井先生はその限界を突破したかったようなのだ。

総じては岩井先生ほど森田の生き方を実践した人もいなかったのではないかと思われる。それについては本書の第五章のラストにみごとな口述筆記によってあかされている。岩井先生の生き方のすべてが森田の「事実唯真」「あるがまま」の実践だったように、ぼくには思われる。

岩井先生は皇国史観に育てられた少年時代をおくっている。そのためもあって、中学時代に自分は「かくあるべし」という考えが強く、それにしては自分が小心ものだともわかっていた。たとえば中学二年で教室で立って本を読んだとき、「おまえの声は震えていたぞ」と友人に指摘されたのがショックで、これがトラウマになってその後は友達に「気が小さい奴だ」と言われるのが気になってしかたがなかった。おまけに高校に入ってから田舎に疎開したため、新しい友達となじめない。表情恐怖や視線恐怖にも陥った。

ところが精神医学を学び、森田療法を知ってからというもの、そのような自分の逃避的態度に問題があることを痛切に実感できるようになった。それを克服しようとしたのではない。森田が言うように、その逃避的傾向はそのままにして（あるがままにして）、あえて自分の眼前の目的の完遂のほうに向かうようにした。

とくに岩井先生には、次の行動をするときに、つねに自分の前の選択肢に迷うようなところがあったらしいのだが、この行動選択に時間をかけて迷っていてもキリがないのだから、どの選択肢に進もうとも同じ充実を得られるだろうという方向に自分を投げ出すようにしたと言う。

このように岩井先生が変貌《へんぼう》していったのがいつごろだったのかはわからないが、ぼくが先生と会うようになってからは、岩井先生ほどその行動に決断が漲《みなぎ》っている人はめずらしいと感じるほどだったので、こうした森田的努力がなされていただなんてこと、想像だにできなかった。

その岩井先生が「あるがまま」を心底本気に実践していたと痛切に感じられたのが、冒頭にしるした〝先生の最後〟の日々に臨むことになってからのことだったのである。その壮烈な意志は『生と死の境界線』の随所に切々と語られている。森田は「生の治療」に専心したのだが、岩井先生は死を目前にして、その「生の治療」をこそ自身にあてはめようと闘っていた。いまもって、ぼくにはその言葉の数々が如実に蘇《よみがえ》る。

多くは紹介するまい。できれば『生と死の境界線』を読んでほしいのだが（澤地久枝さんが激賞してくれた）、絶版になって久しいのでなかなか入手できないかもしれない。たとえば、こんなふうに語っておられたのである。

★──僕は生きているということは、つまり、ある「意味」の中で生きていることだと思うんです。だから、自分自身の「意味」というものを持たないで生きているんだったら、むしろ「死」を選んだ方がいいというふうに、いつも思っているわけです。

そういう「意味の実現」ができないということは、極端にいえば脳波だけ動いている「生」だけがあって、そして、人間としての生命感情、意識とか、情緒とか、そういうものがなく生きているということです。それは、人間として生きているんではないというふうに思いますね。

★―僕は、「死」という世界にそれほど違和感を感じていないんです。松岡さんは僕より若いし、しかもこれからずっと生きるでしょうけれど、生きたところでせいぜい五十年も違わないんです。僕は数十年先にひとつの世界へ、ひとつの世界というより、ひとつの変化した世界であるだけかもしれないんだけれど、そういう存在の仕方になるだけであって、だから、僕にとってはそれほど恐ろしい世界ではないんです。

★―やっぱり自分自身の弱さと同時に、他者の弱さも認める、受け入れる必要があります。やっぱり他者を受け入れたい。その人たちだってみんな弱くて傷ついて悲しいんです。だとすれば、そこへまず手をさしのべるという形になるでしょう。これは「弱さの論理」ですよ。人間というのは、本当に「弱さの論理」というものが必要だと思いますね。

★―日本人には「間《ま》の精神医学」が合っていますね。間《ま》というのは、冷たい距離なんではなくて、ある距離を保ちながら、本当にそこに共感性もあるし、知的交流もあるし、だけれどもその間《ま》に、完全にべたっとくっついてしまわないで、ある間隔をもってお互いを慈しみあえるようなもの、保ちあえるようなもの、包みあえるようなもの、そういうものですね。

★──人間は、こうやって生きているだけでもって、何も、復活できる人とできない人の区別なんていらないんです。すべての人が、そういう永遠の豊かな世界に入っていけるんだ、というふうに思っているわけです。しかし、それには条件があるんで、それには人間として最後まで「意味」を求めて生きる、そういうことがあります。

★──いつも感じるのは、内臓系と神経系という二つの別のものが合体して、われわれの尊厳をつくってきたような気がいたしますね。進歩というものが、人間の尊厳をもった生をどこまで奪わないでいられるかという、それがこれからの大きい問題だと思いますよ。現代医学は生かすことはどんどんできるでしょう。しかし、生きている人間が自分を意識しながら、自分の尊厳を保ちながら生きているということ、そういうことが進歩とどこで折り合うのかといえば、これはやっぱり問題だと思いますねえ。

★──（最後のベッドで）それで、結局……意識が自分で支えられなくなっていくということは……僕にとっての死なんです。

これまで僕は、意識というのは死とは別物だと思っていたんです。ところが……ほとんど一致だということがわかってきましたね。まず……ほとんど一致だなあ。つまり……ついおといまでは、かなり高級な意識を話していたんです。そういう高級な意識を押し出して……それについて……論じるということが、ああ、かなりできなくなってきたわけです。そうすると、低俗な意識も論じられなくなる。それが死にも一緒につながってくるんだなあ……。そういうことがわかってきたんですね。

第一三三五夜　二〇〇九年十月二十日

**参照千夜**

九五六夜：姜尚中『ナショナリズム』　二八夜：山本周五郎『虚空遍歴』　八一一夜：藤沢周平『半生の記』　七四一夜：大原富枝『婉という女』　四〇五夜：中江兆民『一年有半・続一年有半』　一一四四夜：柳田國男『海上の道』　一一二九夜：青江舜二郎『狩野亨吉の生涯』　五八三夜：夏目漱石『草枕』　八八五夜：徳富蘇峰『維新への胎動』　一一六八夜：宮崎滔天『三十三年の夢』　八九五夜：フロイト『モーセと一神教』　一二五九夜：斎藤茂吉『赤光』　四〇〇夜：夢野久作『ドグラ・マグラ』　九三二夜：埴谷雄高『不合理ゆえに吾信ず』　八三〇夜：ユング『心理学と錬金術』　一二一二夜：ベルクソン『時間と自由』　七五〇夜：空海『三教指帰・性霊集』　三九七夜：親鸞・唯円『歎異抄』

追伸

# 心の正体が乱舞する

このエディションでは「自分」と「自分の中の別人」の両方を、また「脳」と「心」の両方を追いかけた数々の名著を、ぼくなりの読み方でつないでみた。スティーヴンソンの『ジーキル博士とハイド氏』、ダニエル・キイスの『24人のビリー・ミリガン』、中井久夫の『分裂病と人類』、ペンフィールドの『脳と心の正体』、ミンスキーの『心の社会』などを織りこんだ。

われわれは自分のことを知っているようでいて、知ってはいない。不安や憂鬱《ゆううつ》に苛《さいな》まれ、トラウマが解消できずに苦しみ、ときには自分の中にいる別人に愕然《がくぜん》とさせられる。それを精神医学は一貫して「精神病」と名付け、そこにたくさんの症状のちがう病名をつけてきたけれど、そんなふうに「心を病んだ私」もまた、やっぱり「私」なのである。キタ・モリオ病がそれを証《あか》している。

残念ながら心の正体がどういうものであるかは、まだまだわかっていない。脳こそが心を管理しているセンターであるというふうにはなってきたものの、その脳のどこに「私」が管理されているのかはちっとも明確ではない。きっと脳の中のネットワーク全体のありようが「私っぽい」のだろう。けれども夏樹静子が数年にわたった腰痛に苦しんだあげく、医師から最後通牒《つうちょう》を迫られて「自分」を捨ててみたところ、たちまち激痛が去ったという話を読んでみると、これは脳の中の何を捨ててみたことなのか、言い当てにくい。「私っぽい」ことと「自己」と「精神」が同じものかどうか、これは哲学もいまなお言い当てられないことなのである。

いま、世界中でうつ病が広がり、トラウマやPTSD（心的外傷後ストレス障害）などに悩む人々がふえている。薬剤や薬物の処方による治療も広がり、アメリカでは売薬もたくさん出まわっている。頭痛や胃痛を散らす鎮痛剤のように「鎮心剤」がリリーフ投入されるのだ。医学や生物学の知見でも、体と心の区別がつきにくくなっているせいである。

本書にはネオテニーやクオリアの話題も入れておいた。脳科学や認知科学の入口の本も紹介しておいた。本格的な議論は別のエディションにするつもりだが、「心と体と脳をめぐる回路」がどうなっているのか、そこそこ研究成果を関知しておいたほうがよさそうなことについては、あらかた俯瞰《ふかん》できるようにした。とくにセロトニンやドーパミンをめぐるトランスポーターやオートレセプターのことは、今後もっと注目されるようになるだろうから、本書に入れた。

しかし、「心の病気」は人類の歴史とともにずうっとあったはずでもある。文学や芸術こそその多様性をあらわしてきた。それが心理学や精神医学の登場とともに病理の対象となった。あまつさえその展開と時代社会の変化につれて、たとえば精神分裂病が統合失調症という病名に、ソーウツ病が双極性障害というふうに変更された。そこにはアメリカ精神医学会の大きな〝指導〟があった。

本書にはそうした医療社会観の事情とともに、僅《わず》かではあるが、グロデック、フロイト、ユング、森田正馬、レイン、ラカン、斎藤茂太、中井久夫、アンジュー、岩井寛、岡田尊司らの精神医学者の横顔が読めるようにした。きっとかれらにだって処方箋《しょほうせん》は必要なはずである。

できれば文学やサブカルチャーや現代美術に出入りする「心の正体」をめぐる表現の試みも入れたかったけれど、紙幅の都合で別のエディションにまわすことにした。実は「おココロさま」はこちらにも横溢《おういつ》しているのである。

松岡正剛

千夜千冊
EDITION

「千夜千冊エディション」は、2000年からスタートした
松岡正剛のブックナビゲーションサイト「千夜千冊」を大幅に加筆修正のうえ、
テーマ別の「見方」と「読み方」で独自に構成・設計する文庫オリジナルのシリーズです。

執筆構成：松岡正剛
編集制作：太田香保、寺平賢治、西村俊克、大音美弥子
造本設計：町口覚
意匠作図：浅田農
口絵協力：森村泰昌
口絵撮影：川本聖哉
挿　　絵：金子都美絵
編集協力：編集工学研究所、イシス編集学校
制作設営：和泉佳奈子

松岡正剛の千夜千冊　https://1000ya.isis.ne.jp/

本書で紹介した書籍の文中には、分裂病、精神病院など、今日の人権意識や歴史認識に照らして不適切な語句や表現がありますが、扱っている題材の歴史的状況、およびその状況における著者の記述を正しく理解するため、底本のままにしています。

千《せん》夜《や》千冊《せんさつ》エディション

# 心《こころ》とトラウマ

松《まつ》岡《おか》正《せい》剛《ごう》

令和２年 ２月25日　初版発行
令和６年 12月10日　４版発行

発行者●山下直久

発行●株式会社KADOKAWA
〒102-8177　東京都千代田区富士見2-13-3
電話　0570-002-301（ナビダイヤル）

角川文庫 22061

印刷所●株式会社KADOKAWA
製本所●株式会社KADOKAWA

表紙画●和田三造



●お問い合わせ
https://www.kadokawa.co.jp/（「お問い合わせ」へお進みください）
※内容によっては、お答えできない場合があります。
※サポートは日本国内のみとさせていただきます。
※Japanese text only


ISBN 978-4-04-400584-9　C0195

◆◇◇

# 角川文庫発刊に際して

角川源義

第二次世界大戦の敗北は、軍事力の敗北であった以上に、私たちの若い文化力の敗退であった。私たちの文化が戦争に対して如何に無力であり、単なるあだ花に過ぎなかったかを、私たちは身を以て体験し痛感した。西洋近代文化の摂取にとって、明治以後八十年の歳月は決して短かすぎたとは言えない。にもかかわらず、近代文化の伝統を確立し、自由な批判と柔軟な良識に富む文化層として自らを形成することに私たちは失敗して来た。そしてこれは、各層への文化の普及滲透を任務とする出版人の責任でもあった。

一九四五年以来、私たちは再び振出しに戻り、第一歩から踏み出すことを余儀なくされた。これは大きな不幸ではあるが、反面、これまでの混沌・未熟・歪曲の中にあった我が国の文化に秩序と確たる基礎を齎らすためには絶好の機会でもある。角川書店は、このような祖国の文化的危機にあたり、微力をも顧みず再建の礎石たるべき抱負と決意とをもって出発したが、ここに創立以来の念願を果すべく角川文庫を発刊する。これまで刊行されたあらゆる全集叢書文庫類の長所と短所とを検討し、古今東西の不朽の典籍を、良心的編集のもとに、廉価に、そして書架にふさわしい美本として、多くのひとびとに提供しようとする。しかし私たちは徒らに百科全書的な知識のジレッタントを作ることを目的とせず、あくまで祖国の文化に秩序と再建への道を示し、この文庫を角川書店の栄ある事業として、今後永久に継続発展せしめ、学芸と教養との殿堂として大成せんことを期したい。多くの読書子の愛情ある忠言と支持とによって、この希望と抱負とを完遂せしめられんことを願う。

一九四九年五月三日

# 角川ソフィア文庫ベストセラー

## 千夜千冊エディション 本から本へ
松岡正剛

人間よりもひたすら本との交際を深めながら人生を送ってきた著者の本の読み方が惜しげもなく披露されている。「読み」の手法「本のしくみ」「物品としての本」。本と本好きへ贈る、知の巨人のオマージュ。

## 千夜千冊エディション デザイン知
松岡正剛

意匠、建築、デザイン。人間の存在証明ともいえる知覚のしくみを表現の歴史からひもとき、さらには有名デザイナーの仕事ぶりまでを俯瞰。大工やその道具なども挟み込みつつ、デザインの根源にせまっていく。

## 千夜千冊エディション 文明の奥と底
松岡正剛

ヨブ記、モーセと一神教、黙示録、資本主義、飢餓、肥満。文明の奥底に横たわる闇とは。西洋文明から黄河、長江、そしてスキタイ、匈奴。人間の本質に迫る長大な文明論の数々をこの一冊で俯瞰する。

## 千夜千冊エディション 情報生命
松岡正剛

SF、遺伝子、意識……地球生命圏には、いまだ未知の情報生命があっても不思議はない。先人のさまざまな考察を生命の進化、ゲノムの不思議、意識の不可思議等々から、多角的に分析する。

## 千夜千冊エディション 少年の憂鬱
松岡正剛

失ったものを追いつつ、無謀な冒険に挑む絶対少年たち。長じた大人たちはそれをどのように振り返り、どんな物語にしていったのか。かつての妄想と葛藤を描いた名著・名作が、次から次へと案内される。

# 角川ソフィア文庫ベストセラー

## 面影日本
千夜千冊エディション
松岡正剛

『枕草子』、西行、定家、心敬などの日本を代表する文筆・詩歌や、浦島太郎や桃太郎などの昔話の不思議、枕詞や連歌のスキルなどから、日本の内外にうつろう面影を堪能する。キーワードは「常世、鳥居、正月、翁、稜威」。

## 理科の教室
千夜千冊エディション
松岡正剛

蝶、カブトムシ、化石、三葉虫、恐竜、電気。こどものときは大好きだった理科。いつのまに物理は苦手、とか言うようになったのか。かつて理科室でわくわくしていた文系人間がすらすら読める愉快な一冊！

## 感ビジネス
千夜千冊エディション
松岡正剛

グローバルな仕事のしくみを論じてから、感覚的にビジネスをとらえた本を厳選。仕事とはそもそもどういうものか。かつての合理主義を切り捨て、センスを重視した、仕事人すべてにとって気になる話題が満載。

## 芸と道
千夜千冊エディション
松岡正剛

日本の芸事は琵琶法師や世阿弥や説経節から始まった。そこから踊りも役者も落語も浪曲も派生した。世阿弥、円朝、森繁、山崎努……この一冊に、それぞれの道を極めた芸道名人たちの「間」が躍る。

## ことば漬
千夜千冊エディション
松岡正剛

ことばは言い回しによって標語にも逆説にも反論にも暴力にもなる。和歌、俳句、辞典、国語、言語、レトリック……あらゆる角度から「ことば」に取り組んだ先人たちの足跡から、ことばの魔力に迫る。